Entdecken und Verstehen

8

Geschichtsbuch
für Berlin

Herausgegeben von
Dr. Thomas Berger-von der Heide,
Prof. Dr. Hans-Gert Oomen

**Vom Absolutismus
bis zur
industriellen Revolution**

Herausgegeben von
Prof. Dr. Hans-Gert Oomen

Bearbeitet von
Karl-Heinz Müller
Dr. Harald Neifeind
Prof. Dr. Hans-Gert Oomen
und
Hans-Otto Regenhardt
Beratende Mitarbeit
Sabine Genedl

Cornelsen

Verlagsredaktion: Johannes Völker
Gestaltung: Simone Siegel
Technische Umsetzung: Mike Mielitz
Umschlaggestaltung: Katrin Nehm

http://www.cornelsen.de

Die Internet-Adressen und -Dateien, die in diesem Lehrwerk angegeben sind,
wurden vor der Drucklegung geprüft (Stand: Mai 2002). Der Verlag übernimmt
keine Gewähr für die Aktualität und den Inhalt dieser Adressen und Dateien
oder solcher, die mit ihnen verlinkt sind.

1. Auflage
Druck 4 3 2 1   Jahr 06 05 04 03

Alle Drucke dieser Auflage sind inhaltlich unverändert
und können im Unterricht nebeneinander verwendet werden.

Druck: CS-Druck CornelsenStürtz, Berlin

ISBN 3-464-63996-7

Bestellnummer 639967

Gedruckt auf säurefreiem Papier,
umweltschonend hergestellt aus chlorfrei gebleichten Faserstoffen.

Liebe Schülerinnen und Schüler!

Wahrscheinlich kennen die meisten von euch „Entdecken und Verstehen" bereits von der Arbeit mit den vorangegangenen Bänden. Wir wollen euch das Buch aber trotzdem noch einmal vorstellen, zumal einige das Lehrwerk vielleicht doch erst mit diesem Band kennen lernen.

Einführung in das Kapitel
Jedes Kapitel beginnt mit einer „Auftaktseite". Sie will euer Interesse für das kommende Thema wecken und euch zu Fragen anregen. Mit ihrer Hilfe könnt ihr auch zusammentragen, was ihr zu dem Thema schon wisst.

Themendoppelseiten
Auf jeder Doppelseite berichten die Autoren in einem zusammenhängenden Text über die geschichtlichen Ereignisse. Das Thema wird durch die Überschrift auf dem oberen Seitenrand verdeutlicht.

Q Die Autoren lassen auch immer wieder Zeitzeugen und historische Perönlichkeiten selbst zu Wort kommen. Diese „Quellen" erkennt ihr an der Kennzeichnung „Q" und an dem Rahmen, der sie umgibt. Auch Abbildungen, Gemälde und Fotos sind natürlich historische Quellen, aus denen ihr wichtige Informationen entnehmen könnt.

M Texte von Historikern, Berichte anderer Forscherinnen und Forscher und weitere Materialien sind mit „M" und durch einen Rahmen gekennzeichnet.

Bilder, Karten Grafiken und Karikaturen sind ebenfalls Materialien, denen ihr Informationen entnehmen könnt.

Die Randspalte
Jede Seite ist mit einer farbigen Randspalte versehen. Je nach Bedarf findet ihr hier:
- die Erklärung für schwierige Begriffe, die im Text mit einem Sternchen * versehen sind,
- wichtige Jahreszahlen, Personendaten und Ereignisse oder auch
- Zusatzinformationen zu den auf der Seite behandelten Themen.

Aufgaben
1 *In den Arbeitsaufgaben werdet ihr dazu angeleitet, aus den Texten und Quellen Informationen zu entnehmen und einen Sachverhalt mit ihrer Hilfe zu bearbeiten.*

Zum Weiterlesen
Die Seiten „Zum Weiterlesen" enthalten Auszüge aus spannenden Jugendbüchern. Weitere Tipps für Bücher findet ihr im Anhang am Ende des Buches.

Werkstatt Geschichte
Auf den Seiten „Werkstatt Geschichte" findet ihr Vorschläge für eigene Forschungen, Aktionen oder Spiele.

Geschichte vor Ort
Was geschah in Berlin im Zeitalter des Absolutismus? Wo sind die Spuren der industriellen Revolution zu finden? Inwieweit sich historische Ereignisse an Örtlichkeiten in Berlin festmachen lassen, könnt ihr mit diesen Seiten erkunden.

Methodenseite
Wie geht man mit Quellen und Materialien selbstständig um? Welche Arbeitsweisen sind für den Geschichtsunterricht wichtig? Wo liegen Probleme der Arbeit mit Statistiken und Grafiken? Das könnt ihr auf diesen Seiten an Beispielen herausfinden.

Zusammenfassungen
Sie stehen am Ende eines Kapitels und geben noch einmal einen knappen Überblick über das Wichtigste aus dem Kapitel.

Anhang
Am Ende des Buches findet ihr:
- den Geschichtsfries mit den wichtigsten Daten und Ereignissen,
- einen Methodenanhang,
- ein Register und
- ein Verzeichnis wichtiger Begriffe.

Wenn ihr Fragen habt oder eure Meinung zu diesem Buch sagen wollt, schreibt uns:
Cornelsen Verlag
Mecklenburgische Straße 53
14197 Berlin

Inhaltsverzeichnis

Inhaltsverzeichnis

1. Europa im Zeitalter des Absolutismus

Kein Herrscher in Europa hatte es bisher gewagt, eine so kostspielige und prunkvolle Residenz zu errichten. Doch 1661 befahl der französische König Ludwig XIV. den Bau dieses Schlosses bei dem Dorf Versailles nahe Paris: „So wie ich Frankreich groß und mächtig machen werde, so groß soll mein Schloss sein. Hier ist das Land weit und eben. Nichts kann die Augen ablenken, alle werden herblicken."

Bis zu 36 000 Menschen arbeiteten fortan auf der größten und teuersten Baustelle des Landes. Die Baukosten betrugen nach heutiger Währung zwischen 25 und 30 Milliarden Euro, doch zumindest für Ludwig XIV. sollte sich das Unternehmen lohnen. Nicht nur Frankreich, ganz Europa blickte nach Versailles, als der König 1682 mit seinem Hofstaat, fast 20 000 Menschen, das Schloss bezog. Für viele Fürsten und Herrscher in Europa wurden das bombastische Schloss, die luxuriöse Hofhaltung und der mächtige König selbst zum Vorbild. Sie bewunderten Ludwig XIV., weil er alle Fäden der Macht in seinen Händen hielt und niemandem Rechenschaft geben musste. Ludwig XIV. herrschte absolut, ohne Einschränkung, über seine Untertanen. In Europa begann das Zeitalter des Absolutismus.

Ludwig XIV.: Der Staat – das bin ich!

1643–1715:
Herrschaft des fran-
zösischen Königs
Ludwig XIV.

1 **König Ludwig XIV.** Gemälde des Hofmalers Hyacinthe Rigaud. Das Bild zeigt den 63-jährigen König in Lebensgröße. Das Original ist 2,77 m hoch und 1,94 m breit.

Ludwig XIV. übernimmt die Regierungsgeschäfte

Dreißig Jahre lang hatte in Deutschland der Krieg getobt. Städte und Dörfer waren zerstört, Millionen Menschen umgekommen. Als endlich 1648 Frieden geschlossen wurde, teilte man Deutschland in mehr als 300 Fürstentümer auf. Die Macht des Kaisers war geschwächt. Während das Deutsche Reich politisch in Ohnmacht versank, wurde Frankreich immer mächtiger. Hier war 1643 im Alter von fünf Jahren Ludwig XIV. auf den Thron gekommen. Solange er noch ein Kind war, führte für ihn Kardinal Mazarin die Regierungsge-

schäfte. Der Kardinal starb am 9. März 1661. Bereits am folgenden Morgen, um 7 Uhr früh, rief Ludwig XIV. den Staatsrat zusammen. Nichts, so erklärte er den Ministern, dürfe künftig ohne seinen Willen geschehen. Er allein werde von jetzt an die Befehle erteilen. Sache der Minister und Beamten sei es, diese auszuführen. Zehn Jahre später schrieb Ludwig XIV. von sich selbst:

Q1 … Ich entschloss mich keinen „Ersten Minister" mehr in meinen Dienst zu nehmen. Denn nichts ist unwürdiger, als wenn man auf der einen Seite alle Funktionen, auf

Ludwig XIV.: Der Staat – das bin ich!

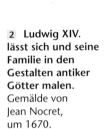

2 Ludwig XIV. lässt sich und seine Familie in den Gestalten antiker Götter malen. Gemälde von Jean Nocret, um 1670.

Medaille Ludwigs XIV. von 1674.

der anderen Seite nur den leeren Titel eines Königs bemerkt.

Ich wollte die oberste Leitung ganz allein in meiner Hand zusammenfassen. … Ich bin über alles unterrichtet, höre auch meine geringsten Untertanen an, weiß jederzeit über Stärke und Ausbildungszustand meiner Truppen und über den Zustand meiner Festungen Bescheid. Ich gebe unverzüglich meine Befehle zu ihrer Versorgung, verhandle unmittelbar mit den fremden Gesandten, empfange und lese die Nachrichten und entwerfe teilweise selbst die Antworten, während ich für die übrigen meinen Sekretären das Wesentliche angebe. Ich regle Einnahmen und Ausgaben des Staates und lasse mir von denen, die ich mit wichtigen Ämtern betraue, persönlich Rechenschaft geben. …

1 Tragt in eine Tabelle die verschiedenen Aufgabenbereiche ein, um die sich der König selbst kümmert.
2 Schreibt dazu aus Quelle 1 jenen Satz heraus, in dem der König zum Ausdruck bringt, dass er allein regieren möchte.

Ludwig XIV. – Sonnenkönig und absoluter Herrscher

„Der Staat – das bin ich." Diese Aussage entsprach der Denkweise Ludwigs und seiner Vorstellung von der absoluten* und unein-geschränkten Herrschaft des Königs über sein Reich und seine Untertanen. Als Herrscher von Gottes Gnaden meinte er seine Entscheidungen nur vor Gott rechtfertigen zu müssen. Sichtbaren Ausdruck fand diese herausragende Stellung in dem von ihm ausgewählten Symbol der Sonne. Er selbst schrieb dazu:

> **Q2** … Die Sonne ist
> – durch ihre Einzigartigkeit,
> – durch den Glanz, der sie umgibt,
> – durch das Licht, das sie den anderen wie ein Hofstaat umgebenden Sternen mitteilt,
> – durch das Gute, das sie überall bewirkt, indem sie unaufhörlich Leben, Freude und Tätigkeit weckt,
> sicher das lebendigste und schönste Sinnbild eines großen Herrschers. …

3 Stellt anhand der Abbildungen und der Quelle 1 Vermutungen an über das Verhältnis des Königs zu seinen Untertanen.
4 Der französische Bischof Bossuet (1627 bis 1704) sagte: „Oh Könige, ihr seid Göttern gleich!" Was sollte damit zum Ausdruck gebracht werden?

Absolutismus*:
(lat. absolutus = losgelöst). Bezeichnung für die Epoche vom 17. bis 18. Jahrhundert, in der Ludwig XIV. und seine Regierungsform in Europa als Vorbild galten. Der Monarch besaß die uneingeschränkte Herrschaftsgewalt. Er regierte losgelöst von den Gesetzen und forderte von allen Untertanen unbedingten Gehorsam.

Im Schloss von Versailles

Ludwig XIV. im Gewand eines Sonnengottes.

Ein Schlafzimmer im Zentrum des Schlosses

Die Prinzessin Liselotte von der Pfalz, die mit einem Bruder des Königs verheiratet war, schrieb über Versailles:

Q1 ... Es herrscht hier in Versailles eine Pracht, die du dir nicht ausdenken kannst. An Marmor und Gold wurde nicht gespart. Edelsteine, Spiegel, Edelhölzer, Teppiche, wohin du schaust. Köstliche Gemälde und Statuen an den Wänden. Und erst die Springbrunnen, Wasserkünste und Pavillons in dem riesigen Park. Denke dir nur, alle Alleen, Wege und Wasserläufe sind auf das Schlafzimmer des Königs, das im Zentrum des Schlosses liegt, ausgerichtet. ...

Versailles war ursprünglich eine morastige Einöde. In einem „Sumpf, in dem Nattern, Kröten und Frösche hausten" – so berichtet ein Zeitgenosse –, ließ der König das Jagdschlösschen seines Vaters zur glanzvollen Residenz erweitern. Von 1661 bis 1689 bauten nahezu 36 000 Arbeiter an der Schlossanlage. 6000 Pferde wurden zum Transport der Materialien eingesetzt. In den ausgedehnten Parkanlagen wurde ein See von 700 m Länge angelegt. Um die 1400 Brunnen und Fontä-

nen mit Wasser zu versorgen, musste ein kleiner Fluss gestaut werden. Im Zentrum der ganzen Anlage stand das Schloss. In ihm befanden sich fast 2000 Räume, dazu große Säle und riesige Flure. Bei den zahlreichen Festen, die der König veranstalten ließ, fanden hier über 20 000 Menschen Platz. In der Nacht leuchteten dazu über 200 000 Lampions. Der König zeigte sich auf diesen Festen bisweilen im Gewand eines römischen Sonnengottes.

Trotz all der Pracht herrschte im Schloss eine qualvolle Enge. Versailles beherbergte nahezu 20 000 Menschen. Der gesamte Hofstaat, adlige Herrschaften und ihre Familien, Minister und Beamte lebten seit dem Umzug im Jahr 1682 in einem Schloss, das höchst unpraktisch eingerichtet war. Nur wenige Räume waren beheizbar und es fehlten Bäder und Toiletten. Die Damen mussten den Körpergeruch mit starkem Parfum überdecken und die vornehmsten Herren verrichteten ihre Notdurft oft auf den Treppen. Doch wer in Frankreich etwas werden und bedeuten wollte, musste sich in die Nähe des Königs begeben und alles tun um ihm aufzufallen.

1 *Überlegt, aus welchen Gründen der König sein Schlafzimmer ins Zentrum des Schlosses verlegen ließ.*

Ein König im Schlafrock

Wer darf dem König beim Anziehen helfen?

Schloss Versailles war das Zentrum Frankreichs. Der König bestimmte nicht nur über das Leben seiner Untertanen, sondern auch über das Leben am Hof. Die strenge Hofetikette* schrieb jedem Höfling den Tagesablauf vor.

Über die tägliche „Zeremonie des Ankleidens" berichtet ein Herzog:

Q2 ... Morgens weckt den König der erste Kammerdiener. Dann treten der Reihe nach fünf verschiedene Gruppen von Menschen in das Schlafzimmer.

Zuerst kommt die „vertrauliche Gruppe": Das sind seine Kinder, der erste Arzt und der erste Chirurg. Es folgt die „große Gruppe": Zu ihr gehören der Meister der Garderobe, Friseure, Schneider, verschiedene Diener und die Kammerdamen der Königin. Man gießt dem König aus einer vergoldeten Schale Franzbranntwein über die Hände. Dann bekreuzigt sich der König und betet. Anschließend erhebt er sich aus dem Bett und zieht die Pantoffeln an. Der Großkämmerer reicht ihm den Schlafrock.

In diesem Augenblick wird die dritte Gruppe hereingelassen: verschiedene Diener, weitere Ärzte und Chirurgen und die königlichen Nachttopfträger. Der Kammer-Edelmann nennt dem König die Namen der vor der Tür wartenden Edelleute.

Diese treten als vierte Gruppe ein: Es sind dies die Mantel- und Büchsenträger, Kaplan und Hofprediger, Hauptmann und Major der Leibgarde, der Oberjägermeister, der Oberwolfsjäger und Oberbrotmeister, Gesandte und Minister.

Der König wäscht sich jetzt die Hände und zieht sich aus. Zwei Pagen ziehen ihm die Pantoffeln aus. Das Hemd wird beim rechten Ärmel vom Großmeister der Garderobe, beim linken Ärmel vom ersten Diener der Garderobe entfernt. Ein anderer Diener trägt ein frisches Hemd herbei.

In diesem feierlichen Augenblick wird die fünfte Gruppe hereingelassen, die einen großen Teil der übrigen Hofgesellschaft umfasst.

2 Der König wird angekleidet. Farblithographie von Maurice Leloir, 19. Jahrhundert.

Etikette*:
Regeln, die beim Umgang mit anderen Menschen einzuhalten sind, besonders gegenüber Höhergestellten.

Diener bringen dem König jetzt die Kleider. In einem Körbchen werden ihm verschiedene Halsbinden gezeigt, von denen er eine auswählt. Der Vorstand der Taschentücher-Abteilung bringt auf einem silbernen Teller drei Taschentücher zur Auswahl. Schließlich überreicht ihm der Garderobenmeister Hut, Stock und Handschuhe. Der König kniet nochmals nieder zum Gebet. Dann erteilt er die Tagesbefehle und bestimmt das Programm des Tages. ...

2 *Beschreibt die Abbildung. Beachtet dabei auch die Haltung der einzelnen Personen.*
3 *Sucht in Quelle 2 die Textstelle, die zu dieser Abbildung passt.*
4 *Überlegt, was der König über die Anwesenden gedacht haben könnte.*

1 Der Bauernstand trägt die ersten zwei Stände. Tauben und Kaninchen, die der Bauer nicht erlegen durfte, verursachen Ernteschäden. Kolorierte Radierung, 1789.

Die ständische Gesellschaft

Die französische Gesellschaft, über die Ludwig uneingeschränkt herrschen wollte, war seit Jahrhunderten in Stände* eingeteilt. Die höheren Geistlichen gehörten zum ersten, der Adel zum zweiten Stand. Als Angehörige der ersten beiden Stände genossen sie bestimmte Privilegien*. Sie mussten z. B. keine Steuern bezahlen und erhielten von den Bauern Abgaben und Dienste. Fast alle Steuern, die der König einnahm, wurden vom dritten Stand bezahlt. Hierzu zählten Kaufleute, Anwälte oder Bankiers, die in den Städten lebten, und die Landbevölkerung, leibeigene Bauern und Tagelöhner, die die Mehrheit der Bevölkerung stellten.

1 *Entwerft mithilfe des Textes und der Abbildung 1 ein Schaubild zum Aufbau der Ständeordnung im Absolutismus.*

Aus Adligen werden Höflinge

Als Ludwig XIV. im Jahr 1661 die Regierung übernahm, gab es in Frankreich viele Adlige, Klöster, Bischöfe und Städte, die alle selbst regieren wollten. Alte Rechte gestatteten es ihnen, in ihren Territorien zu herrschen und unabhängig vom König zu entscheiden. „Ich aber wollte", so schrieb Ludwig XIV., „die oberste Leitung ganz allein in meinen Händen halten." Der König verlangte, dass sich die Adligen künftig an seinem Hof in Versailles aufhielten. Das aufwendige Leben am Hof, die Feste und der Zwang, sich gemäß der höfischen Mode zu kleiden, waren sehr kostspielig. Viele Adlige gerieten daher in finanzielle Schwierigkeiten und Ludwig nutzte dies aus. Er gewährte den Adligen, die in seiner Gunst standen, gut bezahlte Ämter, die politisch keine Bedeutung hatten. Wichtig für die Regierung des Landes und für die Durchführung der königlichen Befehle waren nur die oberen Beamten, die der König einsetzte. Sie waren Ludwig zu absolutem Gehorsam verpflichtet und jederzeit absetzbar. In ganz Frankreich überwachten sie die Steuereinziehungen und den Straßenbau, sie kontrollierten die Zölle und führten bei Gericht den Vorsitz. Über alle besonderen Vorkommnisse erstatteten sie dem König sofort Bericht und warteten auf seine Anordnungen.

2 *Erklärt, wie sich unter Ludwig XIV. der Einfluss und die Stellung des Adels veränderte.*

„Ein König, ein Glaube, ein Gesetz"

Ludwig hielt sich für einen König von Gottes Gnaden. Er glaubte, dass er seine Regierungsweise nur vor Gott zu rechtfertigen habe und dass seine Anordnungen dem göttlichen Willen entsprächen. Die katholische Kirche, der Ludwig angehörte, unterstützte die Auffassung des Königs. Doch viele Untertanen gehörten zu den Hugenotten, den Anhängern der Reformation in Frankreich. Im Edikt von Nantes war den Hugenotten im Jahr 1598 die freie Ausübung ihrer Religion gewährt worden. Ludwig XIV. erneuerte dagegen den alten Grundsatz der französischen Könige: „Ein König, ein Glaube, ein Gesetz". Im Jahre 1685 verbot er den Protestantismus und ließ alle Kirchen der Reformierten niederreißen. Den Hugenotten wurde es zudem verboten, auszuwandern oder Besitz aus Frankreich zu entfernen. Viele Hugenotten

---

Stände*:
Gesellschaftliche Gruppen, die sich voneinander durch Herkunft, Beruf und eigene Rechte abgrenzen. Im Mittelalter unterschied man drei Stände: erster Stand: Geistlichkeit, zweiter Stand: Adel, dritter Stand: Bürger und Bauern.

Privilegien*:
Sonderrechte, Vorrechte.

Die Stützen der königlichen Macht

Stehendes Heer | **Kirche** | **Beamte**

Untertanen

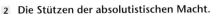
2 Die Stützen der absolutistischen Macht.

traten nun aus Angst um ihr Leben zum katholischen Glauben über oder sie flohen trotz des königlichen Verbots ins Ausland, z. B. nach Brandenburg-Preußen.

Die katholische Kirche aber räumte dem König bestimmte Rechte ein. Ludwig XIV. ernannte fortan die Bischöfe und hatte die Aufsicht über das Kirchenvermögen.

3 *Erklärt die Bedeutung des Grundsatzes: „Ein König, ein Glaube, ein Gesetz".*

Ludwig XIV. und sein stehendes Heer*

Ludwig XIV. brauchte eine schlagkräftige Armee, um seine Herrschaft gegen aufständische Untertanen durchzusetzen. Vor allem aber wollte er Frankreich zum mächtigsten Staat Europas machen. Mit Energie betrieb dieser König daher den Aufbau eines so genannten stehenden Heeres, das auch in Friedenszeiten einsatzbereit unter Waffen stand. Immer mehr Soldaten wurden für längere Zeit angeworben, mit neuen Waffen und gleichen Uniformen ausgerüstet. Frankreich hatte 1664 etwa 45 000, bis 1703 schon fast 400 000 Mann täglich einsatzbereit und war damit die stärkste Militärmacht Europas geworden. In mehr als der Hälfte seiner Regierungszeit führte Ludwig deshalb Kriege gegen verschiedene Nachbarstaaten, die etwa 1 200 000 Menschen das Leben gekostet haben.

4 *Zahlreiche militärische Bezeichnungen wurden im 17. und 18. Jahrhundert von anderen europäischen Armeen übernommen (siehe Randspalte). Informiert euch über Begriffe, die ihr nicht kennt, in einem Lexikon.*

Wer soll das bezahlen?

Die häufig geführten Kriege und der Unterhalt der Armee kosteten fast die Hälfte des gesamten Staatshaushalts. Hinzu kamen riesige Summen für die Hofhaltung und für den Bau des Schlosses in Versailles. Das Ziel des Königs war es daher, die Staatseinnahmen immer weiter zu erhöhen, doch das Land verarmte immer mehr. In einem Bericht an den König im Jahr 1678 heißt es:

Q … Von allen Seiten kommt man zu mir mit der Bitte dem Könige vorzustellen, wie man ganz außerstande ist, die Abgaben zu bezahlen. Es ist sicher und ich spreche davon, weil ich es genau weiß, dass der größte Teil der Einwohner unserer Provinz während des Winters nur von Eichel- und Wurzelbrot gelebt hat und dass man sie jetzt das Gras der Wiesen und die Rinde der Bäume essen sieht. …

5 *Spielt folgende Szene: Der König und der Finanzminister beraten, wie sie die Staatseinnahmen erhöhen können.*

Stehendes Heer*:
Im Mittelalter wurden Heere nur für einen Krieg aufgestellt. Die Söldner und die Landsknechte wurden nach Kriegsende wieder entlassen. Seit dem 17. Jahrhundert schufen die absolutistischen Herrscher jedoch Armeen, die auch in Friedenszeiten einsatzbereit unter Waffen standen.

Beispiele für militärische Bezeichnungen aus der französischen Armee, die von anderen europäischen Armeen übernommen wurden:
Infanterie
Artillerie
Kavallerie
Leutnant
Munition
General
Proviant

Ludwigs Staat ist bankrott

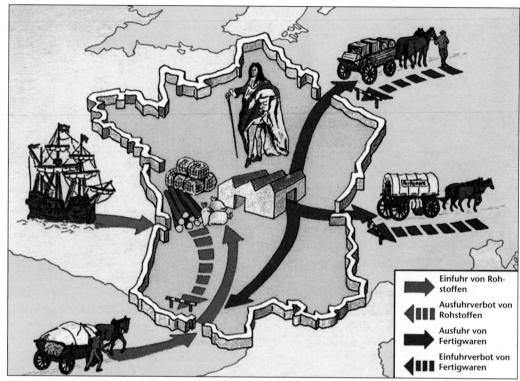

1 Die Wirtschaftsform des Merkantilismus*.

Legende:
- ➡ Einfuhr von Rohstoffen
- ◀| Ausfuhrverbot von Rohstoffen
- ➡ Ausfuhr von Fertigwaren
- ◀| Einfuhrverbot von Fertigwaren

Merkantilismus*:
(lat. mercator = Kaufmann). Staatlich gelenkte Wirtschaftsform des Absolutismus. Durch intensiven Handel sollte möglichst viel Geld in das Land kommen, möglichst wenig Geld das Land verlassen. Die Regierung erhöhte daher die Ausfuhr von Fertigwaren und erschwerte die Einfuhr ausländischer Güter durch hohe Zölle.

Der König in Not

Nur wenige Jahre nach dem Regierungsantritt Ludwigs XIV. war der französische Staat bereits restlos verschuldet. Colbert, der Finanzminister des Königs, erkannte, dass die normalen Steuereinnahmen niemals ausreichen würden um die hohen Ausgaben des Königs zu decken. Um den immer neuen Geldforderungen nachkommen zu können, entwickelte er daher ein neues Wirtschaftssystem, den Merkantilismus. Schon diese Bezeichnung lässt deutlich erkennen, dass Colbert in der Förderung des Handels und Gewerbes seine Hauptaufgabe sah.

Colbert und die neue Wirtschaftspolitik

Um möglichst viel Geld hereinzubekommen schlug Colbert folgendes Verfahren vor: Frankreich importiert billige Rohstoffe; diese werden von französischen Handwerkern zu Fertigwaren verarbeitet und anschließend ins Ausland verkauft. Um den Handel innerhalb Frankreichs zu erleichtern, wurden Maße, Gewichte und das Münzwesen vereinheitlicht. Außerdem ließ er zahlreiche Straßen und Kanäle bauen.

Da die kleinen Handwerksbetriebe nicht in der Lage waren, Fertigwaren in höherer Stückzahl zu produzieren, förderte Colbert den Aufbau von Manufakturen. Manufakturen waren größere Betriebe, in denen die Arbeit zwar von Hand geschah, die gesamte Herstellung aber in einzelne Arbeitsvorgänge zerlegt wurde.

1 *Tragt mithilfe von Abbildung 1 in eine Liste ein:*
- *alles, was von Colbert gefördert wurde (linke Spalte),*
- *alles, was von Colbert verboten wurde (rechte Spalte).*
Erläutert die einzelnen Maßnahmen.

In einer Stecknadelmanufaktur

Über die Arbeit in einer Stecknadelmanufaktur schrieb Adam Smith, der schottische Wirtschaftsfachmann, etwa 100 Jahre später:

Merkantilismus – die neue Wirtschaftspolitik

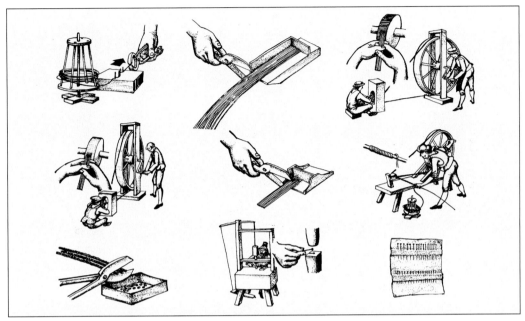

2 Wichtige Arbeiten in einer Stecknadelmanufaktur.

Q1   … Einer zieht den Draht, ein anderer richtet ihn ein, ein Dritter schrotet ihn ab, ein Vierter spitzt ihn zu, ein Fünfter schleift ihn am oberen Ende , damit der Kopf angesetzt wird … so wird das wenig wichtige Geschäft der Stecknadelfabrikation in ungefähr 18 verschiedene Verrichtungen verteilt. … Ich habe eine kleine Fabrik dieser Art gesehen, wo nur zehn Menschen beschäftigt waren und manche daher zwei oder drei verschiedene Verrichtungen zu erfüllen hatten. Obgleich nun diese Menschen sehr arm und darum nur leidlich mit den nötigen Maschinen versehen waren, so konnten sie doch, wenn sie tüchtig daranhielten, zusammen zwölf Pfund Stecknadeln täglich liefern. …

2   *Ein Pfund Stecknadeln enthielt über 4000 Nadeln mittlerer Größe. Rechnet aus, wie viele Nadeln jeder Mitarbeiter nach Quelle 1 an einem Tag herstellen konnte.*
3   *Beschreibt mithilfe von Quelle 1 die Arbeitsvorgänge auf der Abbildung 2. Erklärt die Vorteile dieser Arbeitsweise gegenüber einem herkömmlichen Handwerksbetrieb.*

Das Urteil der Nachbarn
Colbert hatte mit seiner Wirtschaftspolitik Erfolg. Die Einnahmen des Staates verdoppelten sich in kurzer Zeit. Voller Bewunderung schrieb der Botschafter Venedigs:

Q2   … Colbert unterlässt nichts, um die Industrien anderer Länder in Frankreich heimisch zu machen. Er versucht auf englische Art die französischen Häute zu gerben, damit sie die englischen Felle ersetzen. Holland hat man die Art der Tuchmacherei entlehnt wie auch den Käse, die Butter und andere Besonderheiten. Deutschland hat man die Hutmacherei und die Fabrikation des Weißblechs und viele andere industrielle Arbeiten abgesehen, Italien die Spitzen und Spiegel. Das Beste, was man in allen Weltteilen hat, stellt man jetzt in Frankreich her und so groß ist die Beliebtheit dieser Erzeugnisse, dass von allen Seiten die Bestellungen einlaufen. …

4   *Stellt die Folgen zusammen, die der französische Merkantilismus für die übrigen Staaten Europas haben musste.*

Jean-Baptiste Colbert (1619–1683), Finanzminister Ludwigs XIV. und Vertreter des Merkantilismus.

Europa im Barock

1 **Neues Palais im Park Sanssouci in Potsdam.** Der spätbarocke Bau stammt aus den Jahren 1763–1769.

Barock*:
(portugiesisch. = schiefrund). Der ursprünglich italienische Kunststil setzte sich gegen Ende des 17. Jahrhunderts in ganz Europa durch. Es entstanden zahlreiche barocke Schloss- und Kirchenbauten mit prunkvollen Verzierungen, die Kraft und Fülle ausdrücken sollten.

Putte. Rekonstruktionszeichnung.

Kleine Versailles in ganz Europa

Voller Bewunderung blickten viele Fürsten und Könige in Europa nach Frankreich. Versailles und Ludwig XIV. waren ihre großen Vorbilder und sie bemühten sich die Lebensweise und die Baukunst des französischen Absolutismus nachzuahmen.

So wurden in vielen kleineren und größeren Fürstentümern prächtige Schlösser gebaut. Umgeben waren sie von großflächigen Parkanlagen mit Blumenbeeten und Rasenflächen in geometrischen Formen; auch die Natur hatte sich dem Herrscherwillen unterzuordnen. Künstlich angelegte Seen und Kanäle sowie zahlreiche Brunnen mit hoch aufschießenden Fontänen erfreuten jeden Besucher.

Diese Gartenarchitektur und den neuen Baustil bezeichnete man als Barock*. „Barocco" nannte man in Portugal minderwertige Perlen mit unregelmäßiger Oberfläche. Das Wort „Barock" steht also für das Verschnörkelte, auch das Überladene, für das Unregelmäßige, das von der vorausgegangenen Kunst abweicht. Von außen gesehen waren die Barockbauten oft recht einfach gehalten, umso mehr Wert wurde auf die Ausgestaltung der

Innenräume gelegt. Große Festsäle, die sich bisweilen über zwei Stockwerke erstreckten, und prächtige Treppenhäuser waren Zeichen der fürstlichen Macht und des Reichtums.

Beeindruckende Beispiele dieser herrschaftlichen Bauten sind u. a. der Zwinger in Dresden und das nicht mehr existente Berliner Schloss.

In barocker Bauweise entstanden auch viele katholische Kirchen. Helle Räume mit warmen Goldtönen, große Gemälde mit liebenswürdigen Heiligen und kleine, lustige Engelchen (Putten) vermittelten den Menschen den Eindruck, zwischen Himmel und Erde bestehe eine enge, glückliche Verbindung. Die Menschen sollten vor dem Himmelreich, vor Gott, keine Angst haben, sondern durch diesen Prunk frohe Hoffnung auf das prächtige Jenseits schöpfen.

1 *Informiert euch, welche Barockbauten es in eurer Nähe gibt. Schreibt an die betreffenden Verkehrsämter und bittet um die Zusendung von Informations- und Bildmaterial.*

2 *Erklärt anhand dieses Materials die Besonderheiten des neuen Kunststils.*

1 Berlin von Nordwesten mit dem Schlosskomplex und der Lindenallee (rechts). Gemälde, um 1655.

2 Die Schlosskapelle in Berlin-Köpenick. 1682–1685 nach Plänen von J. A. Nering erbaut. Foto.

3 Das Schloss Charlottenburg. Ab 1695 nach Plänen von J.A. Nering erbaut. Stahlstich von J. Poppel, um 1830.

4 Häuserbau in der Berliner Friedrichstadt um 1735. Gemälde von Dismar Dägen, um 1735.

5 Zeughaus und Neue Wache. Gemälde von Wilhelm Brücke, um 1840.

17

1 **Aufzug der Wagen und Reiter für ein Ringrennen der Damen, das am 6. Juni 1709 in Dresden ausgetragen wurde.** Das hölzerne Amphitheater wurde später von August dem Starken durch den barocken Zwinger ersetzt.

Am Hof August des Starken

Friedrich II. war erst 16 Jahre alt, als er mit seinem Vater im Jahr 1728 nach Dresden reiste. Mit Erstaunen und Bewunderung sah er, in welchem Luxus der sächsische Kurfürst lebte. Der junge preußische Kronprinz sah sich alle Zimmer und Säle des prachtvollen Schlosses ganz genau an und mit Vergnügen nahm er an den festlichen Bällen teil. Und davon gab es am Hofe des sächsischen Kurfürsten August des Starken (1694–1733) mehr als genug. Ein Zeitzeuge schrieb:

1694–1733: Friedrich August I., Kurfürst von Sachsen.

> **Q1** … Hier gibt es immer Maskeraden, Helden- und Liebesgeschichten, verirrte Ritter, Abenteuer, Jagden und Schützenspiele, Kriegs- und Friedensaufzüge. Alles spielt; man sieht zu, spielt mit und lässt mit sich spielen. …

August der Starke war im Jahr 1694 Kurfürst von Sachsen geworden. Seinen Beinamen verdankt er seinen enormen Kräften. Zeitzeugen berichteten, dass er Taler verbiegen, Hufeisen zerbrechen und einem Stier mit einem Hieb den Kopf vom Rumpf trennen konnte. Als junger Prinz hatte August der Starke Bildungs- und Vergnügungsreisen durch mehrere europäische Länder unternommen. Besonders beeindruckt hatte ihn dabei auch das Hofleben in Versailles, die prunkvollen Feste und das Schloss des Sonnenkönigs, der zu seinem Vorbild wurde. Auch wenn der preußische Kronprinz die Tage in Dresden genoss, hatte er zu diesem Leben doch eine ganz andere Einstellung als August der Starke. So schrieb er neun Jahre später:

> **Q2** … Die angenehmen Beschäftigungen sind die Musik, die Lust- und Trauerspiele, die wir aufführen, die Maskeraden und die Schmausereien, die wir geben. Ernsthafte Beschäftigungen behalten indessen den Vorzug und ich darf wohl sagen, dass wir nur einen vernünftigen Gebrauch von den Vergnügungen machen, indem sie uns nur zur Erholung dienen. …

1 *Der junge Kronprinz befindet sich mit seinem Vater auf der Rückreise. – Welches Gespräch könnte zwischen dem Vater und seinem Sohn stattgefunden haben?*

Sachsen als Großmacht?

August der Starke als Landesherr

Um die prachtvollen Bauten in seiner Residenzstadt Dresden und das aufwändige Hofleben zu bezahlen, förderte auch August der Starke die Ansiedlung von Manufakturen zur Erzeugung von Seiden-, Leinwand- und Baumwollgeweben. Mit diesen Waren konnte der Ost-West-Handel belebt werden. Besonders ertragreich waren die Einnahmen aus dem Silber- und Erzbergbau und die erste europäische Porzellanmanufaktur, die 1710 in Meißen gegründet wurde.

Die Erfindung des weißen Goldes

Der aus Preußen geflohene Apotheker Johann Friedrich Böttger (1682–1719), der eigentlich im Auftrag des Kurfürsten künstlich Gold herstellen sollte, erfand stattdessen ein Verfahren zur Herstellung von Porzellan. Am Hof erkannte man schnell den Wert dieser Erfindung, denn qualitätsvolles Porzellan war teuer und musste bisher aus China nach Europa eingeführt werden. Immer feinere Gegenstände aus Porzellan wurden nun in Meißen hergestellt und über die Leipziger Messe verkauft. Doch auch die mit dem „weißen Gold" aus Meißen erzielten Einnahmen minderten die Geldnot des ehrgeizigen Kurfürsten nicht. So wuchs mit dem Glanz des Hofes die Last der Abgaben, die die Bevölkerung zu tragen hatte, was zu einer zunehmenden Verarmung führte.

2 *Auch in Preußen entstanden Porzellanmanufakturen. Informiert euch über die Geschichte der Königlichen Porzellan-Manufaktur in Berlin. Findet heraus, wie Porzellan hergestellt wird.*

Ein Sachse als König von Polen

Wie andere absolutistische Herrscher, so strebte auch August der Starke danach, seine Macht und sein Territorium zu vergrößern. Die Gelegenheit dazu bot sich, als der polnische König Johann Sobierski 1696 starb und der polnische Adel einen neuen König wählen musste. Durch die Zahlung großer Bestechungssummen konnte der sächsische Kurfürst die Gunst der polnischen Adligen für sich gewinnen. Außerdem trat er – wie von der polnischen Verfassung gefordert – zum katholischen Glauben über. Johann Michael Loen, ein Gelehrter, meinte dazu 1723:

2 August II., der Starke, König von Polen und Kurfürst von Sachsen. Statuette aus Steinzeug (Höhe 11 cm), Meißen, um 1710.

Q3 … Es ist bekannt, dass er [August der Starke] von Jugend auf nicht mehr glaubte, als was viele unserer Fürstenkinder insgeheim zu glauben pflegen: nämlich, dass ein Gott im Himmel sei, sie aber als Fürsten auf Erden tun könnten, was sie wollten. …

3 *Überlegt, wie die sächsischen Untertanen auf den Konfessionswechsel ihres Königs reagiert haben könnten. – Wie beurteilt ihr dieses Verhalten?*

Im Jahr 1697 wurde August zum polnischen König gewählt. Er zählte nun zu den mächtigen Herrschern in Europa, obwohl Sachsen in seiner politischen Bedeutung weit hinter Preußens zurücklag. Mehr noch: Unter August III., dem Sohn und Nachfolger Augusts des Starken, wurde Sachsen zum Spielball der Großmächte und mit dem siebenjährigen Krieg endete der sächsische Traum von einer europäischen Großmacht. Das von preußischen und österreichischen Truppen ausgeplünderte Sachsen musste im Frieden von 1763 (siehe S. 45) auf die polnische Krone verzichten.

(siehe S. 45)

Porzellanmarken:

Meißen (AR = August Rex), Besitzermarke Augusts II. und III., 1723–1763.

Meißen (Schwertermarke), 1725–1763, 1813–1924 und gegenwärtig.

Berlin (Zeptermarke), seit 1763; in der vorliegenden Form seit 1870.

Berlin (Zepter mit KPM = Königliche Porzellan-Manufaktur), 1837–1844.

Leben wie ein Fürst

1 **Festbankett mit August III., Kurfürst von Sachsen, und Maria Josepha, der Frau des Kurfürsten.** Szene aus dem DDR-Film „Sachsens Glanz und Preußens Gloria", 1985.

Adlige Frau in der Mode zur Zeit des Absolutismus.

Folgende Wörter stammen aus der französischen Sprache:
Allee, Etage, Balkon, Jackett, Frack, Madame, Frisur, Perücke, Garderobe, elegant, Toilette, Kavalier, Uniform, Kompliment, Ballett.

Barock als Lebensstil

Als Barock bezeichnete man den gesamten Lebensstil der gehobenen Bevölkerungsschicht in der Zeit des Absolutismus: die Kleidung, die Möbel, die Musik und das Benehmen. Ausgehend von Versailles wurde der barocke Lebensstil am Hof der Fürsten, aber auch durch wohlhabende Bürger und reiche Bauern nachgeahmt. Aufgemalte Erker, Girlanden und Fensterumrahmungen verliehen ihren Häusern ein herrschaftliches Aussehen. Französisch war „in" und viele Modeneuheiten kamen aus Frankreich. Die Damen z. B. trugen Reifröcke über einem Gestell aus Fischbein, schnürten ihre Taille eng zusammen und türmten ihr Haar gewaltig auf – notfalls mit Haarzusatz. In schwere Kleidung eingezwängt, die bis zu einem Zentner wog, konnten sie nur würdevoll schreiten.

Streng geregelt war das Benehmen in den gehobenen Schichten. So gehörte es zur Höflichkeit, dass ein Herr der Dame den Vortritt überließ. Am Hof der Fürsten sprach man überwiegend Französisch und auch die wohlhabenden Bürger versuchten dies nachzuah-

men. Sie mischten zumindest französische Wörter in ihre Unterhaltung.

1 *Versucht die französischen Wörter in der Randspalte durch deutsche Beschreibungen zu ersetzen.*

2 **Das Borthenreuther-Haus in Schneeberg (Sachsen).** Portalansicht. Erbaut 1725/26.

Der absolutistische König Ludwig XIV. hatte nicht nur die politische Macht, er bestimmte auch die Mode und das kulturelle Leben. Man sagte, dass der neueste französische Trend, wenn er nach England oder Deutschland gelangte, in Paris schon wieder unmodern war. Über die Mode der Männer zur Zeit Ludwigs heißt es in einem Jugendbuch:

Lockenpracht

Ludwig führte am französischen Hof die Perücke ein – böse Zungen meinen um seine eigene Kahlköpfigkeit zu verdecken. Die „Allongeperücke" (langlockige, über die Schultern reichende Perücke) verlieh Würde und Autorität und jeder feine Herr trug sie. Das eigene Haar darunter war kurz geschnitten oder der Kopf ganz kahl geschoren. Die Damenfrisuren erreichten nicht die Pracht der Männerperücken, doch wurde um 1690 als Gegenstück zur Allongeperücke die „Fontageperücke" modern. Diese Hochfrisur türmte sich bis zu 20 cm auf dem Scheitel. Sie war an einem Drahtgestell befestigt, mit Bändern und Spitzen verziert und verjüngte sich nach oben.

Die arbeitende Bevölkerung trug keine Perücken, da diese teuer waren und bei der Arbeit behinderten. Blasse Haut galt bei Männern und Frauen als vornehm. Als Kontrast benutzte man Rouge und Lippenstift sowie Schönheitspflästerchen aus schwarzem Taft in den verschiedensten Formen, z. B. Sonnen, Monde, Sterne. Baden und Waschen galt als ungesund. Starkes Make-up und Schönheitspflaster waren daher nötig um Schmutz und Hautflecken zu kaschieren. Körpergeruch versuchten Frauen wie Männer durch Parfüm zu überdecken.

Deutsche Herren

Die Kleidung dieser Männer (siehe Abb.) entspricht der Mode um 1670. Beide tragen einen flachen, breitkrempigen Hut, aus dem sich später der Dreispitz entwickelte. Die Schuhe hatten eckige Kappen und manchmal wurde das Oberleder umgeschlagen, sodass das Futter sichtbar wurde.

Weitere Informationen über die Mode zur Zeit des Sonnenkönigs findet ihr in dem Buch von L. Rowland-Warne: Kleidung & Mode. Von der Toga bis zur Mode der Punks. Gerstenberg Verlag.

Peter der Große: Ein Zar als Reformer?

1 **Peter I. besichtigt in England die königlichen Werften.** Zeitgenössisches Gemälde.

1689–1725:
Zar Peter I. regiert in
Russland als absolu-
tistischer Herrscher.

Peter I. will Russland modernisieren

Im 17. Jahrhundert war Russland nicht nur ein großes, sondern auch ein sehr rückständiges Land, das sich vom übrigen Europa völlig abgeschlossen hatte. Ein Wissenschaftler schrieb:

M … Die Zaren halten ihre Untertanen grundsätzlich in Unwissenheit, sonst würden sie nicht Sklaven bleiben wollen. Es ist den Russen verboten, außer Landes zu gehen, weil sie sonst die Anschauungen anderer Völker kennen lernen und auf den Gedanken kommen könnten, ihre Ketten zu sprengen. …

Dies änderte sich schlagartig, als Peter I. als Zar die Alleinherrschaft über Russland erlangte. Er wollte Russland modernisieren. Dazu brauchte er qualifizierte Fachleute, die die Techniken Westeuropas kannten und beherrschten.

Schon als Kind hatte sich Peter für technische Neuerungen interessiert. Um seinen Wissensdurst zu stillen, ging er, sooft er konnte, in die „Deutsche Vorstadt" Moskaus. Hier lebten fast 28 000 Menschen aus ganz Europa: Wissenschaftler, Techniker, Künstler und Handwerker.

Der Zar lernte in den Werkstätten eines Zimmermanns, eines Steinmetzen, eines Buchdruckers und eines Schmieds.

Außerhalb von Moskau baute sich Peter zudem eine eigene kleine Stadt mit Häusern, Reitställen und Lagerschuppen, mit Mauern, Toren und Türmen. Mehrere hundert Kinder aus allen Bevölkerungsschichten holte er hier zusammen. Er übte mit ihnen Schlachtordnungen und ließ sie in der Kriegstechnik ausbilden.

Ingenieure und Sprengmeister, Brückenbauer, Schiffsbauer und Navigatoren waren ihre Lehrer. Diese zumeist deutschen Handwerker waren es auch, die in Peter I. frühzeitig den Wunsch wach werden ließen, die Erfindungen und technischen Neuerungen selbst in Westeuropa kennen zu lernen. 1697/98 reiste der Zar ins westliche Ausland. Ihn interessierte alles, was der Modernisierung seines Landes dienlich sein konnte.

1 *Als der Zar ins westliche Ausland reiste, schrieb er: „Bin imstande des Lernenden und brauche solche, die mich lehren." – Erklärt diese Aussage. Berücksichtigt hierzu auch die Abbildung 1.*

„Der Bart muss ab!"

2 Zar Peter I. in der Kleidung eines holländischen Schiffsbauern. Gemälde, um 1698.

3 Bartschur eines Adligen (Bojaren). Kolorierter zeitgenössischer Holzschnitt.

Der Zar auf Bildungsreise

In Amsterdam arbeitete der Zar unerkannt als einfacher Zimmermann mehrere Monate lang auf einer Schiffswerft. Auch in London, Berlin und Wien hielt er sich einige Zeit auf. Überall lernte er Spezialisten kennen: Architekten, Handwerker, Künstler, tüchtige Seeleute und Offiziere. Er holte sie alle – insgesamt über 900 Fachleute – nach Russland. Sie sollten ihm bei der Verwirklichung seiner Pläne für den Aufbau einer modernen Wirtschaft helfen. Als der Zar 1698 nach Russland zurückkehrte, war er fest entschlossen Russland nach dem Vorbild der westeuropäischen Staaten zu verändern. Er begann eine absolutistische Herrschaft zu entfalten, die keinen Widerspruch gegen seine Umgestaltungspläne duldete.

Die Reformen unter Peter I.

Zunächst förderte der Zar die Einrichtung von Manufakturen, vor allem für Textilien, Waffen und Erze. Den Unternehmern überließ er ganze Dörfer mit den leibeigenen Bauern, die nun als Arbeiter in die Fabriken gehen sollten. Um die Waren innerhalb des Landes schneller befördern zu können, ließ er holländische Experten Kanäle bauen; sie sollten Russlands Flüsse miteinander verbinden.

Ebenso wichtig war ihm eine gründliche Schulausbildung. Im ganzen Land ließ er deshalb Schulen bauen. Adlige, die heiraten wollten, mussten den Nachweis erbringen, dass sie lesen, rechnen und schreiben konnten. Ohne diese Kenntnisse konnten sie auch nicht in die Armee eintreten. Adlige, die sich gegen diese Reformen wandten, ließ er hinrichten. Alle Männer, so bestimmte der Zar außerdem, mussten anstelle der traditionellen russischen jetzt moderne westeuropäische Kleidung tragen. Außerdem wurden sie gezwungen, ihre Bärte abzuschneiden. Die Bärte galten dem Zaren als Zeichen der Verbundenheit mit der russischen Vergangenheit. Doch die Bartverordnung des Herrschers verursachte überall Empörung, da nach überlieferter Auffassung der Bart ein Geschenk Gottes war. Der Zar reagierte auf die Proteste: Von nun an musste jeder für das Vorrecht, einen Bart zu tragen, eine hohe Steuer zahlen.

2 *Erklärt, wie auf Abbildung 3 das Verhältnis zwischen dem alten und neuen Russland dargestellt ist.*

Bart oder Steuer
Die russischen Männer mussten sich rasieren oder, wenn sie ihren Bart behalten wollten, eine Steuer bezahlen. Eine Münze (oben) bewies, dass die Steuer bezahlt war.

23

1 **St. Petersburg.** Die Residenz- und Hafenstadt entstand aus dem Sumpf. Am linken Ufer der Newa ist der Winterpalast zu sehen, am rechten die 1725 gegründete Akademie der Wissenschaften. Gemälde, 18. Jahrhundert.

*Die **Strelitzen**, die Palastwache, die Iwan IV. im 16. Jahrhundert geschaffen hatte, erhoben sich 1698 gegen den jungen Zaren Peter, der gerade im Ausland weilte. Peter kehrte eiligst zurück. Erbarmungslos ließ er 1182 Strelitzen hinrichten.*

Petersburg – die neue Hauptstadt

Die Maßnahmen des Zaren stießen vor allem in Moskau auf offenen oder versteckten Widerstand. Es kam zu Aufständen, die von ihm blutig niedergeschlagen wurden. Adlige und ein bequemer und bestechlicher Beamtenapparat boykottierten die Reformen. Für Peter wurde Moskau so immer mehr zum Symbol der Rückständigkeit.

In einer heutigen Darstellung heißt es:

> **M** … Peter wollte daher eine andere Stadt, ungebunden, frei von zählebigen Überlieferungen. Die Traditionen sollten auf dem Land gerne weiterleben, seine Hauptstadt sollte der Welt zugewandt sein, den Nachbarn, dem offenen Meer, eine Metropole des Handels, des Gewerbes, Verwaltungsmittelpunkt und uneinnehmbare Festung, ein Hafen von Weltrang. …

Im Jahr 1703 begannen die Bauarbeiten für das künftige Petersburg in einem sumpfigen Gelände. Alle Bauarbeiter Russlands wurden hier eingesetzt; im übrigen russischen Reich durften nur Holzhäuser gebaut werden. Als der Zar zehn Jahre später hier einzog, waren fast 30 000 Arbeiter beim Bau der neuen Stadt ums Leben gekommen.

1 *Erklärt mithilfe des Textes (M) die Bezeichnung Petersburgs als „Fenster Europas".*

2 *Eine Arbeitsgruppe informiert sich in Lexika und Sachbüchern über das weitere Schicksal von St. Petersburg und berichtet darüber der Klasse.*

2 **Die Sommerresidenz des Zaren in der Stadt Petrodworez (Peterhof).** 30 Kilometer von St. Petersburg entfernt ließ der Zar sein „russisches Versailles" bauen. Das prachtvolle Schloss wurde zwischen 1714 und 1728 errichtet.

Bilder als Geschichtsquellen

Außer schriftlichen Quellen liefern uns auch Bilder wichtige Informationen. Bilder können zeigen, was Menschen in früheren Zeiten wichtig war, was sie gedacht und erhofft oder wie sie gelebt haben. Manche bildlichen Darstellungen sind leicht zu verstehen, z. B. wenn sie Szenen aus dem Alltagsleben zeigen. Andere Bilder geben uns auf den ersten Blick vielleicht Rätsel auf, weil ihre Aussagen nicht eindeutig sind. Die folgende Anleitung soll euch helfen, Bilder möglichst genau und richtig auszuwerten.

1. Beobachtung und Beschreibung

Zunächst geht es um eine möglichst genaue Beobachtung und Beschreibung des Bildes. Das heißt, man erzählt zunächst nur einfach das, was man sofort klar erkennen kann, also Menschen, Gegenstände, Ereignisse. Auf diese Weise könnt ihr die Fragen beantworten:
– Was ist dargestellt?
– Ist die Darstellung naturgetreu?
– Gibt es einen Mittelpunkt, auf den der Blick gerichtet wird?
– Verstärken Vorder- oder Hintergrund einen bestimmten Eindruck?

1 *Beschreibt die Abbildung mithilfe dieser Fragen.*

2. Erklärung der Personen und Gegenstände

Erst wenn ihr alle Einzelheiten genau beschrieben habt, geht es an die Erklärung. Also:
– Welche Personen oder Ereignisse sind hier dargestellt?
– Ist das Bild zeitgenössisch oder lebte der Künstler erst sehr viel später, d. h., entspringt das Bild seiner eigenen Erfahrung oder

1 **Peter I. besichtigt in England die königlichen Werften.** Zeitgenössisches Gemälde.

eher seinem Wunsch nach einer ganz bestimmten Art der Darstellung?
– Wollte der Künstler vielleicht mit seinem Bild einen ganz bestimmten Zweck erreichen?
– Kennt ihr Bilder, die dieselben Personen oder Ereignisse darstellen? Dann ist es sinnvoll, einen Vergleich durchzuführen.

2 *Erklärt mithilfe dieser Fragen die Abbildung oben. – Informationen zum Künstler findet ihr in einem Lexikon. Vielleicht könnt ihr euch auch im Zeichenunterricht über das Bild unterhalten.*

3. Die Deutung des ganzen Bildes

Erst nach der Beschreibung und der Erklärung aller Einzelheiten folgt die Deutung des Bildes insgesamt. Dazu ist es notwendig, einen Zusammenhang zwischen den einzelnen Personen und ihren Tätigkeiten herzustellen. Wenn ihr euch sicher seid, könnt ihr für das Bild auch einen eigenen Titel finden, der den Inhalt kurz zusammenfasst.

3 *Sucht einen kurzen Titel für die Abbildung und begründet eure Auswahl.*

4. Der Eindruck des Betrachters

Es gibt Bilder, die gefallen einem sofort, andere wiederum lehnt man genauso schnell ab. Eure Einstellung zu einem Bild könnt ihr verständlich machen, wenn ihr euch selber folgende Fragen stellt:
– Wie wirkt diese Darstellung auf mich?
– Was spricht mich an, was nicht?
– Was finde ich interessant und warum?
– Welche Fragen ergeben sich für mich durch das Bild?

4 *Schreibt eure Empfindungen bei diesem Bild mit wenigen Worten auf und sprecht anschließend gemeinsam darüber.*

Machtkämpfe in England

1 **König Jakob I. von England.** Zeitgenössisches Gemälde von N. Hilliard.

2 **Der englische König Karl I. (1600–1649).** Zeitgenössisches Gemälde von N. Hilliard.

1603–1625:
Jakob I., König von England.

1625–1649:
Karl I., König von England.

Der König – Herr über Leben und Tod?

Den Wunsch, absolut zu regieren, also ohne Mitsprache des Parlaments, hatten die englischen Könige schon seit längerer Zeit.
So schrieb bereits Jakob I. (1566–1625), der im Jahr 1603 König von England wurde:

> **Q1** … Die Könige waren schon da, bevor es Stände oder Rangabstufungen innerhalb der Stände gab, bevor Parlamente gehalten oder Gesetze gemacht wurden. Die Könige verteilten das Land, das ursprünglich ihnen allein gehörte; sie riefen Ständeversammlungen ins Leben und entwarfen Regierungsformen. Daraus folgt, dass die Könige Urheber und Schöpfer der Gesetze waren, und nicht umgekehrt. …

Die Ansprüche des Königs waren unvereinbar mit den Rechten des englischen Parlaments, das seit 1332 aus zwei Häusern bestand: Im Oberhaus saßen die vom König berufenen Mitglieder des hohen Adels, also Grafen und Herzöge, Äbte und Bischöfe.
Dem Unterhaus gehörten gewählte Vertreter des Landadels und der Städte an. Nur mit Zustimmung des Parlaments – so war es seit langem Brauch – durfte der König Steuern erheben oder Gesetze erlassen. Zum Streit zwischen Parlament und König kam es aber erst unter dem Nachfolger Jakobs I. Sein Sohn Karl I., der 1625 König wurde, sagte in seiner Thronrede vor dem Parlament:

> **Q2** … Abschließend möchte ich sagen: Ich befehle euch allen, die ihr hier anwesend seid, wohl zur Kenntnis zu nehmen, was ich euch gesagt habe. … Keines der Häuser des Parlaments, mögen sie vereinigt oder getrennt sein, hat irgendwelche Befugnis ein Gesetz zu erlassen oder zu interpretieren ohne meine Zustimmung. …

Rücksichtslos versuchte Karl I. seine Machtansprüche durchzusetzen. Das Parlament, das auf seine Rechte nicht verzichten wollte, wurde 1629 von ihm aufgelöst.

1 *Erläutert anhand der Abbildung 3:*
– *Wer ist im Parlament vertreten?*
– *Wie ist die Macht im Parlament verteilt?*
2 *Stellt fest, welche Rechte die englischen Könige beanspruchen.*

Parlament:
*(lat. parlamentum = Unterredung, Verhandlung).
Seit dem Mittelalter übernahmen Ständevertretungen die Aufgabe, den Herrscher zu beraten. Aus solch einer Versammlung entwickelte sich das älteste Parlament: das englische. Es bestand aus zwei Häusern. Im Oberhaus saßen vor allem die Angehörigen des Hochadels, im Unterhaus die gewählten Vertreter des niederen Adels und der Städte. Die wichtigsten Aufgaben des Parlaments waren die Gesetzgebung und die Bewilligung von Steuern.*

3 **Die Eröffnung des Parlaments im Oberhaus, 1523.** In der Mitte sitzt der König auf dem Thron, vor ihm sitzen in der Mitte die Richter, außerdem sieht man zwei Schreiber, kniend. Auf der linken Seite sitzen die Bischöfe und Äbte (= geistliche Lords), auf der rechten die Angehörigen des Hochadels.

27

Rebellion und Bürgerkrieg

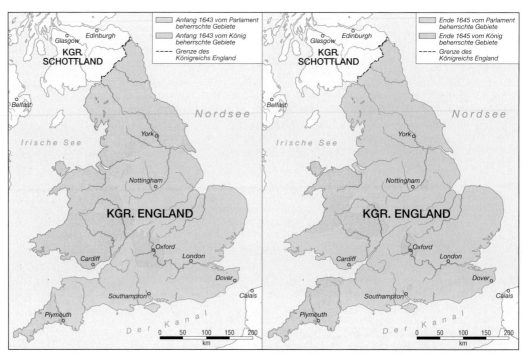

1 / 2 Der englische Bürgerkrieg von 1643 bis 1645.

Der Konflikt zwischen Krone und Parlament

Jakob I. (1603–25) und sein Sohn Karl I. (1625 bis 1649) betrieben nicht nur eine absolutistische Politik und beschnitten dabei das Parlament fortgesetzt in seinen Rechten, sie strebten darüber hinaus eine religiöse Aussöhnung mit Rom an. Angesichts des seit 1618 auf dem europäischen Festland tobenden Dreißigjährigen Krieges, der zumindest vordergründig ein Religionskrieg war, standen die protestantischen Anglikaner* und Puritaner* dieser katholikenfreundlichen Politik ihres Königs umso ablehnender gegenüber. Im protestantischen Parlament leisteten die selbstbewussten Abgeordneten den Wünschen des Monarchen daher zunehmend Widerstand.

1628 trotzten sie Karl I. die „Petition of Right" ab, die die Steuererhebung ohne Zustimmung des Parlaments für gesetzwidrig erklärte. Karl I. löste das Parlament daraufhin 1629 auf und regierte von nun an allein mithilfe seiner Ratgeber. Ein Aufstand der calvinistischen Schotten veranlasste den König 1640 zur Einberufung des Parlaments, um dringend benötigte Kriegsgelder erheben zu können. Das Parlament nutzte die Zwangslage des Königs, um von ihm Zugeständnisse einzufordern, was er aber nur hinhaltend beantwortete.

Der Konflikt zwischen Krone und Parlament spitzte sich, verschärft durch die religiösen Gegensätze, bis zur offenen Feindschaft zu. 1642 brach der allgemeine Bürgerkrieg aus. Auf der Seite des Königs standen die Mehrheit des Adels, die meisten Bischofsstädte und die Katholiken. Das Parlament stützte sich auf die Mehrzahl der protestantischen Handelsstädte, besonders auf London. Es war gleichzeitig ein Kampf zwischen dem Landadel und dem Wirtschaftsbürgertum der Städte. In blutigen Kämpfen siegte schließlich die Seite des puritanischen Parlaments (1644/45).

1 *Verfolgt anhand der Karten 1 und 2 den Verlauf des englischen Bürgerkriegs.*

2 *Diskutiert, warum die englischen Könige so erbittert gegen die Ansprüche des Parlaments vorgingen.*

Das Lordprotektorat des Oliver Cromwell

3 Oliver Cromwell wird am 20. April 1653 zum Lord-Protector gewählt. Kreidelithographie, koloriert, 1855, von Theodor Hosemann (1807–1875).

Der Tod des Königs

Den Sieg über die Truppen des Königs verdankte das Parlament vor allem seinem Heerführer Oliver Cromwell, einem Landadligen. Er hatte durch eine Heeresreform eine neuartige Armee (New Model Army) geschaffen, die unter seiner Führung auch nach politischen Rückschlägen den Kampf immer wieder vorangetrieben hatte. Zuletzt hatten daher die Entscheidungen innerhalb der Heerführung größeres politisches Gewicht erlangt als die Beschlüsse des Parlaments. Mit diesem Machtinstrument im Rücken war Cromwell der „neue starke Mann" in England geworden. So konnte er nach der Gefangennahme Karls I. sogar durchsetzen, dass der König von einem Gericht wegen Hochverrats zum Tod verurteilt und am 30. Januar 1649 öffentlich hingerichtet wurde.

3 Erläutert, was die Hinrichtung eines Königs für die Herrschaftsform des Absolutismus bedeutete.

Cromwells Diktatur

Das protestantische Parlament hatte sich im Verlauf des Bürgerkriegs immer mehr zerstritten. Bestimmend waren die Gegensätze zwischen den verschiedenen Religionsgruppen. Insbesondere zwischen Presbyterianern* und Independenten* tobte ein Machtkampf. Dies nutzte Cromwell für seine Zwecke aus. Mit seinem vornehmlich independent gesinnten Heer unterstützte er offen diese Partei im Parlament und erzwang Ende 1648 den Ausschluss der Presbyterianer aus dem Unter- und Oberhaus. Nach der nun von ihm durchgesetzten Hinrichtung des Königs erklärte er England (unter Vermeidung des Wortes Republik) zum Commonwealth*.

Die nachfolgenden Aufstände der Königstreuen in Irland und Schottland wurden blutig niedergeschlagen. Gestützt auf die Macht der Armee löste Cromwell 1653 das Parlament auf, das – wie vorher gegenüber dem König – versucht hatte, seine Mitspracherechte auch gegenüber Cromwell durchzusetzen. Mit dem Titel des Lord-Protectors (1653–58) vereinigte Cromwell nun alle Macht in seiner Hand. Er herrschte als Diktator. Politische Gegner ließ er festnehmen und einkerkern. Über 12 000 politische Gefangene saßen bei seinem Tod 1658 im Gefängnis.

Außenpolitisch machte Cromwell England zur ersten protestantischen Großmacht Europas: Durch die so genannte Navigationsakte von 1651 sicherte er den englischen Kaufleuten und Reedern den Monopolhandel* mit den englischen Kolonien, wodurch der niederländische Handel schwer getroffen wurde. Im anschließenden Seekrieg gegen Holland (1652–54) war Cromwell siegreich. Den Spaniern entriss er 1655 die westindische Insel Jamaika.

4 Diskutiert das Vorgehen Cromwells. Beurteilt es in politischer und in moralischer Hinsicht.

1649:
Hinrichtung des englischen Königs Karl I.

Presbyterianer*:
Anhänger einer Religionsrichtung des Protestantismus, deren Kirchenorganisation sich über eine besondere Stellung der von der Gemeinde zu wählenden Kirchenvorsteher, die Presbyter, bestimmt.

Independenten*:
Anhänger einer Religionsrichtung des Protestantismus, die vor allem die Unabhängigkeit der einzelnen Gemeinde von der Amtskirche betonen. Zu den Independenten zählen u. a. Baptisten und Quäker.

Commonwealth*:
Der englische Begriff mit der Bedeutung „Gemeinwohl" wurde von Cromwell als Bezeichnung für den Staat als „Gemeinwesen zum Nutzen aller" gedeutet. Dass in England unter Cromwells Herrschaft in Wahrheit eine Diktatur herrschte, wurde durch diesen Begriff geschönt.

Monopol*:
Vorrecht oder alleiniger Anspruch auf Handel oder Verkauf einer bestimmten Ware oder in einem bestimmten Absatzgebiet.

John Locke (1632 bis 1703). Englischer Philosoph. Gemälde.

1 Wilhelm III. von Oranien (1689–1702). Gemälde von Wilhelm Pecht, 1869.

Auch in den Fragen des Steuerrechts und der Beteiligung des Parlaments an den königlichen Entscheidungen brachen trotz der Versprechen Karls II. schon bald die alten Konflikte zwischen Parlament und Krone auf, die knapp zwei Jahrzehnte zuvor zum Bürgerkrieg geführt hatten.

Den katholikenfreundlichen und absolutistischen Bestrebungen des Königs trat das Parlament mit der „Testakte" von 1673 (dem Ausschluss aller Katholiken von Staatsämtern) und der Habeas-Corpus-Akte von 1679 (Sicherung der persönlichen Freiheiten des Bürgers) entgegen. So angespannt das Verhältnis zwischen König und Parlament damit auch war, der offene Bruch blieb zunächst aus.

1 *Stellt Vermutungen an, warum es unter Karl II. nicht zu einem neuerlichen Bürgerkrieg kam, obwohl die alten Probleme wieder auftraten.*

2 *Erläutert, welchen Nutzen sich das Parlament von der Testakte und der Habeas-Corpus-Akte versprochen haben mag.*

Die Rückkehr des Königs

Bald nach Cromwells Tod und der so kurzen wie glücklosen Herrschaft seines Sohnes kam es bereits 1660 mit der Thronbesteigung Karls II. (1660–85) zur Restauration* der Stuart-Dynastie. Nach der zwar außenpolitisch machtvollen, innenpolitisch aber tyrannischen Herrschaft Cromwells hatte sich die Erinnerung an die frühere Monarchie verklärt. Man wollte das ehemalige Herrscherhaus zurückhaben.

Karl II. konnte zunächst auch tatsächlich an die populären Erfolge Cromwells anknüpfen. Er erwarb etwa durch einen neuerlichen Krieg gegen Holland (1665–67) in Nordamerika die Kolonialstadt New York (vorher: Nieuw Amsterdam) und rundete damit den bisherigen englischen Kolonialbesitz in Nordamerika (Virginia und Neuengland) ab.

Gleichzeitig aber suchte Karl II. engen Kontakt zu Ludwig XIV., dem absolutistischen „Sonnenkönig" von Frankreich (vgl. S. 8 ff.). Dies sorgte für Argwohn im 1660 neu gewählten protestantischen Parlament. Mit der so genannten Uniformitätsakte von 1662 wollte er darüber hinaus die Alleinherrschaft der anglikanischen Bischofskirche erzwingen.

Restauration: Wiederherstellung.

Die Gefahr eines neuen Bürgerkriegs

Der Nachfolger Karls II., sein Bruder Jakob II. (1685–88), zeigte im Umgang mit dem Parlament weniger Geschick als sein Vorgänger. Mit immer neuen Machtansprüchen reizte er das Parlament und trat schließlich sogar zum Katholizismus über. Im Streit um die Rechtmäßigkeit seiner Politik kam es zunächst zur Spaltung des Parlaments in zwei Parteien: auf der einen Seite die Torys, weitgehend königstreue Vertreter des Kleinadels, auf der anderen Seite die Whigs, die sich vor allem auf Handel, Wirtschaft und Hochadel stützten.

Als Jakob II. jedoch den Katholiken den Zugang zu den Staatsämtern erneut öffnen wollte, waren beide Gruppen in der Ablehnung dieses Vorgehens wieder vereint, weil sie dahinter einen Verrat des protestantischen Englands an die katholischen Monarchien auf dem europäischen Festland vermuteten. Es kam zum Umsturz.

3 *Whigs und Torys gibt es in der englischen Politik noch heute. Informiert euch im Lexikon oder Internet über ihre Geschichte und ihren derzeitigen politischen Stellenwert.*

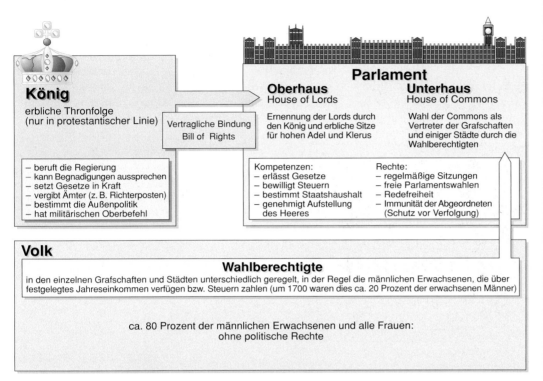

König
erbliche Thronfolge
(nur in protestantischer Linie)

Vertragliche Bindung
Bill of Rights

Parlament

Oberhaus
House of Lords

Ernennung der Lords durch
den König und erbliche Sitze
für hohen Adel und Klerus

Unterhaus
House of Commons

Wahl der Commons als
Vertreter der Grafschaften
und einiger Städte durch die
Wahlberechtigten

– beruft die Regierung
– kann Begnadigungen aussprechen
– setzt Gesetze in Kraft
– vergibt Ämter (z. B. Richterposten)
– bestimmt die Außenpolitik
– hat militärischen Oberbefehl

Kompetenzen:
– erlässt Gesetze
– bewilligt Steuern
– bestimmt Staatshaushalt
– genehmigt Aufstellung
 des Heeres

Rechte:
– regelmäßige Sitzungen
– freie Parlamentswahlen
– Redefreiheit
– Immunität der Abgeordneten
 (Schutz vor Verfolgung)

Volk

Wahlberechtigte
in den einzelnen Grafschaften und Städten unterschiedlich geregelt, in der Regel die männlichen Erwachsenen, die über
festgelegtes Jahreseinkommen verfügen bzw. Steuern zahlen (um 1700 waren dies ca. 20 Prozent der erwachsenen Männer)

ca. 80 Prozent der männlichen Erwachsenen und alle Frauen:
ohne politische Rechte

2 Die Monarchie in England nach der „Glorreichen Revolution".

Glorious Revolution und Bill of Rights

1688 berief das Parlament den protestantischen Wilhelm von Oranien, den Schwiegersohn Jakobs II. und Statthalter der Niederlande, zum neuen englischen König. Wilhelm akzeptierte und landete am 5.11.1688 mit einem großen Heer in England. Jakob II. floh nach Frankreich. Mit dieser Flucht, so ließ das Parlament verkünden, habe der König offiziell auf den Thron verzichtet. Ohne Kampfhandlungen – daher sprach man schon damals von der „Glorreichen Revolution" – konnten Wilhelm III. (1689–1702) und seine Frau Maria II. (1689–94) den Thron besteigen. Zuvor bestätigten Maria und Wilhelm dem Parlament seine Rechte:

Q ... Steuern für die Krone ohne Erlaubnis des Parlaments für längere Zeit oder in anderer Weise, als erlaubt und bewilligt, zu erheben ist gesetzwidrig. Es ist gegen das Gesetz, es sei denn mit Zustimmung des Parlaments, eine stehende Armee im Königreich in Friedenszeiten aufzustellen oder zu halten. Die Wahl von Parlamentsmitgliedern soll frei sein. Die Freiheit der Rede und der Debatten und Verhandlungen im Parlament darf von keinem Gerichtshof infrage gestellt werden. ...

Mit der „Bill of Rights" (1689) machte Wilhelm III. gegenüber dem Parlament die lange geforderten Zugeständnisse gesetzlicher Absicherungen gegen den Missbrauch der Königsgewalt. Damit wurde in England der König an das vom Parlament geschaffene Gesetz gebunden und mithin der Weg zur parlamentarischen Demokratie eingeschlagen. Außerdem gewährte die parallel erlassene „Toleranzakte" den verschiedenen protestantischen Gruppen außerhalb der anglikanischen Staatskirche – nicht aber den Katholiken – volle kirchliche Freiheit. Mit dieser Politik gelang es Wilhelm III., seine Herrschaft auch in Schottland und Irland durchzusetzen.

4 Erläutert mithilfe der Quelle und des Schaubildes (Abb. 2), welche Rechte das Parlament und welche Rechte der König in der neuen Monarchie besitzt.

1688:
Glorious Revolution.

1689:
Bill of Rights. Bestätigung der Rechte des Parlaments.

Werkstatt Geschichte: Wissen ist Macht!

Wer wird Minister?

Wie ihr wisst, besuchte Peter, bevor er Zar von Russland wurde, häufiger die so genannte Deutsche Vorstadt Moskaus. Hier traf er auf Künstler, Geschäftsleute, Techniker und Wissenschaftler aus ganz Europa. Peter interessierte sich für alle Neuerungen in den westlichen Ländern und ebenso für die politischen Ereignisse. Unermüdlich stellte er Fragen.

Wer von euch – so versprach er – mir alle meine Fragen beantworten kann, wird später einmal bei mir Minister. – Hättet ihr eine Chance gehabt?

Spielanleitung

– Ihr könnt dieses Spiel zu zweit, aber auch zu dritt oder viert spielen.
– Ihr braucht einen Würfel und für jeden Mitspieler einen Spielstein.

– Um beginnen zu können, müsst ihr eine Sechs würfeln. Manche Spielfelder haben eine Zahl. Kommt ihr auf dieses Feld, müsst ihr die entsprechende Frage beantworten.
– Wer viel weiß, kommt zügig voran und hat Chancen auf den Ministerposten. Ob die Antwort richtig ist, entscheidet im Zweifelsfall eure Lehrerin oder euer Lehrer (richtig = ✓, falsch = ƒ).

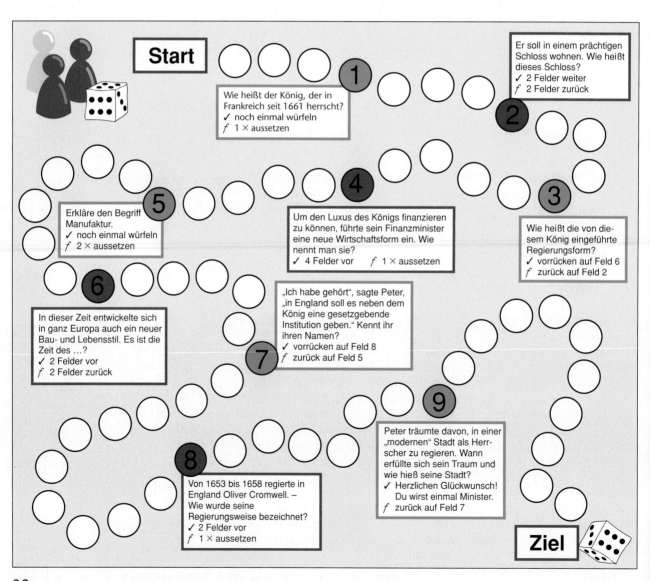

Start

1 Wie heißt der König, der in Frankreich seit 1661 herrscht?
✓ noch einmal würfeln
ƒ 1 × aussetzen

2 Er soll in einem prächtigen Schloss wohnen. Wie heißt dieses Schloss?
✓ 2 Felder weiter
ƒ 2 Felder zurück

3 Wie heißt die von diesem König eingeführte Regierungsform?
✓ vorrücken auf Feld 6
ƒ zurück auf Feld 2

4 Um den Luxus des Königs finanzieren zu können, führte sein Finanzminister eine neue Wirtschaftsform ein. Wie nennt man sie?
✓ 4 Felder vor   ƒ 1 × aussetzen

5 Erkläre den Begriff Manufaktur.
✓ noch einmal würfeln
ƒ 2 × aussetzen

6 In dieser Zeit entwickelte sich in ganz Europa auch ein neuer Bau- und Lebensstil. Es ist die Zeit des …?
✓ 2 Felder vor
ƒ 2 Felder zurück

7 „Ich habe gehört", sagte Peter, „in England soll es neben dem König eine gesetzgebende Institution geben." Kennt ihr ihren Namen?
✓ vorrücken auf Feld 8
ƒ zurück auf Feld 5

8 Von 1653 bis 1658 regierte in England Oliver Cromwell. – Wie wurde seine Regierungsweise bezeichnet?
✓ 2 Felder vor
ƒ 1 × aussetzen

9 Peter träumte davon, in einer „modernen" Stadt als Herrscher zu regieren. Wann erfüllte sich sein Traum und wie hieß seine Stadt?
✓ Herzlichen Glückwunsch! Du wirst einmal Minister.
ƒ zurück auf Feld 7

Ziel

Zusammenfassung

„Der Staat bin ich" – Ludwig XIV., der Sonnenkönig

Der französische König Ludwig XIV. (1643–1715) beseitigte das Mitspracherecht der Stände. So konnte er eine absolute, d. h. unumschränkte Herrschaft ausüben. Äußeres Zeichen der Machtfülle und herausragenden Stellung des französischen Königs war das Schloss in Versailles. Bau und Unterhalt dieses Schlosses, das aufwendige Leben am Hof des Königs sowie der Unterhalt der Bürokratie und des Heeres erforderten ungeheure Summen. In dieser Situation entwickelte der Finanzminister Colbert das Wirtschaftssystem des Merkantilismus. Die Einnahmen des Staates verdoppelten sich jetzt, die Ausgaben aber waren noch immer weit höher. Als Ludwig XIV. 1715 starb, hinterließ er ein total verschuldetes Land.

England: Parlament und König

Wie Ludwig XIV., so wollten auch die Könige in England eine absolute Herrschaft errichten. Ihren Machtansprüchen widersetzte sich aber das englische Parlament, das seit 1332 aus zwei Häusern bestand: Im Oberhaus saßen die vom König berufenen Mitglieder des hohen Adels, im Unterhaus die gewählten Vertreter des Landadels und der Städte. Seit Karl I. (1625–49) gab es immer wieder erbitterte Auseinandersetzungen bis hin zu Bürgerkriegen zwischen den Herrschern und dem Parlament. Erst unter Wilhelm III. kam es mit der Bill of Rights im Jahr 1689 zu einer Einigung. Englands Weg zur parlamentarischen Demokratie begann.

Russland – ein Zar als Reformer

Russland war im 17. Jahrhundert ein sehr rückständiges Land. Dies änderte sich schlagartig, als Peter I. (1682 bis 1725) die Herrschaft in Russland übernahm. In den Jahren 1697/98 bereiste er Westeuropa, um sich mit den technischen Erfindungen vertraut zu machen. Von überall holte er Spezialisten nach Russland, die ihn bei seinen Reformen unterstützen sollten. Manufakturen wurden ebenso in großer Zahl errichtet wie die Schulen im ganzen Land. Neue Hauptstadt des Landes wurde St. Petersburg, wohin der Zar im Jahr 1713 seinen Regierungssitz verlegte.

Die Kunst des Barock

Überall in Europa entstanden nach dem Vorbild von Versailles prächtige Schlösser, die die Macht und den Reichtum ihrer Erbauer zeigen sollten. Als Barock bezeichnet man neben dem Baustil den gesamten Lebensstil der oberen Schichten in dieser Zeit.

1643–1715

Herrschaft des französischen Königs Ludwig XIV.

1689

Mit der „Glorreichen Revolution" und den „Bill of Rights" werden die Rechte des englischen Parlaments bestätigt.

1689–1725

Zar Peter I. regiert in Russland als absolutistischer Herrscher.

1600–1750

Schlösser, Kirchen und Klöster werden im barocken Stil gebaut.

Nicht nur in Frankreich, auch in Deutschland gab es im 18. Jahrhundert Könige und Fürsten, die ihr Land absolut regierten und zu einem mächtigen Staat in Europa machen wollten. In Sachsen war es der Kurfürst August der Starke, der durch prächtige Bauten wie den Zwinger in Dresden und durch rauschende Feste seine Macht und seinen Reichtum zeigen wollte. Dresden wurde zum glänzendsten Hof in Deutschland. In Preußen hingegen legten die Könige keinen Wert auf große Feste und Luxusgüter. Sparsamkeit und Disziplin galten Friedrich Wilhelm I. als höchste Werte. Nicht gespart wurde allerdings bei den Ausgaben für das Militär, das die Macht Preußens zeigen und erweitern sollte.

Besondere Aufmerksamkeit widmete Friedrich Wilhelm I., der auch „Soldatenkönig" genannt wurde, seiner Potsdamer Leibgarde, die nur aus auffallend großen Männern bestehen durfte. Für die „langen Kerls", das in ganz Europa belächelte Hobby Friedrich Wilhelms, gab der König riesige Summen aus. Für den größten „langen Kerl", den 2,14 Meter großen Iren Kirkland, soll der Soldatenkönig 9000 Taler gezahlt haben ...

1250 1300 1350 1400 1450 1500 1550 1600 1650 1700 1750 1800 1850 1900 1950

1 Friedrich Wilhelm, der große Kurfürst. Verkleinerte Nachbildung des Reiterdenkmals von Andreas Schlüter. Foto.

1 *Sucht die genannten Gebiete auf der Abbildung 2. Achtet dabei auf den Verlauf der Reichsgrenze.*

Ein Kurfürst als absoluter Herrscher

Die einzelnen Landesteile lagen weit zerstreut auseinander. Jedes Gebiet hatte seine eigene Rechtsprechung und Verwaltung. Ein Gefühl der Zusammengehörigkeit der kurfürstlichen Untertanen untereinander gab es nicht. Dies änderte sich erst unter Friedrich Wilhelm (1640–1688), der schon zu Lebzeiten „der große Kurfürst" genannt wurde.

Friedrich Wilhelm war ein absoluter Herrscher. Alle kurfürstlichen Lande sollten ab jetzt nur noch ein Oberhaupt haben – und das konnte nur der Kurfürst selber sein. Als Erstes schaffte er deshalb die Sonderrechte des Adels ab, vor allem das Recht der Steuerbewilligung. Adlige, die sich dagegen wehrten, ließ er zum Tod verurteilen. Vereinheitlicht wurde auch die Verwaltung seines Herrschaftsgebiets. Alle wichtigen Anordnungen wurden von ihm selbst getroffen.

Weiteres Ziel seiner Politik war es, diesen Staat in Europa „gewaltig" und stark zu machen. Dazu diente das stehende Heer mit fast 30 000 Berufssoldaten aus allen Landesteilen.

„Menschen sind der größte Reichtum" – Preußen als Einwanderungsland

Brandenburg-Preußen war nach dem Dreißigjährigen Krieg ein ausgeblutetes und entvölkertes Land. Frankreich dagegen stand auf dem Höhepunkt seiner politischen und wirtschaftlichen Machtentfaltung, als Ludwig XIV. im Jahr 1685 mit der Aufhebung des Edikts von Nantes den Protestantismus verbot (siehe S. 12). Viele Hugenotten flohen nun trotz des königlichen Verbots ins Ausland und etwa 20 000 kamen nach Brandenburg-Preußen, unter ihnen tüchtige Handwerker, Händler sowie Wissenschaftler. Gemessen an der damaligen Bevölkerung war dies eine riesige Zahl und schon zu Beginn des 18. Jahrhun-

1417–1918:
Herrschaft der Hohenzollern in Brandenburg-Preußen.

Friedrich Wilhelm, „der große Kurfürst", herrschte von 1640 bis 1688 in Brandenburg-Preußen.

1644:
Kurfürst Friedrich Wilhelm beginnt mit dem Aufbau eines stehenden Heeres, das zum ersten Mal nicht auf den Kaiser, sondern nur auf den brandenburgischen Landesherrn vereidigt wird.

Die Hohenzollern in Brandenburg

Es war der 18. April des Jahres 1417. An diesem Tag belehnte Kaiser Sigismund auf dem Konzil zu Konstanz den Nürnberger Burggrafen Friedrich VI. aus dem Geschlecht der Hohenzollern feierlich mit der Mark Brandenburg und dem Kurfürstentitel. „Friedrich I., Markgraf und Kurfürst von Brandenburg", so nannte der Burggraf sich jetzt stolz. Mit der Belehnung Friedrichs begann die fünfhundertjährige Herrschaft des Hauses Hohenzollern in der Mark Brandenburg, die erst 1918 durch die Novemberrevolution beendet wurde. Unter Friedrichs Nachfolgern konnte das Herrschaftsgebiet durch geschickte Heiratspolitik, durch Kauf und Eroberungen immer mehr erweitert werden. 1618 (endgültig ab 1647) kamen schließlich im Westen noch Kleve, Mark und Ravensberg hinzu sowie 1618 (endgültig ab 1641) im Osten das Herzogtum Preußen als polnisches Lehen.

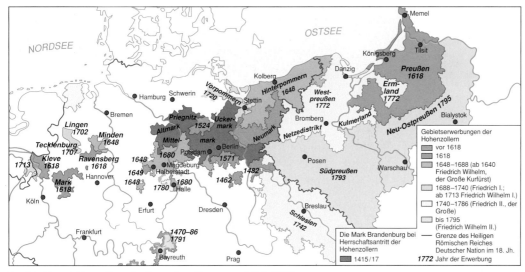

2 Die Entwicklung Brandenburg-Preußens von 1415–1795.

derts war jeder dritte Berliner ein Franzose. Sie waren der Einladung des Kurfürsten Friedrich Wilhelm gefolgt, der am 29. Oktober 1685 das Edikt von Potsdam erließ, „um unseren bedrängten Glaubensgenossen eine sichere und freie Zukunft zu offerieren".

Durch die Gewährung zahlreicher Privilegien und finanzieller Unterstützung lockte der Kurfürst die Hugenotten ins Land und die Einwanderer dankten es ihrer neuen Heimat in vielfältiger Weise: Handel, Handwerk und landwirtschaftliche Anbaumethoden wurden verbessert. Durch den Fleiß der Hugenotten kam es zur Gründung zahlreicher neuer Textilbetriebe, von Glas- und Luxusindustrien. Neue Sprach-, Ess- und Lebensgewohnheiten verfeinerten die noch ziemlich rauen Sitten. Der Export kam in Schwung, sodass neues Geld ins Land und in die Kasse des Landesfürsten floss.

2 *In seinem Testament schrieb der Kurfürst: „Menschen halte ich für den größten Reichtum." – Erklärt diese Aussage.*

Kurfürst Friedrich III. wird König in Preußen

Nachfolger des Großen Kurfürsten wurde sein Sohn Friedrich III. (1688–1713). An der weiteren Ausdehnung seines Herrschaftsgebiets war er nicht besonders interessiert. Sein ganzes Streben ging vielmehr dahin, den französischen König Ludwig XIV. nachzuahmen. Im Jahr 1701 ließ er sich als Friedrich I. in Königsberg zum „König in Preußen" krönen. Der Name „Preußen" setzte sich bald als Bezeichnung für das gesamte Herrschaftsgebiet durch und verdrängte den Namen „Brandenburg". Einen Namen machte sich Friedrich durch den Bau des Schlosses Charlottenburg und die Gründung der Universität Halle im Jahr 1694. Als der König 1713 starb, hinterließ er seinem Sohn einen völlig verschuldeten Staat, aber auch einen unschätzbaren Wert: die preußische Königskrone.

Friedrich Wilhelm I. – der „Soldatenkönig"

1 Geselligkeit am Hof König Friedrich Wilhelms I.: Das Tabakskollegium. Der König mit seinen Beratern beim „abendlichen Stammtisch", wo es derb zuging. – Rechts neben dem König sitzt der Kronprinz, der spätere König Friedrich II. Gemälde, 1737/38.

Friedrich Wilhelm I., Sohn König Friedrichs I., herrschte von 1713 bis 1740 als König in Preußen.

Der König löst den Hofstaat auf

Mit eiserner Strenge brachte König Friedrich Wilhelm I. (1713–1740) den Staatshaushalt wieder in Ordnung. Kaum war sein Vater zu Grabe getragen, verkaufte Friedrich Wilhelm dessen Krönungsmantel. Jeder einzelne Diamantenknopf hatte damals 30 000 Dukaten gekostet. Über die weiteren Sparmaßnahmen heißt es in einer Darstellung:

M1 … Der größte Teil des Hofstaates wurde aufgelöst; die kostbaren Weine des Hofkellers wurden versteigert. Die zahlreichen Lustschlösser ließ der König vermieten oder in Dienstwohnungen oder Lazarette verwandeln. Das kostbare Silber- und Goldgerät aus den Schlössern – über 7000 Zentner, sagt man – wurde nach Berlin gebracht und für die Münzprägung benutzt. Der Erlös aus all diesen schönen Dingen trug dazu bei, die Schulden zu bezahlen oder militärische Ausgaben zu bestreiten. …

Der König war nicht nur ein sparsamer, er war auch ein sehr strenger Herrscher. Das bekamen vor allem auch seine Beamten zu spüren. Sie waren zu unbedingtem Gehorsam verpflichtet. Selbstloser Einsatz und Sparsamkeit wurden von ihnen verlangt, die selber nur einen geringen Lohn erhielten bei einem zwölfstündigen Arbeitstag.

Was er unter Sparsamkeit und Strenge verstand, lebte der König seinen Untertanen vor. Er selber überwachte das Familienleben; für jedes kleine Vergnügen musste man zunächst bei ihm die Erlaubnis einholen. Die Kinder durften ihre Mutter nur in seinem Beisein sehen. Seine Tochter Wilhelmine (1709–1758) schrieb:

Q … Wir führten das traurigste Leben von der Welt. Früh, so wie es sieben schlug, weckte uns die Übung von dem Regimente des Königs auf. Sie fand vor unseren Fenstern, die zu ebenem Boden waren, statt. Das ging unaufhörlich: Piff, puff, und den ganzen Morgen hörte das Schießen nicht auf. Um zehn Uhr gingen wir zu meiner Mutter und begaben uns mit ihr in die Zimmer neben denen des Königs, wo wir den ganzen Morgen verseufzen mussten. Endlich kam die Tafelstunde. Das Essen bestand aus sechs kleinen, übel zubereiteten Schüsseln, die für vierundzwanzig Personen hinreichen mussten, sodass die meisten vom Geruche satt werden mussten. Am ganzen Tisch sprach man von nichts als von Sparsamkeit und Soldaten. …

1 *Diskutiert, wie diese Lebensweise der königlichen Familie zu bewerten ist.*

Preußen wird Militärstaat

Zwangsdienst im preußischen Heer

König Wilhelm I. regierte insgesamt 27 Jahre. In dieser Zeit vergrößerte er das Heer von 38 000 Mann auf über 82 000 Soldaten. Von den Staatseinnahmen gingen über 50 Prozent an das Militär. Die Vorliebe des Königs für das Heer war im ganzen Land so bekannt, dass man ihn nur noch den „Soldatenkönig" nannte. Die Ausbildung war außerordentlich hart. Der tägliche, oft stundenlange Drill auf dem Exerzierplatz gehörte zum Alltag der Soldaten, die als Erste auch den militärischen Gleichschritt einübten. Da es nicht genügend Freiwillige gab, führte der König die Zwangsrekrutierung ein. Jeder Soldat musste eine zweijährige Dienstzeit ableisten und außerdem noch 18 Jahre lang jährlich zwei Monate zum Militärdienst.

2 *Erläutert anhand der Tabelle (Abb. 2) die Entwicklung Preußens zum Militärstaat.*

Die Flucht des Kronprinzen

Der König wollte mit aller Gewalt aus seinem Sohn auch einen „tüchtigen Soldaten und einen sparsamen Haushalter" machen. Doch der Kronprinz verachtete den Militärdienst und fürchtete das strenge Regiment seines Vaters. Im Jahr 1730 flüchtete er nach England zusammen mit seinem Freund, dem Leutnant Hans Hermann von Katte. Sie wurden unterwegs gefangen genommen und vor ein Kriegsgericht gestellt. Die Richter weigerten sich, den Thronfolger zu verurteilen, verhängten aber über den Leutnant eine lebenslängliche Freiheitsstrafe. Der König selbst änderte sie in ein Todesurteil und zwang seinen Sohn, der Hinrichtung seines Freundes zuzusehen.

3 *Seht euch die Abbildung 3 an und besprecht das Verhalten des Königs.*

3 **Kronprinz Friedrich muss der Hinrichtung seines Freundes zusehen.** Kupferstich, um 1740.

Das Vermächtnis des Königs

Friedrich Wilhelm I. starb am 31. Mai 1740 im Stadtschloss zu Potsdam. Über seine Regierungszeit heißt es in einer heutigen Darstellung:

M2 … Bescheidenheit und Selbstlosigkeit, Härte bei der Erfüllung der Pflicht sind als preußische Tugenden verstanden worden und wohl nicht das schlechteste Vermächtnis eines Königs. Wo gibt es heute einen Staat, der schuldenfrei wirtschaftet oder sogar Überschüsse erzielt. …

4 *Hinterfragt die Aussage in M2. – Wie würde eure Beurteilung aussehen?*

Auszug aus einer Chronik zur Geschichte Brandenburgs

3. Juli 1713:
Mit Erstaunen beobachtet die Bevölkerung Potsdams den Einzug der 600 Soldaten der „Roten Grenadiere", der Leibwache des Königs, in ihre Stadt. Durch den beginnenden Ausbau Potsdams als Garnisonsstadt steigt die Einwohnerzahl von 1500 (1713) auf über 11 000 (1738).

1718:
Direktor und Landrat der Uckermark beschweren sich über anhaltende gewaltsame Rekrutierungen für das preußische Heer durch die Werber Friedrich Wilhelms I. Die Bauern würden bei der Einbringung der Ernte stark behindert, die nächste Saat sei durch Arbeitskräftemangel gefährdet.

1722:
In der Garnisonsstadt Potsdam wird ein Waisenhaus für die zahlreichen Militärwaisen und Soldatenkinder gegründet. Es dient auch als Rekrutierungsanstalt für das Heer und die Potsdamer Gewehrmanufaktur, in der zeitweilig 50 Kinder täglich bis zu zehn Stunden arbeiten müssen.

Das Heer in Brandenburg Preußen			Heeresstärken in Europa 1740	Soldaten je 1000 Einwohner 1740
Jahr	Bevölkerung	Heer	Frankreich 200 000	Frankreich 10
			Preußen 82 000	Preußen 37
1660	(?)	8000	England 36 000	England 5
1688	1,50 Mio.	30 000	Österreich 110 000	Österreich 8
1740	2,24 Mio.	82 000	Russland 170 000	Russland 9
1786	5,43 Mio.	188 000	Sachsen 26 000	Sachsen 15

2 Militär in Brandenburg-Preußen und in Europa.

Das Zeitalter der Aufklärung

1 **Vortrag eines Gelehrten im Salon der Madame Geoffrin in Paris.** Gemälde von G. Lemmonier, um 1745.

Der Mensch: Bürger oder Untertan?

Der Hofprediger Ludwigs XIV. hatte 1682 geschrieben:

> **Q1** … Die Menschen werden allesamt als Untertanen geboren. Der Fürst blickt von einem höheren Standpunkt aus. Man darf darauf vertrauen, dass er weiter sieht als wir. Deshalb muss man ihm ohne Murren gehorchen. Derjenige, der dem Fürsten den Gehorsam verweigert, wird als Feind der menschlichen Gesellschaft zum Tod verurteilt.

War diese Auffassung wirklich richtig? Wurden alle Menschen als Untertanen geboren? Waren sie nur dazu da, um einem König zu dienen und zu gehorchen? Je mehr sich der Absolutismus in Frankreich und Europa durchsetzte, desto lauter wurde die Kritik an dieser Herrschaftsform. Es waren vor allem französische Dichter, Philosophen und Schriftsteller, die sich zu Beginn des 18. Jahrhunderts hiergegen zur Wehr setzten. Das Zeitalter der Aufklärung* begann. So schrieb der französische Philosoph Diderot:

> **Q2** … Kein Mensch hat von der Natur das Recht erhalten über andere zu herrschen. Die Freiheit ist ein Geschenk des Himmels und jedes Mitglied des Menschengeschlechtes hat das Recht sie zu genießen, sobald es Vernunft besitzt.

„Alle Menschen", so betonten auch andere aufgeklärte Gelehrte, „sind von Natur aus frei und gleich." Es ist höchste Zeit, dass jeder Bürger, jeder Bauer seine alten Rechte zurückgewinnt.

1 *Vergleicht die Äußerungen des Hofpredigers (Q1) mit der Äußerung Diderots (Q2).*

Gewaltenteilung statt Alleinherrschaft

Die Freiheit des Menschen ist immer dann bedroht, wenn zu viel Macht in der Hand eines Einzelnen vereint ist. Der Philosoph Montesquieu schlug deshalb vor, die Macht im Staat aufzuteilen:

> **Q3** … In jedem Staat gibt es drei Arten von Gewalten: die gesetzgebende, die ausführende und die richterliche Gewalt.
> Um den Missbrauch der Gewalt unmöglich zu machen, müssen die Dinge so geordnet sein, dass die eine Gewalt die andere im Zaum hält.
> Wenn die gesetzgebende Gewalt mit der ausführenden in einer Person vereinigt ist, dann gibt es keine Freiheit. Man muss dann nämlich befürchten, dass ein Herrscher tyrannische Gesetze gibt, um sie als Tyrann auch auszuführen.
> Es gibt keine Freiheit, wenn die richterliche Gewalt nicht von der gesetzgebenden und von der ausführenden Gewalt getrennt ist: Wenn die richterliche Gewalt mit der gesetzgebenden vereinigt wäre, so würde die

Die Welt soll „vernünftig" werden

2 Charles Montesquieu, französischer Staatsphilosoph. Kupferstich, um 1800.

ENCYCLOPÉDIE,
O U
DICTIONNAIRE RAISONNÉ
DES SCIENCES,
DES ARTS ET DES MÉTIERS,
PAR UNE SOCIÉTÉ DE GENS DE LETTRES.

Mis en ordre & publié par M. DIDEROT, de l'Académie Royale des Sciences & des Belles-Lettres de Prusse; & quant à la PARTIE MATHÉMATIQUE, par M. D'ALEMBERT, de l'Académie Royale des Sciences de Paris, de celle de Prusse, & de la Société Royale de Londres.

*Tantùm series juncturaque pollet,
Tantùm de medio sumptis accedit honoris! HORAT.*

TOME PREMIER.

A PARIS,
Chez { BRIASSON, rue Saint Jacques, à la Science.
DAVID l'aîné, rue Saint Jacques, à la Plume d'or.
LE BRETON, Imprimeur ordinaire du Roy, rue de la Harpe.
DURAND, rue Saint Jacques, à Saint Landry, & au Griffon.

M. DCC. LI.
AVEC APPROBATION ET PRIVILÈGE DU ROY.

3 Titelbild der von Diderot herausgegebenen Enzyklopädie*. Um 1751.

Enzyklopädie:*
Nachschlagewerk, das französische Gelehrte im 18. Jahrhundert herausgaben. Das gesammelte Wissen der Menschheit sollte hier umfassend dargestellt werden. Viele führende Wissenschaftler arbeiteten an der Enzyklopädie mit, die zu einem Standardwerk der Aufklärung wurde.

Gewalt über Leben und Freiheit der Bürger willkürlich sein; denn der Richter wäre zugleich Gesetzgeber.
Wäre die richterliche Gewalt mit der ausführenden Gewalt verbunden, dann könnte der Richter die Macht eines Unterdrückers besitzen. …

2 *Erklärt mithilfe von Q3 die Grafik in der Randspalte. Überlegt, worin das Neue gegenüber dem Absolutismus liegt.*

Beweise statt Glauben
Die Aufklärer stellten die Macht des Königtums ebenso infrage wie den Anspruch der Kirche, Entwicklungen im Bereich der Wissenschaft oder im Erziehungswesen bestimmen zu können. Nicht der Glaube und ungeprüfte Überzeugungen, sondern die Vernunft und der Beweis sollten die Grundlage aller Erkenntnisse sein. Der deutsche Philosoph Immanuel Kant (1724–1804) beschrieb Aufklärung folgendermaßen:

Q4 … Aufklärung ist der Ausgang des Menschen aus seiner selbst verschuldeten Unmündigkeit. Selbst verschuldet ist diese Unmündigkeit, wenn die Ursache derselben nicht am Mangel des Verstandes, son-

dern am Mangel des Mutes liegt. … Habe den Mut dich deines Verstandes zu bedienen. …

Die neuen Ideen der Aufklärung fanden schnell Anklang. In Frankreich, vor allem in Paris, trafen sich wohlhabende Bürger und Bürgerinnen in Salons und hörten dort Vorträge von Gelehrten. Zugleich entstanden zahlreiche Akademien, an denen Wissenschaftler gemeinsam forschten und experimentierten. Um exakter messen und beobachten zu können, erfanden sie neue Instrumente, wie z. B. das Mikroskop. Die Forschungsergebnisse wurden in Enzyklopädien* zusammengefasst um sie allen Menschen zugänglich zu machen (siehe Abb. 3). Die Aufklärer wollten die Menschen durch Bildung und Erziehung dazu anleiten, die Vernunft richtig zu gebrauchen. Sie waren außerdem der Überzeugung, dass jeder Mensch das Recht auf Bildung habe, und forderten daher die Einführung der Schulpflicht.

3 *Überlegt euch Beispiele für vernünftiges und unvernünftiges Handeln. Begründet eure Meinung.*
4 *Wie kann man sich den „Mangel an Mut" der Menschen erklären? Gab es ihn nur damals oder kann er auch heute noch vorkommen?*

---

*Die Staatsordnung des **Absolutismus**.*

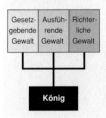

Gesetzgebende Gewalt	Ausführende Gewalt	Richterliche Gewalt

König

*Die **Gewaltenteilung** nach Montesquieu.*

Gesetzgebende Gewalt	Ausführende Gewalt	Richterliche Gewalt
Parlament (Volk)	König	Richter

Aufgeklärter Absolutismus in Preußen

1740–1786:
Friedrich II., der
Große, herrscht als
König „in", seit 1772
als König „von"
Preußen .

Die Fürsten sollen zum Wohl des Volkes arbeiten

Nach dem Tod des Soldatenkönigs wurde sein Sohn als Friedrich II. am 31. Mai 1740 zum König gekrönt. Der junge Königssohn war seinen Zeitgenossen nur bekannt als ein Mann, der die Musik liebte und selbst Flöte spielte, sich für die Wissenschaften und Künste interessierte, alles Soldatische aber verachtete.

Friedrich hatte schon 1739 geschrieben:

> **Q1** … Der Fürst von echter Art ist nicht da zum Genießen, sondern zum Arbeiten. Das erste Gefühl, das er haben muss, ist das der Vaterlandsliebe, und das einzige Ziel, auf das er seinen Willen zu richten hat, … ist: für das Wohl seines Staates Großes und Heilsames zu leisten. … Die Gerechtigkeit muss die Hauptsorge eines Fürsten sein, das Wohl seines Volkes muss jedem anderen Interesse vorangehen. Der Herrscher, weit entfernt, der unbeschränkte Herr seines Volkes zu sein, ist selbst nichts anders als sein erster Diener. …

1 *Vergleicht die Aussage Friedrichs II. über die Stellung eines Herrschers mit der Auffassung Ludwigs XIV. (vgl. S. 8 f.).*
Worin seht ihr die wichtigsten Unterschiede?

„Ohne Ansehen der Person"

Eine der ersten Regierungsmaßnahmen Friedrichs II. bestand darin, die Folter abzuschaffen, mit der man bisher fast jedes Geständnis erzwingen konnte. Noch wichtiger aber wurde seine Forderung nach einer Trennung der Gewalten in der Rechtsprechung. So schrieb er 1752:

> **Q2** … Ich habe mich entschlossen, niemals in den Lauf des gerichtlichen Verfahrens einzugreifen, denn in den Gerichtshöfen sollen die Gesetze sprechen und der Herrscher schweigen. …

Nur ein einziges Mal verstieß Friedrich II. gegen diesen Entschluss. Anlass war der „Fall Müller Arnold". Der Landrat von Gerstorf hatte 1779 dem Müller Arnold das Wasser abgegraben, durch das die Mühle angetrieben wurde. Der Müller weigerte sich daraufhin, noch länger die Pacht an den Landrat zu bezahlen. Ein Gericht verurteilte ihn deshalb zur Prügelstrafe. Außerdem wurde er ins Gefängnis geworfen und von seiner Mühle vertrieben. Der König setzte die Richter ab und ließ sie ins Gefängnis werfen.

In der Zeitung vom 14. Dezember 1779 veröffentlichte er folgenden Text, der sich in ganz Europa wie ein Lauffeuer verbreitete:

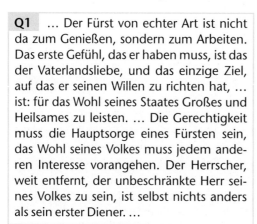

Aufgeklärter Absolutismus in Preußen

2 Ein Kind will seinen Ball zurückhaben, der unter den Schreibtisch des Königs gerollt ist. Kupferstich aus der Regierungszeit Friedrichs II.

3 In seinem Hut bietet ein Offizier dem erschöpften König Wasser zum Trinken an. Kupferstich aus der Regierungszeit Friedrichs II.

Q3 … Die Richter müssen nun wissen, dass der geringste Bauer, ja was noch mehr ist, der Bettler, ebenso wohl ein Mensch ist wie seine Majestät. Vor der Justiz sind alle Leute gleich, es mag ein Prinz sein, der gegen einen Bauern klagt oder umgekehrt. Bei solchen Gelegenheiten muss nach der Gerechtigkeit verfahren werden, ohne Ansehen der Person. …

In den folgenden Tagen zogen Tausende von Bauern nach Berlin vor das Schloss, mit Bittbriefen in den Händen und dem Ruf: „Es lebe der König, der dem armen Bauern hilft."
2 *Der gesamte Adel Berlins ergriff Partei für das Vorgehen des Landrats und die Richter. – Überlegt, wie sie ihre Haltung begründet haben könnten. – Was würdet ihr ihnen antworten?*
3 *Kupferstiche mit Anekdoten aus dem Leben Friedrichs II. waren im Volk weit verbreitet und beliebt. Zeigt anhand der Abbildungen 2 und 3, wie Friedrich II. als Herrscher dargestellt wird. Warum waren solche Bilder im Volk sehr beliebt?*

„Alle Religionen müssen toleriert werden"
Als aufgeklärter Herrscher trat der preußische König auch dafür ein, tolerant gegenüber allen Religionen zu sein. Auf die Anfrage, ob auch ein Katholik das Bürgerrecht erwerben dürfe, schrieb er:

Q4 … Alle Religionen sind gleich und gut, wenn nur die Leute, die sie bekennen, ehrliche Leute sind. Und wenn Türken und Heiden kämen und wollten sich in diesem Land niederlassen, so wollen wir ihnen Moscheen und Kirchen bauen. Ein jeder kann bei mir glauben, was er will, wenn er nur ehrlich ist. …

Die Reformen und Anordnungen des Königs riefen immer wieder Erstaunen hervor. In einer heutigen Darstellung heißt es:

M … Der Preußenkönig hob die Zensur für den nicht politischen Teil der Presse auf, er schaffte die Folter bei Verhören ab und untersagte die Prügelstrafe in den Kadettenanstalten; er kurbelte die Wirtschaft an und befahl den Bau einer Oper in Berlin und förderte in seinem Land Kunst und Wissenschaft. … Die Sonne der Aufklärung ging nicht mehr in Paris, sondern in Berlin auf. …

Deutschland, ja ganz Europa blickte nach Sanssouci. Dichterlesungen wurden gehalten, Konzerte veranstaltet. Die Tafelrunde des Königs, an der gebildete Männer von dem Herrscher zum Meinungsaustausch eingeladen wurden, war in ganz Europa berühmt.

Machtkämpfe in Europa

1 Kaiserin Maria Theresia (1740–1780). Gemälde von Carl Blaas.

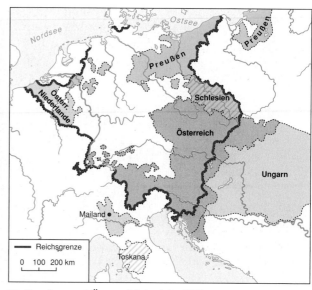

2 Preußen und Österreich im Jahr 1740.

1740–1745:
Kriege um Schlesien.

Friedrich II. fällt in Schlesien ein

Als Friedrich II. im Jahr 1740 preußischer König wurde, wusste man von ihm nur, dass er die Musik liebte, die Schriften der Aufklärer las und alles Soldatische verachtete. Umso überraschter war man, als der junge König, kaum hatte er den Thron bestiegen, Österreich sofort den Krieg erklärte. – Sein Ziel hieß Schlesien, das bislang von Österreich besetzt war. „Wenn man im Vorteil ist, soll man ihn ausnutzen, oder nicht?", so hatte er seine Minister gefragt. Der Vorteil schien im Jahr 1740 auf seiner Seite zu liegen. Der habsburgische Kaiser Karl VI. war gestorben. Nachfolgerin wurde seine Tochter Maria Theresia, erst 23 Jahre alt. Aus dieser Schwächung Österreichs, wie Friedrich meinte, wollte er jetzt seinen Vorteil ziehen. Fünf Jahre dauerte der Kampf. Endlich, am Weihnachtsabend 1745, kam es in Dresden zum Friedensschluss. Friedrich erhielt ganz Schlesien und erkannte dafür Franz I., den Gatten Maria Theresias, als deutschen Kaiser an.

Würde sich Österreich mit seiner Niederlage abfinden? Die Frage beschäftigte Friedrich II. immer wieder.

1 *Wie beurteilt ihr das Vorgehen Friedrichs?*

2 *Sucht auf der Karte (Abb. 2) die von Friedrich II. eroberten Gebiete.*

Am Vorabend eines europäischen Krieges

Ständig ließ sich Friedrich II. von seinen Spionen über Maria Theresia berichten. Voller Sorge vernahm er die Nachricht, dass das österreichische Heer immer größer werde. Mit den europäischen Herrschern schloss die österreichische Kaiserin Bündnisse gegen Preußen, und zwar mit Frankreich, Russland, Polen und Schweden. Friedrich schloss deshalb im Januar 1756 ein Bündnis mit England. Schon zuvor war er ständig bestrebt gewesen, die Armee zu stärken, die bis 1756 auf 150 000 Mann anwuchs.

Exerzieren für den Krieg

Tag für Tag wurden Preußens Soldaten gedrillt. Viele versuchten zu fliehen, bis zu 9000 Mann im Jahr. Wer beim Fluchtversuch erwischt wurde, musste mit harten Strafen rechnen. Ulrich Bräker, ein Schweizer, der in der preußischen Armee diente, berichtet:

Q1 … Wir mussten zusehen, wie man Deserteure durch 200 Mann achtmal die lange Gasse auf und ab Spießruten laufen ließ, bis sie atemlos dahinsanken – und des folgenden Tages aufs Neue dranmussten. Die Kleider wurden ihnen vom zerhackten Rücken heruntergerissen und wieder frisch

Der Siebenjährige Krieg

3 **König Friedrich II. bei der Wachparade in Potsdam.** Gemälde von Vigée-Lebrun, 1778.

drauflosgehauen, bis Fetzen geronnenen Blutes ihnen über die Hosen herabhingen. Was auf dem Exerzierplatz vorging, war nicht viel anders. Auch da war des Fluchens und Prügelns der prügelsüchtigen Offiziere und des Gejammers der Geprügelten kein Ende. Oft mussten wir fünf Stunden lang in unserer Montur, eingeschnürt wie geschraubt, stehen, in die Kreuz und Quere pfahlgerad marschieren und ununterbrochen blitzschnelle Handgriffe machen. …

3 Überlegt, welches Ziel mit dieser harten Bestrafung und dem stundenlangen Exerzieren verfolgt wurde.

Preußen überfällt Sachsen

Am 29. August 1756 überfielen die preußischen Truppen das mit Österreich verbündete Sachsen. Dies war der Beginn des Siebenjährigen Krieges (1756–1763). Es ging in diesem Krieg zwischen Preußen und Österreich um die Vorherrschaft in Europa. Gleichzeitig kämpften auch Frankreich und England gegeneinander; der Sieger – so glaubten die beiden Mächte – würde dann auch alleine die nordamerikanischen Kolonien beherrschen. Waren die Feldzüge Friedrichs II. anfangs noch erfolgreich, so sollte sich dies bald ändern. Im August 1759 erlitt das preußische Heer in der Schlacht von Kunersdorf eine vernichtende Niederlage. Noch am gleichen Abend schrieb Friedrich II. an einen Minister:

> **Q2** … Mein Rock ist von Schüssen durchlöchert, zwei meiner Pferde sind getötet, mein Unglück ist, dass ich noch lebe. Alles flieht und ich bin nicht mehr Herr meiner Leute. Man wird in Berlin gut tun, an seine Sicherheit zu denken. … Ich habe keine Hilfsmittel mehr, und um nicht zu lügen, ich halte alles für verloren. Den Untergang meines Vaterlandes werde ich nicht überleben. Leben Sie wohl für immer. …

So weit sollte es allerdings nicht kommen. Auch die gegnerischen Kräfte waren langsam erschöpft. Nach dem Tod der Zarin Elisabeth schied 1762 Russland aus dem Krieg aus. Nun waren alle beteiligten Mächte so geschwächt, dass es im Jahr 1763 zum Friedensschluss kam. Der Besitz von Schlesien wurde dabei Friedrich II. endgültig zugesprochen.

4 Für Friedrich II. hatte sich dieser Krieg gelohnt. – Wie werden darüber ein Soldat, eine Kriegerwitwe, ein Bauer gedacht haben?

1756–1763: Siebenjähriger Krieg.

45

Alltag in Preußen

1 Leibeigene Bauern vor ihrem adligen Grundherrn in Preußen. Kupferstich von D. Chodowiecki, um 1780.

2 Öffentlicher Vollzug der Prügelstrafe. Der Gutsherr und seine Frau sehen Kaffee trinkend zu. Kupferstich, um 1770.

Gutsherrliches Züchtigungsrecht. Kupferstich, Ende 18. Jahrhundert.

Leben und Leiden auf dem Land

Im 17./18. Jahrhundert hatten sich für die brandenburgischen Bauern die Verhältnisse der Gutsherrschaft bis hin zu einer faktischen Erbuntertänigkeit verschlechtert. Der Adel intensivierte seine Gutswirtschaft und orientierte sich zunehmend am Absatzmarkt – eine Folge des neuen merkantilistischen Denkens (vgl. S. 14). Die adligen Agrarunternehmer waren umso konkurrenzfähiger, umso umfassender die Dienstpflichten ihrer Bauern waren. Diese Pflichten waren seit dem Dreißigjährigen Krieg durch mehrere Landesgesetze stetig verschärft worden. Die Arbeitskraft der Bauern wurde rücksichtslos ausgenutzt, ihre Freiheit stark eingeschränkt. Neben den eigentlichen Abgaben und Arbeitsdiensten waren dabei die Heiratsgenehmigungspflicht und das Abwanderungsverbot die unerträglichsten Lasten der Bauern. Noch 1720 bestätigte darüber hinaus ein brandenburgisches Landesgesetz des „Soldatenkönigs", dass der Adel von seinen Bauern so hohe Abgaben fordern konnte, wie ihm beliebte. Dagegen gab es keinen Schutz. Die Bauern waren damit der Willkür ihres Herrn fast schon auf Leben und Tod unterworfen. So waren sie nicht nur gegen völlige Ausbeutung, sondern selbst gegen Misshandlungen weitgehend schutzlos. „Unsere Grundherrschaft", so klagten z. B. einige Bauern beim König, „hat uns immerfort gequält und von Jahr zu Jahr neue Bedrückungen ersonnen und durch Schläge, Gefängnis und Geldstrafen zu erzwingen gewusst."

Die Bestrebungen des Landadels, der so genannten Junker, diese persönliche Abhängigkeit der Bauern bis zur Leibeigenschaft zu steigern, versuchte Friedrich Wilhelm I. schließlich nur aus wirtschaftlichen Erwägungen zu bremsen: Nicht das Land des Adels, sondern nur das Land der – wenigstens vorgeblich – freien Bauern war steuerpflichtig. Doch weder ihm noch seinem Sohn Friedrich II. gelang es, die Fronherrschaft zu beseitigen. Sie gingen auch nicht mit letzter Konsequenz dagegen vor. Friedrich II. vor allem scheute die aus einer Bauernbefreiung folgenden Schadensersatzansprüche des Adels und einen möglichen Zusammenbruch des Agrarmarktes im Land. Auch wenn somit der Rechtsbegriff nach Möglichkeit vermieden wurde, befanden sich die Bauern Brandenburgs im 18. Jahrhundert in einer Leibeigenschaft, die zum Teil selbst über die entsprechenden Formen der mittelalterlichen Feudalherrschaft hinausging.

1 *Erläutert, was die Pflicht zur Heiratsgenehmigung und das Verbot der Abwanderung konkret für den einzelnen Bauern bedeutete.*

2 *Überlegt, warum Friedrich Wilhelm I. die Leibeigenschaft der Bauern verhindern wollte.*

Von der Verheerung zum Wiederaufbau

3 **Friedrich II. in seinen letzten Lebenstagen auf der Terrasse von Sanssouci.** Rechts daneben der Kammerhusar.

Preußen nach dem siebenjährigen Krieg

Die Bemühungen des Königs um den Aufbau des Landes hatten durch den siebenjährigen Krieg einen schweren Rückschlag erlitten. Als der Krieg vorbei war, waren ihm über 500 000 Menschen zum Opfer gefallen. In den Provinzen Preußen, Brandenburg, Schlesien und Pommern waren die Menschenverluste besonders hoch. Friedrich II. schrieb über sein Land:

> **Q** … Um sich einen Begriff von der allgemeinen Zerrüttung zu machen, muss man sich völlig verheerte Landstriche vorstellen: Städte, die von Grund auf zerstört, 13 000 Häuser, die bis auf die letzte Spur vertilgt waren. Nirgends bestellte Äcker, kein Korn zur Ernährung der Einwohner; 60 000 Pferde fehlten den Bauern zur Feldarbeit, und im Ganzen hatte sich die Bevölkerung um 500 000 Seelen gegenüber dem Jahr 1756 vermindert (bei 4,5 Millionen Einwohnern). Adel und Bauern waren so ausgeplündert, dass ihnen nur das nackte Leben blieb. …

Mehr als zwei Jahrzehnte widmete der König jetzt seine ganze Kraft dem Wiederaufbau des zerstörten Landes. Über 900 Dörfer wurden neu gegründet und fast 60 000 Siedlerstellen angelegt. Auf diese Weise konnten rund 300 000 Einwanderer aus aller Herren Länder angesiedelt werden. Über 15 000 Häuser ließ der König in den ersten $7\,1/2$ Jahren nach dem Krieg bauen. Allein in Schlesien wurden in sechs Jahren 750 Schulen errichtet, da in Preußen seit 1763 die allgemeine Schulpflicht für Kinder vom 5. bis zum 14. Lebensjahr galt. Ehrgeizige Straßenbauvorhaben wurden in Angriff genommen und die Manufakturen wieder verstärkt gefördert. Die Erfolge konnten sich sehen lassen: Preußen hatte sich in langjährigen Kämpfen in Europa eine Großmachtstellung erobert. Durch die Maßnahmen Friedrichs II. wurde es auch zu einer starken Wirtschaftsmacht.

Noch kurz vor seinem Tod soll der König die Befreiung der Bauern aus der Leibeigenschaft ins Auge gefasst und entsprechende Anweisungen gegeben haben. Ihre Durchsetzung erlebte er nicht mehr. Friedrich II. starb am 17. August 1786.

3 *Friedrich II. bezeichnete sich als aufgeklärten Monarchen und als „ersten Diener des Staates". Welche Maßnahmen des Königs entsprachen diesem Anspruch, welche nicht?*

4 *Schreibt einen kurzen Bericht, in dem ihr den König aus eurer Sicht schildert.*

Bettelnde Soldatenfrau.
In der verlustreichsten Schlacht des Krieges starben in sieben Stunden 35 000 Menschen: Soldaten im Dienst des preußischen Königs, der österreichischen Kaiserin und der russischen Zarin. Radierung von Daniel Chodowiecki, 1764.

Urbarmachung in Brandenburg

1 **Das Gemälde „Der König überall".** Es zeigt Friedrich II., der kontrolliert, ob seine Anweisungen zum Kartoffelanbau befolgt wurden. Den Anbau der nahrhaften Frucht befahl der König, weil hungernde Untertanen als Soldaten nicht zu gebrauchen waren. Gemälde von R. Warthmüller, 1886.

1764:
Zur Verbesserung der Ernährungslage verfügt Friedrich II. einen Kartoffelanbauzwang. Die Kartoffelernte steigt in der Kurmark Brandenburg dadurch von 6,9 Millionen Kilogramm (1765) auf 25,1 Millionen Kilogramm (1773) und auf 152,4 Millionen im Jahr 1801.

Die Besiedlung des Oderbruchs

In den letzten zwei Jahrzehnten seines Lebens widmete sich Friedrich II. ganz dem Aufbau seines Landes. Dabei bemühte er sich um verschiedenste Neuerungen und Verbesserungen (vgl. S. 47). Eine wichtige Aufgabe sah er unter anderem auch in der Urbarmachung sumpfiger Gebiete. Er selber schrieb dazu im Jahr 1752:

Q … Ich habe es für meine Pflicht gehalten, für das Wohl des Staates zu sorgen, und das auf jede Weise. … Nach dem Frieden (1745) nahm ich mir vor, herauszufinden, wodurch die Provinzen wieder aufgerichtet werden könnten. …
Längs der Oder und der Neiße zog sich ein Streifen unangebauten, wilden und unzugänglichen Sumpflandes. Ich begann damit, die Sümpfe von Damm bei Stettin zu entwässern. Man arbeitete an einem Deich, um die Oder einzudämmen, und verteilte dann das neue Land an die Erbauer der dort angelegten Dörfer. Dieses Werk wird im nächsten Jahr vollendet und das Land mit ungefähr 4000 Seelen besiedelt sein.
Zwischen Freienwalde und Küstrin überschwemmt die Oder die schönsten Wiesen und setzte unaufhörlich ein herrliches Gebiet unter Wasser, das dadurch unbrauchbar wurde. … Durch die Eindämmung des Flusses wird ein Gebiet gewonnen, wo 6000 Seelen ihre Nahrung, Ackerland und Viehweiden finden. Wenn ich am Leben bleibe, wird die ganze Besiedlung im Jahr 1756 beendet sein. … Überall sind Dörfer angelegt, die in der Mehrzahl bereits fertig sind. … Wenn ich alles seit 1746 zusammenzähle, bin ich jetzt beim 122. Dorf. …

Mit diesen Maßnahmen gewann Friedrich II. über 100 000 Hektar Acker- und Weideland hinzu. Immer wieder reiste der König selber durch das Land, um sich persönlich einen Eindruck von dem Erfolg seiner Bemühungen zu verschaffen. Um die urbar gemachten Ländereien bebauen zu können, ließ Friedrich II. in ganz Europa Kolonisten anwerben. Tausende folgten seinem Ruf. Sie erhielten etwas Geld als Startkapital und die Zusage, das Land an ihre Kinder weitergeben zu dürfen.

1 *Nennt die Maßnahmen, durch die Friedrich II. den Wohlstand des Landes vermehren wollte.*
2 *Beschreibt die Abbildung 1. – Welches Gespräch zwischen dem König und den Bauern und Bäuerinnen könnte es gegeben haben?*

Kartoffelsupp – die ganze Woche Kartoffelsupp

Wie kein anderer Herrscher bemühte sich Friedrich II. um einen intensiven Kartoffelanbau. Seine Untertanen wussten mit der neuen Frucht jedoch zunächst nichts anzufangen, wie ein zeitgenössischer Bericht zeigt:

Q … Im Jahre 1745 erhielt Kolberg durch die Güte des großen Friedrich ein ganz besonderes Geschenk. Es waren Kartoffeln, die damals bei uns noch kein Mensch kannte. Ein großer Frachtwagen voll kam auf dem Markt an und durch Trommelschlag wurde in der ganzen Stadt bekannt gemacht, dass jeder Gartenbesitzer sich zu einer bestimmten Stunde vor dem Rathaus einfinden sollte. Seine Majestät der König hätte jedem ein Geschenk zugedacht. Es gab eine große Aufregung in der Stadt, umso mehr, weil die meisten nicht wussten, was das Geschenk zu bedeuten hatte.

Die Ratsherren zeigten nun den Leuten die neue Frucht. Dann wurde eine umständliche Anweisung vorgelesen, wie die Kartoffel gepflanzt und bewirtschaftet und wie sie dann gekocht und zubereitet werden sollte.

… die guten Leute nahmen die Knollen in die Hand und rochen, schmeckten und leckten daran. Kopf schüttelnd zeigte sie einer dem anderen; man brach sie auseinander und warf sie den Hunden vor. …

Allmählich gewöhnte sich die Bevölkerung jedoch an die neue Frucht und Kartoffeln kamen bald fast täglich auf den Tisch. Dem Beispiel Friedrichs II. folgten bald auch andere Herrscher, sodass sie zum Hauptnahrungsmittel in vielen deutschen Ländern wurde.

Rezept für die Kartoffelsuppe

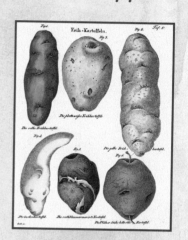

Zutaten:

1 kg Kartoffeln
250 g Mohrrüben
250 g Lauch
2 mittelgroße Zwiebeln
2 l Fleischbrühe oder Schinkenknochenbrühe
Salz, Pfeffer, Lorbeerblatt
1 Bund Petersilie
125 g fetter Speck

Zubereitung:

Die geschälten und in Würfel geschnittenen Kartoffeln werden zusammen mit dem Gemüse sowie Salz, Pfeffer und Lorbeerblatt in der Brühe gegart. Den Speck sehr fein würfeln und auslassen, die Zwiebeln, sehr klein gehackt, darin goldgelb rösten. Die fertige Suppe mit diesem Zwiebel-Speck-Gemisch übergießen und mit gehackter Petersilie überstreuen. (Die kalte Fettschicht aß man auf Brot.)

1 Wenn ihr wissen wollt, wie die Kartoffelsuppe, die damals mehrmals in der Woche auf den Tisch kam, schmeckte, kocht sie einmal gemeinsam nach (siehe Rezept).

2 Ihr könnt außerdem ein kleines Kochbuch zusammenstellen, das nur Gerichte mit Kartoffeln enthält (wie z. B. Kartoffelsalat und Kartoffelklöße). – Guten Appetit!

Ein Staat wird geteilt ...

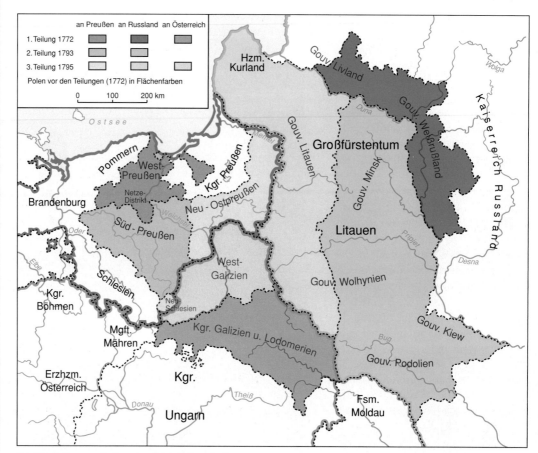

Die Teilungen Polens im 18. Jahrhundert.

Kartenlegende:
- an Preußen, an Russland, an Österreich
- 1. Teilung 1772
- 2. Teilung 1793
- 3. Teilung 1795
- Polen vor den Teilungen (1772) in Flächenfarben
- 0   100   200 km

Beschriftungen auf der Karte: Ostsee, Hzm. Kurland, Gouv. Livland, Wolga, Kaiserreich Russland, Gouv. Weißrußland, Großfürstentum, Pommern, West-Preußen, Kgr. Preußen, Duna, Gouv. Litauen, Gouv. Minsk, Brandenburg, Netze-Distrikt, Neu-Ostpreußen, Litauen, Süd-Preußen, Oder, Weichsel, West-Galizien, Pripjet, Desna, Elbe, Schlesien, Neu-Schlesien, Gouv. Wolhynien, Kgr. Böhmen, Mgft. Mähren, Kgr. Galizien u. Lodomerien, Bug, Gouv. Kiew, Gouv. Podolien, Erzhzm. Österreich, Kgr. Ungarn, Donau, Theiß, Fsm. Moldau

Der Adler im Wappen Polens – das älteste polnische Staatssymbol.

Drei Großmächte teilen Polen unter sich auf

Erbittert hatten Friedrich II. und Maria Theresia um den Besitz Schlesiens gekämpft. Bei der Aufteilung Polens hingegen waren sie sich weitgehend einig. Polen – so dachte die österreichische Regierung – könnte einen Ersatz darstellen für das verloren gegangene Schlesien. Polnische Gebiete zu erobern schien auch Russland erstrebenswert zu sein. Auf diese Weise konnte es seine Grenze weiter nach Westen verschieben. An polnischen Gebieten interessiert war auch Preußen, um eine Landverbindung mit Ostpreußen herzustellen. Mit heftigem polnischem Widerstand brauchten die Großmächte nicht zu rechnen, da Polen uneins war.

Schon 1731 hatte Friedrich II., damals noch Kronprinz, geschrieben:

Q1 ... Da die preußischen Länder ... so zerschnitten und getrennt sind, halte ich es für die notwendigste Maßnahme, sie einander anzunähern oder die abgetrennten Teile zu sammeln, die natürlicherweise zu den Teilen gehören, die wir besitzen. So das polnische (Ost-)Preußen, das immer zum Königreich gehört hat und davon nur durch die Kriege der Polen gegen den Deutschen Orden getrennt wurde. ...

Wenn dieses Land gewonnen ist, hat man damit nicht nur einen völlig freien Weg von Pommern zum Königreich Preußen, man hält auch die Polen im Zaum, man kann ihnen Gesetze vorschreiben, weil sie nicht auf ihre Waren verzichten können, wenn sie diese die Weichsel und Pregel herabführen, was nicht mehr ohne unsere Zustimmung geschehen kann. ...

... und verschwindet von der Landkarte?

2 „Die Lage des Königreichs Pohlen im Jahr 1773". Die Kaiserin von Russland (links), der Kaiser von Österreich und der preußische König (rechts) zeigen auf der polnischen Karte ihre Gebietsansprüche. In der Mitte der polnische König, Stanislaus II., der auf die göttliche Gerechtigkeit verweist. Zeitgenössischer Kupferstich von Johann E. Nilsson.

Im Jahr 1772 teilten die drei Großmächte etwa ein Drittel des polnischen Staatsgebiets unter sich auf (siehe Abb. 1). In einem Brief an den österreichischen Reichskanzler schrieb Maria Theresia:

Q2 … In dieser polnischen Sache, bei der das offenbare Unrecht himmelschreiend gegen uns ist, muss ich bekennen, dass ich mich zeitlebens noch nie so geschämt habe. Bedenken Sie, was wir in aller Welt für ein Beispiel geben, wenn wir um ein elendes Stück Polens unsere Ehre und unseren Ruf aufs Spiel setzen. …

1 *Lest den Text von Q1 und Q2. – Spielt folgende Situation: Maria Theresia und Friedrich II. unterhalten sich über die Teilung Polens. Was könnten sie gesagt haben?*

2 *Wie beurteilt ihr die Forderungen Friedrichs II.?*
3 *Erklärt und vergleicht die Körperhaltungen der Monarchen in Abbildung 2.*
4 *Der polnische König zeigt in Abbildung 2 auf die göttliche Gerechtigkeit. – Was will er damit zum Ausdruck bringen?*

Das Ende des polnischen Staates

Friedrich II. sah in den dazugewonnenen Gebieten „eine ausgezeichnete und sehr vorteilhafte Erwerbung", um die er sich in den nächsten Jahren auch kümmerte. Über 12 000 Kolonisten wurden in den teilweise nur schwach besiedelten Gebieten angesiedelt, mehr als fünfzig Dörfer gegründet. Überall entstanden Schulen, um die Ausbildung zu fördern und damit auch bessere Arbeitskräfte zu bekommen.

Nur gut zwanzig Jahre später griffen die drei Großmächte erneut in Polen ein, das 1793 gezwungen wurde, weitere Gebiete abzutreten. Drei Jahre später wurde ganz Polen besetzt und aufgeteilt:

Polens Staatsgebiet und Bevölkerung		
Jahr	1000 km^2	Mio. Einwohner
1770	735	11,8
1772	525	7,3
1793	215	3,2
1795	0	0

Die polnische Bevölkerung bewahrte trotz der Teilungen ihre gemeinsame Sprache, ihre Kultur und ein Bewusstsein der Zusammengehörigkeit. Mehrfach erhoben sich die Polen gegen die Fremdherrschaft, doch alle Aufstände wurden blutig niedergeschlagen. Es dauerte 123 Jahre bis zur Wiederherstellung des polnischen Staates im Jahr 1918.

5 *Vergleicht die Karte (Abb. 1) mit den Zielen, die Friedrich II. in der Quelle 1 nennt.*
6 *Fasst das Schicksals Polens anhand des Textes und der Tabelle zusammen.*

1795/96: Ganz Polen wird durch die Großmächte Österreich, Russland und Preußen besetzt und aufgeteilt.

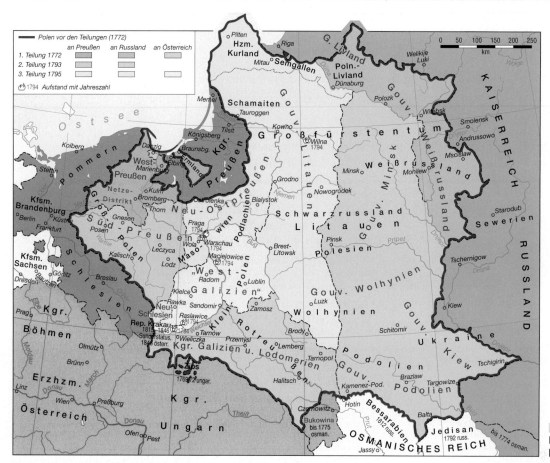

Legende:
- ▬ Polen vor den Teilungen (1772)

	an Preußen	an Russland	an Österreich
1. Teilung 1772			
2. Teilung 1793			
3. Teilung 1795			

🔥 1794 Aufstand mit Jahreszahl

1 Die Teilungen Polens im 18. Jahrhundert.

Was zeigt eine Geschichtskarte?

Neben den geographischen Karten, die ihr aus dem Erdkundeunterricht kennt, gibt es auch Geschichtskarten.

Geschichtskarten zeigen entweder zu einem ganz bestimmten Thema einen Zustand in der Vergangenheit oder sie geben eine Entwicklung über einen bestimmten Zeitraum wieder. Man kann also mit Geschichtskarten genauso arbeiten wie mit den geographischen Karten. Man muss nur zusätzlich darauf achten, welcher Zeitabschnitt dargestellt ist.

Fragen an eine Geschichtskarte

Wenn man mit einer Geschichtskarte arbeitet, sind folgende Fragen wichtig:

1 Welcher Zeitraum ist dargestellt?
2 Welches Gebiet ist dargestellt?
3 Welches Thema behandelt die Karte?
4 Welche Signaturen (Zeichen) oder Flächenfarben finden sich auf der Karte? Was bedeuten sie?
5 Kann man die Aussagen in der Karte in kurzen Sätzen zusammenfassen?

1 Beantwortet die Fragen für die Geschichtskarte oben.

2 Vergleicht die auf dieser Seite abgebildete Karte aus einem Geschichtsatlas mit der Schulbuchkarte auf Seite 50. Welche Gründe mag die unterschiedliche Darstellung haben?

3 Überlegt, was eine Geschichtskarte wie diese leistet, das ein darstellender Text nicht in gleicher Weise vermitteln kann. Was kann aber möglicherweise eine solche Karte wiederum nicht leisten?

Zusammenfassung

Preußens Aufstieg zur Militärmacht

Seit dem Jahr 1415 regierten in Brandenburg die Hohenzollern als Kurfürsten. In den folgenden Jahrhunderten erweiterten sie ihr zunächst kleines Herrschaftsgebiet durch geschickte Heiratspolitik, Eroberungen und Kauf immer mehr. Unter Kurfürst Friedrich Wilhelm (1640–1688) kam es zu einer Vereinheitlichung der Rechtsprechung und der Verwaltung der zerstreuten Landesteile. Dies führte zu höherer Effizienz des Staates und stärkte das Zusammengehörigkeitsgefühl der Bevölkerung. Sein Sohn Friedrich III. (1688–1713) ließ sich 1701 zum „König in Preußen" krönen. Der Name „Preußen" bürgerte sich bald für das gesamte Herrschaftsgebiet ein.

Sparsamkeit, Pflichtbewusstsein und Disziplin, auf die Beachtung dieser „preußischen" Tugenden legte der „Soldatenkönig" Friedrich Wilhelm I. (1713–1740) größten Wert. Große Feste oder die Beschaffung kostbarer Luxusgüter lehnte er ab. Nicht gespart wurde allerdings bei den Ausgaben für das Heer. Preußen verfügte damals über die viertstärkste Armee Europas und die am besten ausgebildete.

Das Zeitalter der Aufklärung

Im 18. Jahrhundert kam mit den Philosophen Montesquieu, Diderot und Kant eine Reformbewegung auf, die Aufklärung. In fast allen Lebensbereichen vertrat sie neue Ideen. In der Politik richteten sich die Aufklärer gegen die uneingeschränkte Macht des Königs und traten für Toleranz und Meinungsfreiheit ein. Das Handeln eines jeden sollte dabei vor allem von den Gesetzen der Vernunft bestimmt sein.

Aufgeklärter Absolutismus unter Friedrich II.

Unter Friedrich II., auch „der Große" genannt, wurden in Preußen Folter und Pressezensur abgeschafft oder doch eingeschränkt. Vor dem Gesetz, so betonte er, seien alle Menschen gleich. Gegenüber den unterschiedlichen Glaubensbekenntnissen zeigte er sich tolerant. Dennoch war er ein absolutistischer Herrscher, der sein Land mit nahezu uneingeschränkter Macht regierte. Diese Art des Königtums wird als aufgeklärter Absolutismus bezeichnet.

Um sein Herrschaftsgebiet zu erweitern, überfiel er 1740 Schlesien. Mit dem siebenjährigen Krieg (1756 bis 1763) konnte Friedrich II. diese Eroberung endgültig sichern. Sein Land aber hatte unter dem langjährigen Krieg furchtbar gelitten und brauchte Jahre, bis es sich von den Verwüstungen einigermaßen erholt hatte.

Seit 1417

Die Hohenzollern herrschen in Brandenburg.

1713–1786

Aufstieg Preußens zur europäischen Großmacht.

18. Jahrhundert

Die Reformbewegung der Aufklärung verbreitet sich in Europa.

1740–1786

Unter Friedrich II., dem Großen, aufgeklärter Absolutismus in Preußen.

3. „Neue, freie Welt – Amerika"

Wer mit dem Schiff nach Amerika reist, wird an der Hafeneinfahrt von New York durch die Freiheitsstatue begrüßt, die 1886 als Geschenk des französischen Volkes errichtet wurde. Die Inschrift auf dem Sockel der 95 Meter hohen Statue lautet: „Lasst zu mir kommen eure müden, armen, bedrängten Massen, die danach lechzen, in Freiheit zu atmen. Den unglücklichen Haufen eurer Küste. Schickt sie mir, die Obdachlosen, vom Sturm Gepeitschten. Ich erhebe mein Licht neben der goldenen Pforte."

Dieser Einladung folgten seit dem 18. Jahrhundert Millionen Europäer. In Massen verließen die Menschen ihre Heimat, um sich in Nordamerika, dem „Land der unbegrenzten Möglichkeiten", eine neue Existenz aufzubauen. Ob sich diese Hoffnungen erfüllten und wie eine neue, die amerikanische Nation entstand, könnt ihr auf den folgenden Seiten erfahren. Und es geht um die Folgen, die die Besiedlung der „Neuen Welt" für die Freiheit und das Leben ihrer Ureinwohner hatte, die Indianer, die hier Landwirtschaft trieben, jagten und fischten. Von ihnen lernten die ersten Siedler, wie man in dem fremden Erdteil überleben konnte.

Neue, freie Welt – Amerika?

1 Englische Kolonien in Nordamerika.

Neuengland – Kolonien

Auch wenn die Macht des Königs in England durch das Parlament kontrolliert wurde, frei waren die Menschen deshalb noch lange nicht. Wer sich z. B. nicht zur englischen Staatskirche bekannte, musste mit Verfolgung rechnen. Viele Menschen wanderten deshalb seit Beginn des 17. Jahrhunderts nach Übersee aus. 1607 gründeten englische Siedler Jamestown, die erste englische Niederlassung in Nordamerika (siehe Abb. 1). Die Ureinwohner des Landes, die Indianer, halfen ihnen in der ersten Zeit. Sie überließen ihnen Land und schenkten ihnen Lebensmittel. So heißt es in dem Tagebuch des Siedlers E. Winfield:

> **Q** ... 25. Juni 1607. Ein Indianer kam zu uns mit einer Friedensbotschaft des Häuptlings. Sie wollten unsere Freunde sein. Und wir sollten in Frieden säen und ernten können. ...

1607:
Engländer gründen Jamestown, die erste dauerhafte Siedlung an der Ostküste Nordamerikas.

Die Landstriche, in die die Siedler kamen, waren von Indianervölkern besiedelt, die hier Landwirtschaft trieben, jagten und fischten. Von ihnen lernten die Siedler, wie man in dem fremden Erdteil überleben konnte. Weitere Siedler folgten bald:

– 1629 kamen die in England religiös verfolgten Puritaner mit der „Mayflower" nach Amerika und landeten in Plymouth.
– Am Hudson siedelten die Niederländer unter Peter Stuyvesant. Sie kauften im Jahr 1626 die Insel Ma-na-hat-an (Manhattan = himmlische Erde) von den Indianern für Glasperlen und rotes Tuch im Wert von 24 Dollar. Die Siedlung erhielt den Namen „Nieuw Amsterdam", von England wurde sie unter dem Namen New York übernommen.
– Vertriebene englische und irische Katholiken begründeten Maryland.
– Angehörige der Sekte der Quäker besiedelten 1682 unter Führung von William Penn das nach ihm benannte „Pennsylvania". William Penn hat seine Glaubenslehre auf zwei Reisen in den Jahren 1671 und 1677 auch in Deutschland verkündet.
– Der Bericht William Penns über das freie und christliche Leben in Amerika bewog im Jahr 1683 dreizehn Familien in Krefeld die Überfahrt zu wagen. Sie landeten in Philadelphia und gründeten die Siedlung „Germantown".

Es dauerte nicht lange, bis diesen deutschen Auswanderern weitere folgten: Im Laufe der letzten 300 Jahre suchten über sieben Millionen Deutsche in Amerika eine neue Heimat.

1 *Vergleicht die Karte (Abb. 1) mit einer Karte der USA in eurem Atlas.*

2 *Stellt eine Liste der 13 Kolonien in der Reihenfolge ihrer Gründung auf.*

3 *Beschreibt die Menschen in Abbildung 2 (Kleidung, Gesten ...). Überlegt, warum sie in dieser Ordnung marschieren und was die beiden Menschen an der Spitze des Zuges besprechen.*

Die ersten Kolonisten

2 **Puritaner auf dem Weg zur Kirche im 17. Jahrhundert.** Gemälde, 1867.

3 **William Penns Friedensvertrag mit den Indianern von 1682.** Lithographie, 19. Jahrhundert.

In dem Buch „Poor Richard's Almanack" beschrieb Benjamin Franklin die Vorstellungen der Puritaner von einem gottgefälligen Leben. In dem Bestseller aus dem Jahr 1733 heißt es unter anderem:

Early to bed and early to rise, makes a man healthy, wealthy and wise.

Well done is better than well said.

A ploughman on his legs is higher than a gentleman on his knee.

At the working man's house hunger looks in, but dares not to enter.

4 *Untersucht das Verhältnis zwischen den frühen Siedlern und den Indianern in der Abbildung 3. Vergleicht mit dem, was ihr über ihre spätere Geschichte wisst.*

5 *Versucht die Aussprüche in der Randspalte zu übersetzen. Besprecht, was sie über das Leben der Siedler aussagen.*

Das Leben in den Kolonien

1 Siedler in Amerika. Das Haus einer Siedlerfamilie in Custer County (Nebraska). Foto, 1886.

Bevölkerungsentwicklung in den USA von 1800–1860:

1800: 5,3 Mio.
1820: 9,6 Mio.
1840: 17,0 Mio.
1860: 31,5 Mio.

„Jeder kann sich hier niederlassen"

Wie die 13 Familien aus Krefeld, so zogen in den nächsten Jahrhunderten Millionen Menschen aus ganz Europa nach Amerika. Besonders in Zeiten bitterer Armut und Unterdrückung sahen sie in der Auswanderung ihre letzte Chance. Der Entschluss, die Heimat zu verlassen, bedeutete für die Auswanderer zunächst einmal eine lange, strapaziöse und häufig auch lebensgefährliche Seereise anzutreten. Und nach der Ankunft in der Neuen Welt machten Krankheiten, das ungewohnte Klima und Hunger den Einwanderern vor allem in den ersten Monaten das Leben sehr schwer. Das zeigte sich auch bei den 13 Familien aus Krefeld. Statt „Germantown" nannten einige diese Niederlassung zunächst „Armentown". Doch schon ein Jahr später hatte sich die Situation gebessert. Feste Fachwerkhäuser waren inzwischen errichtet worden, umgeben von kleinen Blumen- und Gemüsebeeten. Die Bewohner von Germantown hielten Kontakt mit ihrer alten Heimat. Ihre Berichte machten auf die Daheimgebliebenen großen Eindruck. Weitere Siedler folgten. Einer von ihnen schrieb im Jahr 1760:

Q1 … Es gibt so viel gutes Land, das noch unbestellt ist, dass ein jung verheirateter Mann ohne Schwierigkeiten ein Stück Grund und Boden erwerben kann, auf dem er mit Frau und Kindern ein zufrieden stellendes Auskommen hat. Die Steuern sind so niedrig, dass er sich darum keine Sorgen machen muss. Die Freiheiten, die er genießt, sind so groß, dass er sich wie ein Fürst auf seinen Besitzungen fühlen kann. Jeder kann sich hier niederlassen, kann bleiben, seinem Gewerbe nachgehen, auch wenn seine religiösen Grundsätze noch so merkwürdig sind. Und er wird durch die Gesetze so in seiner Person und in seinem Eigentum geschützt und genießt solche Freiheiten, dass man von einem Bürger hier geradezu sagen kann, er lebe in seinem Haus wie ein König. …

Es gab aber auch Einwanderer, deren Hoffnungen sich nicht sogleich erfüllten. So schrieb im Jahr 1879 Heinrich Kreuzfeld an seinen Bruder Johann:

Q2 … Die meisten Europäer denken, dass Amerika das Land ist, wo Milch und Honig fließen. Keineswegs, es ist hier so schlecht, wenn nicht schlechter wie in Europa. Ich bin seit zwei Jahren nicht mehr im Geschäft. Ich und mein Kompagnon mussten den Fruchthandel und das Warenlager-Geschäft aufgeben wegen Mangel an Mitteln und zu großer Konkurrenz.

Was ist ein Amerikaner?

Auswandrers Freud in Amerika.

2 Aus dem Neu-Ruppiner Bilderbogen, um 1838.

Auswandrers Leid in Amerika.

3 Aus dem Neu-Ruppiner Bilderbogen, um 1838.

Herkunft der Menschen in den Kolonien 1790.

Irland und Frankreich
90 000

Holland
79 000

Afrika
757 000

Deutschland
176 000

Schottland
222 000

England und Wales
2 606 000

Im Frühjahr werde ich ins Eisgeschäft gehen, den Wirten, Brauern, Metzgern usw. das nötige Eis zu liefern. Bitte, lieber Johann, schicke mir einstweilen so viel Geld, wie du kannst. Bitte, schicke es sofort. …

1 *Vergleicht die beiden Berichte miteinander. Was wird in dem Bericht aus dem Jahr 1760 (Q1) besonders lobend erwähnt, auf welche Probleme macht der Brief (Q2) aufmerksam?*

Viele Nationalitäten – eine Nation?

Die 13 Kolonien unterstanden den englischen Gesetzen, die in London gemacht wurden. Alle Siedler galten rechtlich als Engländer. Doch England war fern und viele Probleme verlangten eine rasche Lösung. So gab es in den Kolonien auch eine Art Selbstverwaltung. In den Siedlerversammlungen berieten und beschlossen gewählte Vertreter die gemeinsamen Probleme und legten für alle gültige Regelungen fest.

Die Selbstverwaltung, aber auch der Kampf ums tägliche Leben ließ die Menschen aus den verschiedenen Nationen bald zu einer eigenen Nation zusammenwachsen. Ein Einwanderer schrieb 1782:

Q3 … Was ist eigentlich ein Amerikaner, diese neue Art Mensch? Er ist kein Europäer und auch nicht Nachkomme eines Europäers. Er ist eine seltsame Mischung, die es nirgendwo auf der Welt gibt. Ich kenne einen Mann, dessen Großvater Engländer war, dessen Frau Holländerin war, dessen Sohn eine Französin heiratete und dessen vier Söhne wiederum Frauen von vier verschiedenen Nationalitäten haben. Er ist ein Amerikaner. …

2 *Wertet die Statistik in der Randspalte auf dieser Seite aus. Erstellt eine Liste der Herkunftsländer und ordnet sie nach der Größe der Einwandererzahlen.*

3 *Überlegt, wie aus Angehörigen ganz verschiedener Nationen in kurzer Zeit Amerikaner wurden.*

4 *Vermutet, welche Folgen sich aus der wachsenden Einwohnerzahl ergaben (siehe die Statistik in der Randspalte S. 58).*

Wem gehört das Land?

1 Goldgräber in Kalifornien. Stich, 1848.

2 Plakat einer Eisenbahngesellschaft, die Siedlern Land anbietet.

Reservation*:
Siedlungsräume, die den Indianern durch die Regierung zugewiesen wurden. Im Verhältnis zu ihren früheren Territorien waren dies enge und ungünstig gelegene Gebiete. Zudem wurden sie nun von amerikanischen Beamten beaufsichtigt, den „Indian Agents".

Auf dem Zug nach Westen

Für die zahllosen Siedler reichte das Land in den ersten Kolonien schon bald nicht mehr aus. Immer weiter drangen sie deshalb nach Westen vor und trafen dabei auf zahlreiche Indianerstämme. Fast 500 Indianervölker lebten um 1800 in Nordamerika. Die drei wichtigsten Gruppen waren:
– die Ackervölker im nordöstlichen Waldland,
– die Jägervölker in den Prärien,
– die Bauern- und Hirtenvölker im Südwesten.

Über sie schrieb Hug Henry Brackenridge, ein bekannter amerikanischer Dichter und Schriftsteller, im Jahr 1872:

Q1 … Ich bin weit davon entfernt, auch nur im Traum anzunehmen, dass die Indianer ein Recht auf Land haben könnten, von dem sie seit Jahrtausenden keinen anderen Gebrauch machen als die Tiere. Es ist deshalb undenkbar, dass sie einen Anspruch auf Land haben. Sie müssen deshalb – und das ist Gottes Wille – von diesem Land vertrieben werden. … Indianer haben das Aussehen von Menschen …, aber wie sie uns im Augenblick entgegentreten, erscheinen sie eher als Tiere, teuflische Tiere. … Wer käme schon auf den Gedanken mit Wölfen, Klapperschlangen, Jaguaren und Koyoten über Garantien für Eigentum an Land zu verhandeln. Es gilt, sie zu dezimieren. …

1 *Aus Quelle 1 wird die Einstellung vieler Siedler zu den Indianern deutlich. – Stellt die wichtigsten Aussagen zusammen und besprecht die Einstellung der Weißen zu den Indianern. Berücksichtigt hierzu auch die Abbildung 2.*

Macht geht vor Recht:
Das Beispiel der Nez Percé

Die Nez Percé waren ein kleines Indianervolk, das auf dem Columbia-Plateau (in den heutigen USA-Staaten Idaho und Oregon) von der Pferdezucht lebte. Um 1850 ließen sich Siedler am Rand des Nez-Percé-Gebiets nieder. Sie forderten von den Indianern: „Verkauft uns weite Teile eures Landes. Einen Rest des Landes lassen wir euch als Reservation*. Wir bieten euch außerdem 200 000 Dollar." Die Indianer gaben nach. Doch 1861 wurde in dem Gebiet, das den Nez Percé geblieben war, Gold gefunden. Schon im Sommer kamen

Goldgräber, Siedler und Indianer

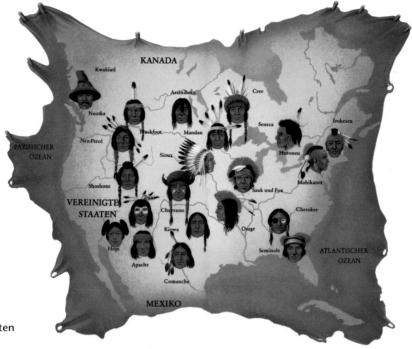

3 Lebensraum, Haartrachten und Namen der wichtigsten Indianerstämme.

10 000 Weiße in das Gebiet der Indianer. Die USA setzten wieder eine Verhandlung an und die Indianer sollten einen Vertrag unterschreiben. Wieder sollten sie dieses Land an die Regierung verkaufen. Voller Erbitterung antwortete darauf der Häuptling:

Q2 … Ich habe nie gesagt, dass das Land mir gehört und dass ich damit tun könne, was mir beliebt. Nur der kann über Land verfügen, der das Land geschaffen hat. … Ich habe einige der großen weißen Häuptlinge gefragt, woher sie das Recht haben, dem Indianer zu sagen, er müsse sich an einem bestimmten Platz aufhalten, während er die weißen Männer hingehen sieht, wo es ihnen gefällt. Sie können mir keine Antwort geben. …

Gewaltsam wurden die Nez Percé vom amerikanischen Militär in eine Reservation gebracht. Die Häuptlinge wurden gezwungen, einen Vertrag zu unterschreiben, der ihnen nur noch ein Zehntel ihres Landes ließ. Dafür sollten sie Nahrung, Kleidung und Schulen von den Weißen erhalten. Eine Gruppe junger Indianer überfiel nun aus Enttäuschung

und Wut Ansiedlungen der Weißen, die das Militär zur Unterstützung herbeiholten. Nun hetzte das Militär die Nez Percé unerbittlich. In fünf großen Schlachten konnten die Indianer siegen, doch immer neue Truppen folgten ihnen. Am Ende mussten sie vor der Übermacht kapitulieren und General Miles versprach die Überlebenden in ihre Heimat zurückzubringen. Aber statt in ihre Berge wurden sie in die Wüste geschafft, wo viele starben. 1878 wurden die Reste des Volkes nach Oklahoma in eine Reservation gebracht. In ihre Heimat durften sie nicht zurückkehren. Ähnlich wie den Nez Percé erging es auch den anderen Indianervölkern. Lebten vor der Kolonialisierung noch mehr als 1 Million Indianer in den USA, so waren es zu Beginn des 20. Jahrhunderts nur noch 200 000, denen bestimmte Reservate zugewiesen worden waren. Sie kämpfen noch heute um ihre Rechte und Entschädigung für die geraubten Länder.

2 *Diskutiert über das Verhalten der Weißen und der Nez Percé. Berichtet in der Klasse, was ihr über Indianer wisst. – Seht euch dazu auch die Stammesnamen auf der Abbildung 3 an.*

*Indianer jagten **Bisons**. Sie waren das Hauptnahrungsmittel der Prärieindianer. Darüber hinaus lieferte der Bison das Material für die verschiedensten Gebrauchsgegenstände von der Zeltplane bis zur Schlittenkufe. Doch während Anfang des 19. Jahrhunderts auf den Großen Ebenen der USA noch 50 Millionen dieser Tiere lebten, waren es im Jahr 1889 nur noch 635 Bisons. Weiße Berufsjäger und Siedler hatten das wichtigste Tier in dieser Landschaft ausgerottet.*

1 „Der Weg der Tränen" zeigt die Vertreibung der Cherokee aus ihrer Heimat. Gemälde von Robert Lindneux, 1942.

Die Vertreibung der Cherokee

Die Heimat der Cherokee waren die Gebirgstäler der südlichen Appalachen. 1827 gab sich der Stamm nach dem Vorbild der Vereinigten Staaten eine Verfassung, die einen gewählten Oberhäuptling, einen Senat und ein Repräsentantenhaus vorsah. Zivil- und Strafgesetze wurden verabschiedet und ein oberster Gerichtshof eingerichtet. Um diese Zeit entwickelte sich die Nation der Cherokee zu einem nahezu perfekten Sozial- und Wohlfahrtsstaat, in dem es keine Arbeitslosigkeit und keine Armut gab. Es entstanden Schulen, Kirchen, Hospitäler und Bibliotheken, Baumwollspinnereien. Ziegeleien und Bergwerke wurden von den Indianern betrieben. Sogar eine Porzellanfabrik wurde von ihnen gegründet.

Vielleicht wurde den Cherokee jedoch gerade diese Anpassung an die Kultur der weißen Amerikaner zum Verhängnis. Der beträchtliche Wohlstand der Stammesangehörigen erweckte den Neid ihrer weißen Nachbarn. Als in Georgia Gold gefunden wurde, war dies für die Weißen ein willkommener Vorwand, die Umsiedlung der Cherokee zu verlangen.

1830 unterzeichnete Präsident Andrew Jackson das Indianer-Umsiedlungsgesetz. Es half nichts, dass ein begabter Redner unter den Cherokee, John Ross, sich leidenschaftlich gegen die Umsiedlung aussprach. Es half nichts, dass das Oberste Gericht gegen die Verschickung der Cherokee entschied und dass sich bekannte Persönlichkeiten für sie einsetzten.

Acht Jahre wehrte sich der Stamm mit allen ihm zur Verfügung stehenden politischen und rechtlichen Mitteln gegen die Enteignung und die Abschiebung in die wasserarme Steppe von Oklahoma. 1838 bestand Präsident Martin van Buren ungeachtet aller Proteste darauf, die Aussiedlung durchführen zu lassen. Damit begann der „Weg der Tränen". Der Bundesstaat Georgia zwang die Cherokee ihren Landbesitz zu Schleuderpreisen zu verkaufen. Viele ihrer Häuser und Besitzungen wurden geplündert. Soldaten begannen die Cherokee-Familien zusammenzutreiben und sie in Sammellager zu schleppen. Schlecht mit Lebensmitteln versorgt und zu einem Dasein unter katastrophalen Wohnverhältnissen gezwungen, starben bereits viele Indianer in diesen hastig errichteten Lagern. … Der erste erzwungene Treck nach Oklahoma brach im Frühjahr 1838 auf und war bis in den Sommer unterwegs. Auf der Wegstrecke über 800 amerikanische Meilen litten die Menschen vor allem unter der Hitze. Ein zweiter Zug folgte im Herbst und Winter 1838 während der Regenzeit. Die Wagen blieben häufig im Schlamm stecken. Die Temperaturen bewegten sich um den Gefrierpunkt. Es schneite heftig. Eisstürme setzten ein. Während der Wartezeit in den Sammellagern und auf den zwei Zügen starben insgesamt 4000 Cherokees, fast ein Viertel des gesamten Stammes.

Epidemien von Cholera, Typhus und Masern, die während des Aufenthalts im Indianerterritorium ausbrachen, forderten weitere Opfer.

Weitere Informationen über die Cherokee und viele andere Indianerstämme findet ihr in dem Buch von Frederik Hetmann: Indianer. Ravensburger Buchverlag, 1990.

1 Langhaus der Irokesen. Zeichnung.

3 Wickiup der Apachen. Zeichnung.

2 Tipi der Sioux-Indianer. Zeichnung.

1 Beschreibt die Hausformen der Indianer.
2 Was sagen die verschiedenen Hausformen über die Lebens- und Wirtschaftsweise der Stämme aus, die sie bewohnten?
3 Informiert euch mithilfe von Lexika und Büchern über die genannten Indianerstämme. Weitere Informationen bekommt ihr z. B. aus dem Buch von R. Crummenerl und P. Klaucke: Das große Arena-Buch der Indianer. Arena-Verlag, 1996.

4 Häuser der Pueblo-Indianer. Zeichnung.

63

Der Kampf um die Unabhängigkeit

1 **Die Boston Tea Party.** Als Indianer verkleidete Kolonisten werfen englische Teelieferungen über Bord. Lithographie, 1846.

1773:
Boston Tea Party. Aus Protest gegen britischen Zoll auf Tee-einfuhren stürmen amerikanische Kolonisten als Indianer verkleidet drei Schiffe und werfen die Teeladung in das Wasser des Bostoner Hafens.

Selbstbewusste Kolonisten

Die Selbstverwaltung der Kolonien, die Anstrengungen um die Erschließung des Landes sowie der gemeinsame Kampf gegen die Indianer hatten unter den Siedlern ein Gemeinschaftsgefühl entstehen lassen. Sie waren stolz auf ihre Leistungen und sie waren selbstbewusst. Adlige, denen sie zu gehorchen hatten, gab es hier nicht. Jeder – so lautete die allgemeine Überzeugung –, der sich anstrengt, Mut beweist und vorwärts kommen will, kann es zu Ansehen und Wohlstand bringen; insofern waren sie alle gleich.

Von England trafen zudem Nachrichten ein über die „Glorreiche Revolution", die den Bürgern mehr politische Freiheit und Gleichheit vor dem Gesetz brachte. Sollte das, was im Mutterland rechtens war, nicht auch in den Kolonien möglich sein? – An dieser Frage entzündete sich ein Streit zwischen den Kolonisten und dem englischen Mutterland mit weit reichenden Folgen.

„No taxation without representation"

Die englische Staatskasse litt wegen der Kriege mit Frankreich unter ständiger Geldnot. Geld aber, so meinte das englische Parlament, könnte man aus den Kolonien holen, denen es wirtschaftlich sehr gut ging. So wurden die Kolonisten mit immer neuen Steuern belegt. Vor allem auf Rohstoffe und Fertigwaren, die aus England in die Kolonien kamen, wurden Zölle erhoben. Das ging den amerikanischen Bürgern zu weit. Sie verweigerten schließlich jede Zahlung mit dem Hinweis, dass sie im englischen Parlament nicht vertreten seien: „No taxation without representation", so hieß es bald auf zahlreichen Kundgebungen. Außerdem beschlossen die Siedler, keine englischen Waren mehr zu kaufen.

1 *Beschreibt die Abbildung 1.*

2 *Stellt Vermutungen auf, warum die Bürger den „Indianern" zujubelten.*

Englische Untertanen in Amerika?

Die Boston Tea Party

Wie stark der Widerstand in der Bevölkerung gegenüber England war, sollte sich schon bald zeigen. Als die englische Regierung Ende September 1768 zwei Regimenter nach Boston schickte, verweigerten die Bürger den Soldaten Quartier. Als englische Soldaten von Amerikanern in Boston mit Knüppeln und Schneebällen bedrängt wurden, erschossen die Soldaten fünf Zivilisten. In den Kolonien sprach man nun vom „Bostoner Blutbad". Der Widerstand gegen das Mutterland nahm weiter zu und erfasste jetzt alle 13 Kolonien. Die englische Regierung lenkte ein und nahm die Steuern zurück. Es blieb allein die Teesteuer. Mit ihr wollte England zeigen, dass man das Recht habe, zu jeder Zeit beliebige Steuern von den Kolonien zu erheben. Dadurch wurde der Teezoll auch für die Kolonisten zu einer Grundsatzfrage. Als im Dezember 1773 drei Teeschiffe im Hafen von Boston landeten, schlichen 50 Männer, Tomahawks in den Händen und die Gesichter gefärbt wie Indianer, an den Kai, wo die Schiffe vertäut waren. Sie überwältigten die Schiffswachen und warfen die gesamte Teeladung ins Hafenwasser. Die Antwort Englands ließ nicht lange auf sich warten. Neue Truppen wurden in die Kolonien gesandt. Der Hafen von Boston wurde geschlossen. Dies stellte für die Bevölkerung eine besondere Härte dar, da Tausende von Familien von ihm lebten.

3 *Beschreibt und begründet das Verhalten der englischen Regierung und der Siedler. Hätte es andere Möglichkeiten gegeben, um den Konflikt zu lösen?*

Vom Widerstand zur Rebellion

Die Maßnahmen der britischen Regierung hatten indessen nicht den gewünschten Erfolg, da alle Kolonien zusammenstanden. Es kam zu einem Krieg der amerikanischen Siedler gegen die britischen Truppen, der von 1775 bis 1783 dauerte. Oberbefehlshaber der amerikanischen Truppen wurde George Washington. Angeheizt wurde die Empörung in der Bevölkerung durch eine Flugschrift, die Thomas Paine im Jahr 1776 mit dem Titel „Common Sense" („was jeder für vernünftig hält") herausgab:

2 **Der Geist von 1776.** Gemälde von A. M. Willard (1836–1918).

Q ... Die Zeit der Debatten ist vorbei. Waffen als letztes Mittel entscheiden den Streit. Der König hat das Schwert gewählt und der Kontinent hat die Herausforderung angenommen. Aber, werden einige fragen, wo ist der König von Amerika. Ich will es euch sagen, Freunde: Dort oben regiert Er und richtet keine Verheerung der Menschheit an wie das königliche Untier. ... [Hier aber] setzte man feierlich einen Tag fest zur öffentlichen Bekanntmachung der Verfassung, um der Welt zu zeigen, dass in Amerika das Gesetz König ist. ...

4 *Erklärt die Bedeutung des Satzes „In Amerika ist das Gesetz König". Vergleicht mit dem Anspruch der absolutistischen Herrscher in Europa.*

5 *Beschreibt die drei Soldaten auf der Abbildung 2 und notiert, was euch auffällt. Erklärt den Titel des Bildes und die Absicht des Künstlers.*

1775–1783:
Nordamerikanischer Unabhängigkeitskrieg.

Von den Kolonien zu den Vereinigten Staaten

1 Der amerikanische General Nathan Heard verliest die amerikanische Unabhängigkeitserklärung vor den Truppen. Buchillustration.

Flagge der dreizehn vereinigten Staaten von Nordamerika aus dem Jahr 1775 und 1789.

4. Juli 1776: Unabhängigkeitserklärung der dreizehn nordamerikanischen Kolonien.

Die Kolonien werden unabhängig

Der Krieg in Amerika wurde immer heftiger. Um ein gemeinsames Vorgehen der 13 Kolonien abzusprechen, trafen sich im Mai 1775 die Vertreter der Kolonisten zu einem Kongress. Die Vertreter waren von Bürgerversammlungen gewählt worden. Im Kongress war man sich nicht einig, ob man sich ganz von England lösen sollte. Noch im Herbst 1775 waren fünf Kolonien für ein Zusammengehen mit England, die anderen wollten sich selbstständig machen.

Flugblätter radikalen Inhalts und Kriegsmeldungen beeinflussten die öffentliche Meinung dahin gehend, dass immer mehr Menschen für eine gänzliche Trennung von England eintraten.

In den einzelnen Kolonien wurden die Anhänger Englands vertrieben. So konnte die Unabhängigkeit der 13 Kolonien von England beraten und am 4. Juli 1776 erklärt werden.

In der Unabhängigkeitserklärung hieß es:

Q ... Folgende Wahrheiten erachten wir als selbstverständlich: Alle Menschen sind gleich geschaffen. Sie sind von ihrem Schöpfer mit unveräußerlichen Rechten ausgestattet. Dazu gehören Leben, Freiheit und Streben nach Glück.

Zur Sicherung dieser Rechte sind unter den Menschen Regierungen eingesetzt, die ihre rechtmäßige Macht aus der Zustimmung der Regierten herleiten.

Wenn eine Regierungsform diese Zwecke gefährdet, ist es das Recht des Volkes, sie zu ändern oder abzuschaffen und eine neue Regierung einzusetzen. ... Demnach verkünden wir, die im Allgemeinen Kongress der Vereinigten Staaten von Amerika versammelten Vertreter, feierlich: ... dass diese vereinigten Kolonien freie und unabhängige Staaten sind und von Rechts wegen sein müssen, dass sie losgelöst sind von aller Pflicht gegen die britische Krone, dass jede politische Verbindung zwischen ihnen und dem Staate Großbritannien ein für allemal aufgehoben ist. ...

1 *Fasst die Gründe zusammen, die die Kolonisten dazu brachten, die Unabhängigkeit zu erklären.*

2 *Überlegt, welche Rechte für Frauen und Sklaven gesichert werden.*

3 *Erläutert, womit die Einsetzung von Regierungen begründet wird.*

4 *Versucht herauszufinden, warum die Unabhängigkeitserklärung ein „revolutionärer" Text ist.*

Wie soll der neue Staat geordnet werden?

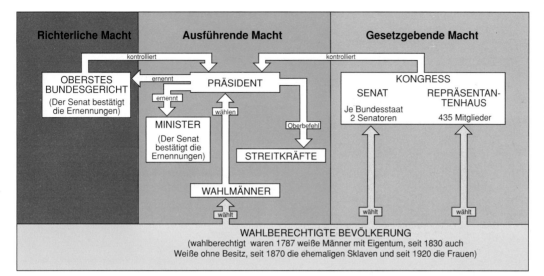

Richterliche Macht	Ausführende Macht	Gesetzgebende Macht

2 Die Verfassung der Vereinigten Staaten von Amerika.

1787:
Die Verfassung der USA wird am 4. März verabschiedet. Zwei Jahre später wird George Washington der erste Präsident der USA.

George Washington (geb. 22. 2. 1732, gest. 14. 12. 1799), ein Veteran des britischen Kolonialkriegs gegen die Franzosen in Nordamerika, gehörte frühzeitig zu den Anführern der amerikanischen Unabhängigkeitsbewegung. Im Unabhängigkeitskrieg war er militärischer Oberbefehlshaber der gegen das englische Mutterland aufständischen Kolonien, die dank der massiven Unterstützung Frankreichs 1781/83 den Sieg erringen konnten. 1787 Mitglied des Verfassungskonvents, wurde er 1789 zum ersten Präsidenten der USA gewählt. Nach zwei Amtszeiten zog er sich ins Privatleben zurück.

Ein Staat ohne König

Nach der Gründung der „Vereinigten Staaten" im Jahr 1776 musste die Unabhängigkeit erst gegen die im Land stehende englische Armee erkämpft werden. Dies gelang nach vielen schweren Kämpfen unter der Leitung von George Washington und mithilfe der Franzosen, der alten Gegner der Engländer. 1783 musste England die Unabhängigkeit der 13 ehemaligen Kolonien anerkennen.

Gleichzeitig stellte sich für den neuen Staat die Frage, wie er geführt und geordnet werden sollte. Dabei waren zwei wichtige Punkte zu klären:

- Wie der Name es besagt, waren die USA ein Staat, der aus vielen einzelnen Staaten bestand, den ehemaligen Kolonien. Jede dieser einzelnen Kolonien hatte eine eigene Regierung; jetzt aber brauchte man auch eine Zentralregierung für das ganze Land.
- In der Unabhängigkeitserklärung war festgehalten worden, dass das Volk selbst seine Vertreter wählen sollte, die das Land regieren. Wie aber sollte ein solcher Staat, den es noch nirgends gab, aussehen?

5 *Zu den beiden oben angesprochenen Punkten passen die Begriffe „Bundesstaat" und „Demokratie". Könnt ihr beide erklären? Kennt ihr weitere Bundesstaaten?*

6 *Versucht durch eine gemeinsame Diskussion Antworten auf beide Fragen zu finden.*

Die Verfassung der Vereinigten Staaten

Um den neuen Bundesstaat zu organisieren sandten die einzelnen Staaten ihre Vertreter nach Philadelphia. In langen Beratungen suchte man nach den wichtigen Gesetzen, die das staatliche Leben regeln sollten; solche Regelungen bezeichnet man als „Verfassung".

Die amerikanische Verfassung, auf die man sich schließlich einigte und die heute noch in groben Zügen gilt, ist auf drei besonders wichtigen Grundsätzen aufgebaut:

- Alle Macht soll von Vertretern ausgeübt werden, die auf bestimmte Zeit vom Volk in ihr Amt gewählt werden.
- Die Macht im Staat ist dreigeteilt: in die gesetzgebende Macht, die die Gesetze beschließt; in die ausführende Macht, die die Gesetze in die Tat umsetzt, und in die richterliche Macht, die die Einhaltung der Gesetze überwacht.
- Die drei Teile der Macht kontrollieren sich gegenseitig; niemand darf an mehr als einem teilhaben.

7 *Erklärt den Sinn der drei Grundsätze.*

Menschenrechte – nicht für Sklaven

1 Ein in einem Netz gefangen gehaltener Sklave an der Küste Kongos, der darauf wartet, verschifft und verkauft zu werden. Foto, 19. Jahrhundert.

„Am I not a woman and a sister?" Das Motiv findet sich auf der Rückseite einer Medaille, die seit 1834 durch Gegner der Sklaverei in England und in Amerika verbreitet wurde.

Sklaven werden wie Vieh behandelt

Von Anfang an verlief die wirtschaftliche Entwicklung in den Südstaaten anders als in den Nordstaaten: Im Norden entwickelte sich – begünstigt durch reichhaltige Kohlen- und Eisenlager – schon bald eine umfangreiche Industrie. Große Städte entstanden, in denen Handel, Handwerk und große Betriebe zu Hause waren.

Im Süden gab es nur wenig Industrie, dafür aber große Plantagen. Angebaut wurden Reis, Zuckerrohr, Tabak und Baumwolle. Während der Sommermonate herrschte hier ein drückend heißes und schwüles Klima, das die weißen Farmer nur schwer ertrugen. Wie früher schon die Spanier in Südamerika, holten die Siedler daher Sklaven ins Land, die die Schwerstarbeit auf den Baumwollfarmen leisten sollten. Die Sklaven wurden in Westafrika von berufsmäßigen Sklavenjägern zusammengetrieben, in langen Märschen an die Küste und von dort per Schiff nach Amerika gebracht. In Amerika angekommen, wurden die Sklaven auf großen Auktionen versteigert.

Der ehemalige Sklave Solomon Northrop beschreibt in seinen Erinnerungen aus dem Jahr 1835 den Verlauf einer Sklavenauktion:

Q … Mr. T. Freeman, Veranstalter des Sklavenmarktes in New Orleans, begab sich am frühen Morgen zu seinem „Vieh". Bei dem gewohnten Fußtritt für die älteren Männer und Frauen und manchem Peitschenknall für die jüngeren Sklaven dauerte es nicht lange, bis alle auf den Beinen waren. Zuerst wurden wir angewiesen uns sorgfältig zu waschen. Dann wurden wir neu eingekleidet – billig, aber sauber. Darauf wurden wir in einen großen Saal geführt, wo der „Markt" stattfinden sollte. Dann trafen die Kunden ein um Freemans „neuen Warenposten" zu besichtigen. Freeman ließ uns den Kopf heben, während die Kunden unsere Hände, Arme und Körper abtasteten, uns herumdrehten und sich unsere Zähne zeigen ließen. An diesem Tag wurden die meisten Sklaven verkauft. Ein Mann kaufte auch den kleinen Randall. Seine Mutter Eliza rang die Hände und weinte laut. Sie bat den Mann, sie selbst auch zu kaufen. Der Mann antwortete, dass er dazu nicht in der Lage sei. …

Die meisten Sklaven lebten unter menschenunwürdigen Bedingungen. Ihre Besitzer behandelten sie wie eine Sache. Strafen – für das geringste Vergehen oder aus reiner Willkür – gehörten zum Alltag der Sklaven. Der Katalog der Strafen reichte vom Essensentzug bis zur Markierung mit Brenneisen. Vor allem die Peitsche wurde von den Verwaltern auf den Plantagen oder von extra dafür eingesetzten „Auspeitschern" verwendet.

1 *Sprecht über die Sorgen der Mutter, deren Kind allein verkauft wird.*

2 *Beschreibt anhand der Quelle, wie der Sklavenhandel vor sich gegangen ist.*

3 *Vergleicht die Behandlung der Sklaven mit den Forderungen der amerikanischen Unabhängigkeitserklärung.*

4 *Beschreibt die Vorgänge auf der Abbildung Seite 69. Begründet, warum die Gegner der Sklaverei gerade diese Szenen darstellten.*

Gesichter der Sklaverei. Flugschrift, die von nordamerikanischen Gegnern der Sklaverei verbreitet wurde. Um 1836.

Der amerikanische Bürgerkrieg

Verteilung der weißen und schwarzen Bevölkerung in den USA im Jahr 1860

Nordstaaten
insg.   19 696 000
Weiße   19 338 000
Sklaven   133 000
freie
Schwarze   225 000

Südstaaten
insg.   11 132 000
Weiße   7 034 000
Sklaven   3 839 000
freie
Schwarze   259 000

1 Feldlager der Unionstruppen im Shenandoah-Valley. Foto, Mai 1862.

Abschaffung der Sklaverei im 19. Jahrhundert
Die Ächtung des Sklavenhandels begann sich seit 1792, das Verbot der Sklaverei erst drei Jahrzehnte später durchzusetzen:
1817 in Spanien und seinen Kolonien
1823 in Portugal und seinen Kolonien,
1833 im britischen Empire
1848 in Dänemark und Frankreich sowie in ihren Kolonien
1863 in den Niederlanden und ihren Kolonien
1863/65 in den USA, 1888 in Brasilien (als letztem Staat der westlichen Welt)

Sezession*:
mutwillige Abtrennung eines Teils einer politischen Gemeinschaft.

Die Sklavenfrage spaltet die USA

An der Frage der Sklavenbefreiung entzündete sich auch der amerikanische Bürgerkrieg. 1860 lebten in den Südstaaten mehr als elf Millionen Menschen, davon fast vier Millionen Sklaven. Diese waren das Eigentum von rund 300 000 Sklavenhaltern, also etwa 5 Prozent der weißen Bevölkerung der Südstaaten. Die meisten Sklaven kamen auf den riesigen Baumwollplantagen zum Einsatz, die das wirtschaftliche Rückgrat des Südens darstellten. In den bevölkerungsreicheren und stärker industrialisierten Nordstaaten hatte sich zu dieser Zeit nun weitgehend die politische Forderung nach Abschaffung der Sklaverei durchgesetzt, da diese mit den Menschenrechten nicht vereinbar war. Die agrarisch dominierten Südstaaten wehrten sich jedoch mit allen politischen Mitteln gegen die Einführung entsprechender Bundesgesetze.
Gegner der Sklavenbefreiung gab es aber auch in den Nordstaaten. Der stärkste Widerstand kam aus den Unterschichten der großen Ostküstenstädte, wo insbesondere die Lohnarbeiter und Tagelöhner durch die befreiten Sklaven billige Konkurrenz für ihre ohnehin schlecht bezahlten Arbeitsplätze befürchteten. Erst 1863 – zwei Jahre nach Kriegsausbruch – konnte es sich der amerikanische Präsident Lincoln innenpolitisch leisten, die Sklavenbefreiung in Kraft zu setzen:

Q1 … Ein Teil unseres Landes meint, die Sklaverei ist richtig und sollte ausgedehnt werden, während der andere meint, sie ist schlecht. … Ob der allmächtige Lenker der Nationen … auf der nördlichen Seite oder der südlichen steht, diese Wahrheit und Gerechtigkeit werden beim amerikanischen Volk sicher den Sieg davontragen. … Ich ordne an und verkünde, dass alle als Sklaven gehaltenen Personen frei sind und fortan frei bleiben sollen. Die staatlichen Behörden der Vereinigten Staaten, einschließlich der Militär- und Marinebehörden, gewährleisten die Freiheit dieser Personen.

1 *Überlegt, was die Südstaaten in der Sklavenfrage so sehr vom Norden unterschied (vgl. auch das Zahlenmaterial in der Randspalte).*

Der Sezessionskrieg*

Als im Jahr 1860 Abraham Lincoln, Befürworter der Sklavenbefreiung und wirtschaftspolitisch ein Interessenvertreter der Nordstaaten, zum US-Präsidenten gewählt wurde, erklärten die Südstaaten geschlossen ihren Austritt aus der Union. Sie bildeten einen eigenen Bund, „die konföderierten Staaten von Amerika", und wählten einen eigenen Präsidenten. Als sich Lincolns Regierung in Washington weigerte diese Sezession anzuer-

Die Ergebnisse des Sezessionskriegs

1861–1865:
Bürgerkrieg zwischen den Nord- und den Südstaaten der USA.

2 – 4 Unionsgeneral Ulysses Grant (1822–1885), Konföderiertengeneral Robert E. Lee (1807–1870) und US-Präsident Abraham Lincoln (1809–1865). Fotos.

Die wichtigsten Schlachten
21. 7., 1861
Bull Run (Virginia), Beginn des eigentlichen Krieges
6./7. 4., 1862
Shiloh (Tennessee), 26 000 Tote
26. 6.–2. 7., 1862
Siebentageschlachten um Richmond (Virginia), Hauptstadt der Südstaaten
1.–3.7., 1863
Gettysburg (Pennsylvania), 51 000 Tote, Wende im Bürgerkrieg zugunsten des Nordens
1.–6. 6., 1864
Cold Harbor (Virginia), 90 000 Tote, blutigste Schlacht des Krieges
15./16.12., 1864
Nashville (Tennessee), vernichtende Niederlage der Konföderierten

kennen, kam es im April 1861 zum Bürgerkrieg, der 1865 nach wechselhaftem Verlauf mit dem Sieg der an Menschen und Material weit überlegenen Nordstaaten endete. Am 31. Januar 1865 wurde folgender Zusatz in die amerikanische Verfassung aufgenommen:

Q2 … Innerhalb der Vereinigten Staaten oder an irgendeinem ihrer Zuständigkeit unterstehenden Ort darf keine Sklaverei und kein unfreiwilliges Dienstverhältnis bestehen. …

2 Diskutiert folgende Behauptung: „Im amerikanischen Bürgerkrieg ging es weniger um die Befreiung der Sklaven als vielmehr um die Frage der staatlichen Einheit der USA."

Der erste „moderne Krieg"

Der Sezessionskrieg gilt als der erste „moderne Krieg". In ihm wurden neueste Waffen ebenso wie neue Formen wirtschaftlicher, psychologischer und ideologischer Kriegführung eingesetzt. Zu den Neuerungen zählten Land- und Seeminen, Heißluftballons zur Luftaufklärung, Stacheldraht zur Sicherung militärischer Stellungen sowie gepanzerte Schiffe, die eine Revolution im Kriegsschiffsbau auslösten. Noch weitgehend unbedeutend blieb der erste Kriegseinsatz eines U-Bootes. Eine so noch nicht gekannte

Kriegspropaganda sowie die intensive Nutzung des im Aufbau befindlichen Eisenbahnnetzes und des neuen Telegrafensystems spielten erstmals eine Rolle.

Bilanz des amerikanischen Bürgerkriegs

Dieser verlustreichste Krieg in der Geschichte der USA forderte insgesamt rund 620 000 Menschenleben – 360 000 auf Unionsseite, 260 000 aufseiten der Konföderierten.

Die Niederlage der Konföderation und die Sklavenbefreiung bedeuteten für die Südstaaten den wirtschaftlichen und politischen Zusammenbruch. In den Nordstaaten löste der Krieg dagegen einen Wirtschaftsboom aus, der zum rasanten Ausbau der Industrialisierung führte. Der klassische Agrarstaat des Südens hatte sich dem neuen Industriestaat des Nordens als unterlegen erwiesen.

Der Sieg der Union wendete die Teilung der USA ab, setzte die politische Macht der Bundesregierung in Washington gegenüber den Einzelstaaten durch und bedeutete die landesweite Aufhebung der Sklaverei. Zumindest formal hatten Weiße und Schwarze nun gleiche Bürgerrechte. Tatsächlich aber blieben die Schwarzen Bürger zweiter Klasse. Aus dem Sklavenproblem wurde ein Rassenkonflikt, der bis heute andauert.

3 Diskutiert die Ergebnisse des Krieges im Verhältnis zu seinen Ursachen.

Frauen aus den Nordstaaten stellten während des Krieges diese Topflappen her. Sie wurden verkauft, um mit dem Geld die Soldaten und ihre Familien zu unterstützen.

Die Flucht eines Sklaven

Irgendwann in den 1840er-Jahren westlich des Mississippi im US-Staat Missouri. Der Waisenjunge Huckleberry Finn hält die wohl gemeinten Gängelungen der puritanischen Witwe Douglas nicht mehr aus, die sich seiner Erziehung angenommen hat. Er reißt aus und begegnet bald nach seinem Aufbruch auf einer kleinen Flussinsel dem Sklaven Jim, den er aus seinem Heimatdorf kennt. Nicht schlecht erstaunt fragt er ihn, wie er dorthin gekommen sei. Jim, als Kind von Sklavenhändlern aus Afrika nach Amerika verschleppt, kann kaum Englisch und muss ihm deshalb rade-brechend erzählen, was geschehen ist.

Dann sagte ich: „Und du, Jim, wie-so bist du denn hier, und wie bist du hergekommen?" Er sah ziemlich verlegen aus und sagte eine Weile gar nichts. Dann meinte er: „Viel-leicht ich lieber nix erzählen."
„Warum nicht, Jim?"
„Na, aus Gründe. Aber du würden mich nix verraten, wenn ich dir er-zählen, Huck?"
„Ich will verdammt sein, Jim, wenn ich's täte."
„Gut, ich dir glauben, Huck. Ich – ich rennen weg."
„Jim!"
„Aber Huck, du sagen, du nix wol-len verraten – du noch wissen, wie du versprochen, Huck?"
„Ja, ich weiß. Ich hab gesagt, ich wollt' dich nicht verpetzen, und ich werd's auch halten. Auf Ehre. [...] Ich werd' nichts verraten und ich werd' auch nicht in diese Gegend zurückkehren. So, und jetzt erzähl mir alles genau."
„Ja, also, es kam so. Alte Missus – was sein Miss Watson – immer auf mir rumhacken und grob sein mit mir, aber sie immer sagen, sie mich nix verkaufen nach Orleans. Aber ich neulich sehn, wie Niggerhänd-ler immer da rumtreiben, und ich werden bange. Und eine Nacht ich kriechen an die Tür, ziemlich spät, und Tür nix ganz zu, und da hören ich, wie alte Missus sagen zu Witwe, sie mich verkaufen runter nach Or-leans, und sie können kriegen acht-hundert Dollars für mich, und bei so große Stück Geld sie können nix widerstehn. Die Witwe versuchen sie überreden, sie sollen's nix tun, aber ich nix mehr warten und hören die Rest. Ich laufen davon ganz schnell, ich dir sagen. Ich raus und rennen Hügel runter und wol-len stehlen ein Boot an Ufer irgend-wo über Dorf, aber da noch waren Leute auf, so ich verstecken in alte, verfallne Böttcherei an Ufer und warten, bis alle weg. [...] Ich lag da zwischen die Späne die ganze Tag. Ich sein hungrig, aber ich hatten nix Angst, weil ich wissen, alte Mis-sus und die Witwe [...] wissen, ich gehn fort mit das Vieh in Tages-grau, so sie nix denken, sie mich sehen zu Haus, und sie mich nix vermissen bis nach Dunkelheit in Abend. Die andre Diener mich nix vermissen, weil sie immer raus und machen Ferien, wenn alte Herr-schaften weg.
Na, wie es werden dunkel, ich krie-chen raus auf Uferweg und gehn zwei Meilen oder mehr, bis wo kei-ne Häuser mehr sein. Ich hab nach-gedacht, was ich wollen nu tun. Wenn ich laufen zu Fuß weiter, die Hunde mich finden; wenn ich steh-len ein Boot und rüberfahren, sie vermissen das Boot und wissen, wo ich landen auf andre Seite und wo sie können folgen meine Spur. So ich sagen: ein Floß sein am besten, es machen keine Spur.

Auf einmal ich sehen ein Licht run-terfahren die Fluss, so ich steigen in Wasser und schieben ein Brett vor meine Kopf her, und schwimmen große Hälfte übers Fluss und kom-men mitten in Treibholz und halten mein Kopf tief und schwimmen ge-gen Strom, bis Floß ankommen. Dann ich schwimmen zu hinteres Ende und halten mich fest. Es wur-den bewölkt, und für ein kleine Weile es waren ganz dunkel. So ich klettern rauf und legen auf die Planken. Die Männer waren alle in die Mitte, wo die Laterne. Der Fluss sein gestiegen, und wir haben gute Strömung; so ich denken, um vier in Morgen ich sein fünfundzwanzig Meilen flussunter, und dann ich wollen schlüpfen in Wasser, grade vor Tageslicht, und schwimmen an Land und gehn zu die Wälder auf die Illinoi-Seit.
Aber ich haben kein Glück. Wenn wir sein fast an die Kopf von das In-sel, ein Mann kommen hinter mit die Latern. Ich sehn, es haben keine Zweck zu warten, so ich schlüpfen über Bord und schwimmen nach das Insel. [...]"
„Und du hast nicht mal Fleisch und Brot zu essen gehabt die ganze Zeit? [...] Na, lass nur, Jim. Eines Ta-ges wirst du noch ein reicher Mann werden."
„Ich sein schon jetzt reich, passen du auf. Ich besitzen mich selber, und ich sein wert achthundert Dollars. Ich wünschen nur, ich ha-ben das Geld, ich würden nix mehr wollen."

Huckleberry Finn und Jim setzen ihre Flucht gemeinsam fort und geraten dabei in viele bedrohliche Situationen. Wie es weitergeht, erfahrt ihr in dem Romanklassi-ker „Huckleberry Finns Abenteuer" von Mark Twain. Unser Auszug hier folgt dem Insel Taschenbuch des Suhrkamp Verlages.

Zusammenfassung

Amerika, neue freie Welt

Zahlreiche Menschen, die in Europa religiös oder politisch unterdrückt wurden oder in wirtschaftliche Schwierigkeiten geraten waren, wanderten nach Amerika aus. Virginia wurde die erste von insgesamt 13 englischen Kolonien. Die Auswanderer nahmen das Risiko einer strapaziösen und gefährlichen Reise auf sich um eine neue Heimat zu finden. Die gemeinsamen Bemühungen um die Bewältigung der zahlreichen Probleme ließen die Einwanderer schon bald zu einer neuen, der amerikanischen Nation zusammenwachsen.

Die Gründung eines demokratischen Staates

England versuchte seine Staatskasse auf Kosten der Kolonien aufzufüllen. Als die Kolonien sich dagegen wehrten (Boston Tea Party) und stärkere Mitspracherechte verlangten, schickte England Truppen nach Amerika. Es kam zum Krieg, der von 1775 bis 1783 dauerte. Bereits am 4. Juli 1776 erklärten die Kolonien ihre Unabhängigkeit vom Mutterland. Im Jahr 1789 gaben sich die 13 Gründerstaaten eine eigene Verfassung, in die, erstmals in der Geschichte, das Prinzip der Gewaltenteilung aufgenommen wurde.

Menschenrechte, aber nicht für alle

Um für die vielen Einwanderer genügend Land zu haben, wurden die Gebiete im Westen der USA immer mehr erschlossen. Die hier lebenden Indianer wurden meist gewaltsam vertrieben und in Reservationen zwangsweise umgesiedelt. Schlimm erging es auch den Sklaven, die man aus Westafrika einführte. Erst nach dem Bürgerkrieg zwischen Nord- und Südstaaten wurde die Sklaverei auch von der Verfassung her verboten. Geblieben ist bis heute die Benachteiligung der schwarzen und indianischen Bevölkerung in den USA.

Der amerikanische Bürgerkrieg (1861–1865)

An der Sklavenfrage entzündete sich auch der amerikanische Sezessionskrieg. Dahinter standen aber vor allem machtpolitische Auseinandersetzungen zwischen der Bundesregierung in Washington und den Regierungen der Südstaaten sowie die wirtschaftliche Konkurrenz zwischen dem agrarisch geprägten Süden und dem zunehmend industrialisierten Norden.

1607

Engländer gründen Jamestown, die erste dauerhafte Siedlung an der Ostküste Nordamerikas.

1775–1783

Nordamerikanischer Unabhängigkeitskrieg.

1861–1865

Bürgerkrieg zwischen Nord- und Südstaaten.

1865

Nach Ende des Bürgerkriegs wird die Sklaverei abgeschafft.

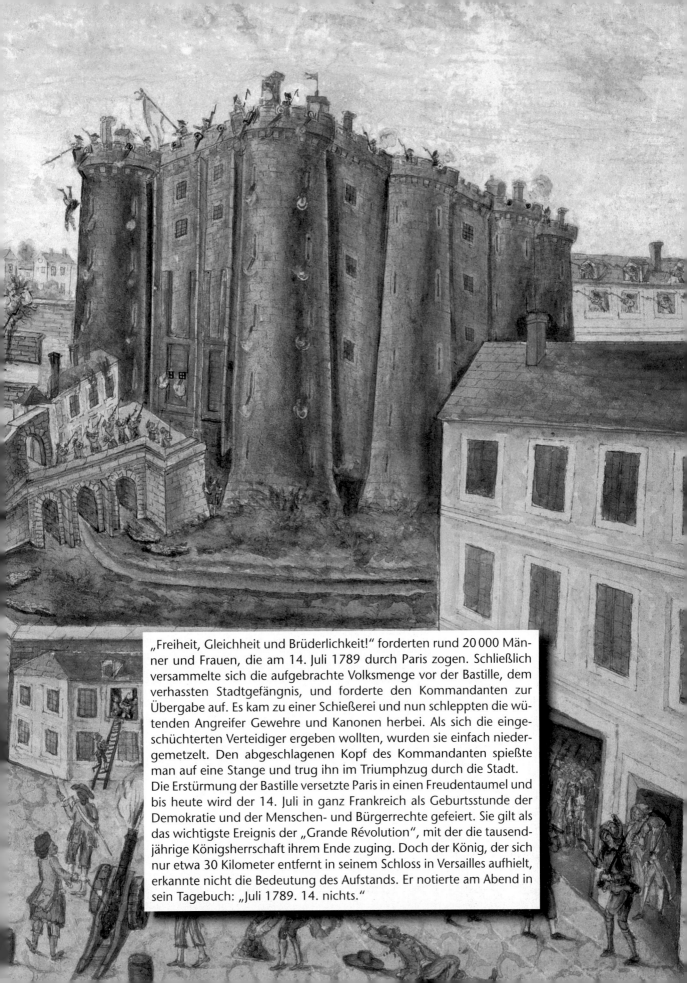

„Freiheit, Gleichheit und Brüderlichkeit!" forderten rund 20 000 Männer und Frauen, die am 14. Juli 1789 durch Paris zogen. Schließlich versammelte sich die aufgebrachte Volksmenge vor der Bastille, dem verhassten Stadtgefängnis, und forderte den Kommandanten zur Übergabe auf. Es kam zu einer Schießerei und nun schleppten die wütenden Angreifer Gewehre und Kanonen herbei. Als sich die eingeschüchterten Verteidiger ergeben wollten, wurden sie einfach niedergemetzelt. Den abgeschlagenen Kopf des Kommandanten spießte man auf eine Stange und trug ihn im Triumphzug durch die Stadt.

Die Erstürmung der Bastille versetzte Paris in einen Freudentaumel und bis heute wird der 14. Juli in ganz Frankreich als Geburtsstunde der Demokratie und der Menschen- und Bürgerrechte gefeiert. Sie gilt als das wichtigste Ereignis der „Grande Révolution", mit der die tausendjährige Königsherrschaft ihrem Ende zuging. Doch der König, der sich nur etwa 30 Kilometer entfernt in seinem Schloss in Versailles aufhielt, erkannte nicht die Bedeutung des Aufstands. Er notierte am Abend in sein Tagebuch: „Juli 1789. 14. nichts."

1 **Die Lage des dritten Standes.** Zeitgenössischer Stich.

Revolution:
(lat. = Umwälzung), der meist gewaltsame Umsturz einer bestehenden politischen und gesellschaftlichen Ordnung.

Lebenshaltungskosten in Frankreich 1789.

Es kosteten:

ein Vier-Pfund-Brot: 14,5 Sous
0,5 Liter Wein   5,0 Sous
Miete täglich   3,0 Sous
250 g Fleisch   5,0 Sous

Ein Bauarbeiter verdiente am Tag in Paris ca. 18 Sous.

Ludwig XVI.
(geb. 23. 8. 1754, hingerichtet 21. 1. 1793).

Verschwendung am Hof – Hungerrevolten im Land

Im Jahr 1774 wurde Ludwig XVI. König von Frankreich. Wegen der Verschwendungssucht seiner Vorgänger übernahm Ludwig einen total verschuldeten Staat. Ganz Frankreich erhoffte nun eine Wende zum Guten: Würde der neue König die Staatsschulden tilgen und die Steuern senken? Würde er das ausschweifende Leben am Hof beenden? Doch die Hoffnungen wurden enttäuscht. Ludwig XVI. interessierte sich nicht für die Fachgespräche mit seinen Ministern. Lieber hielt er sich in seiner Schlosserwerkstatt auf oder ging auf die Jagd. Wie seine Vorgänger gab er das Geld mit vollen Händen aus und der Adel tat es ihm nach. Immer häufiger erschienen nun in Frankreich Flugschriften, die sich gegen die Vorherrschaft des Adels richteten und die die Unzufriedenheit im Land schürten. So hieß es in einer Flugschrift aus dem Jahr 1788:

Q1 … Steht auf gegen den Klerus, den Adel. Duldet nicht, dass ungefähr 600 000

Menschen vierundzwanzig Millionen das Gesetz aufzwingen! Völker, denkt an die Lasten, die ihr tragt. Schaut euch um nach den Palästen, den Schlössern, die gebaut sind mit eurem Schweiß und euren Tränen! Vergleicht eure Lage mit der dieser Prälaten und Großen. Sie nennen euch Gesindel! Lasst sie erkennen, dass Gesindel diejenigen sind, die auf eure Kosten leben und sich mästen an eurer Arbeit. …

Die Missernten der letzten Jahre hatten zu Hungersnöten und zu einer Verteuerung der Lebensmittel geführt. In den Städten kam es zu Volksaufläufen. Handwerker und Arbeiter stürmten die Bäckerläden in Paris.

1 *Bauern, Arbeiter und Handwerker sprechen über das Flugblatt. Welche Folgerungen könnten sie daraus ziehen?*

2 *Vergleicht Q1 mit der Abbildung 1. Welche Sätze aus Q1 passen zu der Karikatur?*

3 *Seht euch den Verdienst des Bauarbeiters und die damaligen Lebenshaltungskosten in Paris an (Randspalte). Für welche notwendigen Ausgaben fehlte ihm das Geld?*

Die Krise des Absolutismus

2 Café der Patrioten. Überall in den Cafés und in den Salons wurde über eine politische Neuordnung diskutiert. Zeitgenössisches Gemälde.

Der Adel – eine gottgewollte Einrichtung?

Unruhen gab es nicht nur unter Arbeitern und Handwerkern. Auch Rechtsanwälte und Ärzte, Kaufleute und Gutsbesitzer sprachen sich immer deutlicher gegen ein absolutistisches Herrschaftssystem aus, das den Staat in den Ruin führte. Überall, auf den öffentlichen Plätzen wie in den Cafés, debattierten Menschen über Politik, über die Ideen der Aufklärung und der amerikanischen Unabhängigkeitserklärung von 1776. In ihr hieß es: „Alle Menschen sind von Natur aus frei und gleich an Rechten geboren." Eine solche Freiheit gab es aber in Frankreich noch nicht. Gegen die massive Kritik setzte sich der Adel mit einer Schrift zur Wehr:

Q2 … Die Garantie der persönlichen Steuerfreiheit und der Auszeichnungen, die der Adel zu allen Zeiten genossen hat, sind Eigenschaften, die den Adel besonders hervorheben; sie können nur dann angegriffen werden, wenn die Auflösung der allgemeinen Ordnung erstrebt wird. Diese Ordnung hat ihren Ursprung in göttlichen Institutionen: die unendliche und unabänderliche Weisheit hat Macht und Gaben ungleichmäßig verteilt. …

In einem zeitgenössischen Theaterstück sagt hingegen ein Diener zu seinem adligen Herrn:

Q3 … Weil Sie ein großer Herr sind, bilden Sie sich ein, auch ein großer Geist zu sein. Geburt, Reichtum, Stand und Rang machen Sie stolz. – Was taten Sie denn, mein Herr, um so viele Vorzüge zu verdienen? Sie gaben sich die Mühe, auf die Welt zu kommen; das war die einzige Arbeit Ihres ganzen Lebens. …

4 Stellt fest, welche Vorteile der Adel für sich in Anspruch nimmt. – Wie begründet er seine bevorzugte Stellung?

5 Spielt eine Szene: Ein Adliger antwortet auf die Vorwürfe seines Kammerdieners (Q3).

Von der Finanz- zur Staatskrise

Im Jahr 1788 stand der französische König Ludwig XVI. vor einer katastrophalen Situation. Die Schuldenlast des Staates hatte sich in den letzten 15 Jahren verdreifacht und betrug nun 5 Milliarden Livres. Die notwendigen Ausgaben waren beträchtlich höher als die Steuereinnahmen. Der dritte Stand war weitgehend verarmt und litt schon jetzt unter den hohen Abgaben und Steuern. Um Geld aufzutreiben, hatte der König versucht Steuern auch vom Adel und von der Geistlichkeit zu erheben, die sich aber weigerten ihre ererbten Vorrechte aufzugeben.

6 Berechnet mithilfe der Angaben im Text und in der Randspalte, wie viele Jahre der französische Staat zur Tilgung seiner Schulden benötigen würde, wenn er nur Einnahmen wie 1788 hätte, aber keine Ausgaben.

Der Staatshaushalt im Jahr 1788.

Verteilung der Ausgaben

Militär 26 %

Hof 6 %

Schuldendienst 55 %

Sonstiges 13 %

Ausgaben

Einnahmen

503 Mio. Livres

629 Mio. Livres

Der Beginn der Revolution

1 Als die Einberufung der Generalstände für den Mai 1789 bekannt wird, versammeln sich in jeder Gemeinde die Einwohner, um dem Brauch entsprechend ihren Beschwerdebrief zu verfassen. Buchillustration.

Generalstände:*
Versammlung der
Vertreter der drei
Stände von ganz
Frankreich seit dem
Beginn des 14. Jahr-
hunderts. Sie wurden
in der Zeit des Abso-
lutismus nicht einbe-
rufen. Die General-
stände hatten vor
allem das Recht der
Steuerbewilligung.

Der König beruft die Generalstände* ein

Der dritte Stand weitgehend verarmt, das Land dem Bankrott nahe, keine Lösung der Finanzkrisen in Sicht – das war die Situation Frankreichs zu Beginn des Jahres 1789.

In dieser verzweifelten Lage beschloss Ludwig XVI. die Vertreter aller drei Stände nach Versailles einzuberufen. Gemeinsam sollten sie über eine Lösung der Finanzkrise beraten, gemeinsam nach einer Lösung suchen. Am 5. Mai 1789 – so ließ er es im ganzen Land von den Kanzeln verkünden – treffen sich die Abgeordneten in Versailles. Im Februar und März fanden die Wahlen statt.

Der erste Stand (120 000 Geistliche) wählte 300 Abgeordnete.
Der zweite Stand (350 000 Adlige) wählte 300 Abgeordnete.
Der dritte Stand (24,5 Mio. Franzosen) wählte 600 Abgeordnete.

Schon Ende April trafen die ersten Abgeordneten in Versailles ein. Täglich brachten staubbedeckte Postkutschen Gruppen weite-

rer Abgeordneter aus dem ganzen Land herbei. In ihrem Gepäck führten die Vertreter des dritten Standes Beschwerdehefte mit, zusammengestellt von Bauern, Handwerkern, Landarbeitern und armen Landpfarrern. 60 000 Hefte waren es insgesamt. Alle enthielten immer wieder die gleichen Klagen wie: Die Abgaben sind zu hoch, die Bauern werden von ihren Grundherren wie Sklaven behandelt, viele sind dem Verhungern nahe. Die Beschwerdebriefe sollten dem König gezeigt werden. Doch auch die Adligen hatten Briefe verfasst, in denen sie mehrheitlich erklärten, dass sie „der Abschaffung der von den Vorfahren ererbten Rechte niemals zustimmen" würden.

1 *Berechnet, wie viele Abgeordnete den ersten und zweiten Stand vertreten hätten, wenn für diese Stände das gleiche Zahlenverhältnis gültig gewesen wäre wie für den dritten Stand.*

2 *Versetzt euch in folgende Situation: Vertreter des ersten und des zweiten Standes unterhalten sich über die Beschwerdehefte des dritten Standes. Spielt dazu eine kleine Szene.*

Von den Generalständen zur Nationalversammlung

2 20. Juni 1789: Der Schwur im Ballhaus. Gemälde von J. Louis David, um 1790.

Wer vertritt das Volk?

Alle Abgeordneten waren vollzählig versammelt, als am 5. Mai 1789 der König in einem Saal seines Schlosses die Sitzung der Generalstände eröffnete. Gespannt warteten vor allem die Vertreter des dritten Standes darauf, wie der König auf die Beschwerdehefte und die darin enthaltenen Forderungen reagieren würde. Doch der König sprach nicht von Reformen, er wünschte nur die Zustimmung zu neuen Steuern. Nach dem König sprach der Finanzminister noch drei Stunden über die Staatsschulden. Dann wurden die Abgeordneten entlassen. Sie sollten jetzt – jeder Stand für sich – über die Steuervorschläge des Königs beraten und abstimmen. Jeder Stand hätte dabei eine Stimme. Gegen diese Anordnung des Königs wehrten sich die Abgeordneten des dritten Standes. Sie verlangten eine gemeinsame Beratung aller Abgeordneten und eine Abstimmung nach Köpfen. Doch der König und fast alle Abgeordneten des ersten und zweiten Standes lehnten diese Forderungen ab.

Am 17. Juni 1789 erklärten schließlich die Abgeordneten des dritten Standes:

> **Q** … Wir sind die Vertreter von 24 Millionen Franzosen. Wir sind die einzigen und wahren Vertreter des ganzen französischen Volkes. Deshalb geben wir unserer Versammlung den Namen „Nationalversammlung". Wir werden Frankreich eine Verfassung geben, die allen Franzosen die gleichen Rechte garantiert. …

3 *Begründet, warum der dritte Stand das Recht für sich in Anspruch nahm, sich zur Nationalversammlung zu erklären.*

Der Schwur im Ballhaus

Als der König aus Empörung über das Vorgehen des dritten Standes den Sitzungssaal sperren ließ, versammelten sich die Abgeordneten in einer nahe gelegenen Sporthalle, dem so genannten Ballhaus. Hier schwuren sie am 20. Juni 1789, sich nicht zu trennen, bis sie eine Verfassung für Frankreich verabschiedet hätten. Als der König versuchte die Nationalversammlung aufzulösen, riefen die Abgeordneten ihm zu: Die „Versammelte Nation empfängt keine Befehle". Von der Entschlossenheit des dritten Standes beeindruckt, gab der König nach. Am 27. Juni 1789 forderte er die anderen beiden Stände auf, sich der Nationalversammlung* anzuschließen. Damit war das Ende der alten Ständeversammlung gekommen.

5. Mai 1789:
Der König eröffnet die Sitzung der Generalstände in Versailles.

17. Juni 1789:
Die Versammlung der Vertreter des dritten Standes erklärt sich zur Nationalversammlung.

27. Juni 1789:
Der König empfiehlt den Vertretern der anderen beiden Stände den Anschluss an die Nationalversammlung.

Nationalversammlung:*
Verfassunggebende Versammlung von Abgeordneten, die die ganze Nation repräsentiert.

Der Dritte Stand erhebt sich

14. Juli 1789:
Eine große Menschenmenge stürmt in Paris die Bastille.

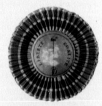

Eine blau-weiß-rote **Kokarde***, *das Abzeichen der Revolutionäre.*

Der Sturm auf die Bastille

Die Pariser Bevölkerung verfolgte die Ereignisse in Versailles voller Ungeduld. Hunger herrschte seit Wochen in der Stadt. Die ersten Hungertoten hatte man schon begraben müssen. Es kam der Verdacht auf, Adlige würden in großen Mengen Getreide aufkaufen, um den dritten Stand gefügig zu machen.

Alle Hoffnungen richteten sich daher auf die Abgeordneten der Nationalversammlung. Sie hatten gezeigt, dass sie sich für die Bevölkerung einsetzen wollten. Umso größer war die Wut der Bevölkerung, als sie erfuhr, dass der König Truppen um Paris zusammenzog, fast 20 000 Mann. Sie sollten, so hieß es, die Abgeordneten vertreiben. In ganz Paris ertönte daher der Schrei: „Zu den Waffen!" – Man brach die Läden der Waffenhändler auf. Alle Glocken läuteten Sturm. Stühle, Tische, Fässer, Pflastersteine wurden auf die Straße geworfen, um Barrikaden zu errichten.

Am 14. Juli 1789 versammelte sich die Menge vor der Bastille, dem verhassten Staatsgefängnis. Man forderte den Kommandanten zur Übergabe auf. Er lehnte ab und ließ sofort das Feuer eröffnen; mehr als 100 Menschen wurden getötet. Die Belagerer schleppten daraufhin Kanonen herbei. Als sich die Verteidiger ergeben wollten, wurden der Kommandant und einige Soldaten ermordet. Seinen Kopf spießte man auf eine Stange und trug ihn im Triumphzug durch die Stadt. Politische Gefangene fand man in den Kerkern jedoch nicht.

Ludwig XVI. zog daraufhin die Truppen vollständig aus der Umgebung ab. Am 17. Juli kam er selbst nach Paris. Im Rathaus heftete er sich das Abzeichen der Revolutionäre an, die blau-weiß-rote Kokarde*. Blau und Rot waren die Farben der Stadt Paris, Weiß die Farbe des Königshauses. Dies – so versicherte der König – sei ein Zeichen für den ewigen Bund zwischen ihm und seinem Volk.

1 *Lest nochmals nach, was der König bis jetzt gesagt oder angeordnet hatte. – Wie beurteilt ihr seine Aussage von einem ewigen Bund zwischen ihm und dem Volk?*

2 *Stellt euch vor, ihr wäret damals Reporter gewesen. Verfasst zu der Abbildung einen kurzen Zeitungsbericht, in dem ihr auch die Stimmung in der Bevölkerung schildert.*

Die Revolution ergreift das Land

Die Nachricht von der Erstürmung der Bastille verbreitete sich wie ein Lauffeuer in ganz Frankreich. Sie löste vor allem bei den Bauern große Freude aus. Seit Monaten hatten sie auf die Beantwortung ihrer Beschwerdehefte

„Der König nach Paris!"

2 Tausende von Frauen ziehen von Paris nach Versailles. Sie fordern vom König Brot und die Unterschrift unter die Beschlüsse der Nationalversammlung. 5. Oktober 1789. Zeichnung eines Unbekannten.

gewartet. Nichts war geschehen. Die Erstürmung der Bastille war für sie das Zeichen, jetzt ebenfalls selbst zu handeln. Die Bauern verweigerten die weitere Zahlung von Abgaben und Steuern. Sie bewaffneten sich mit Sensen, Dreschflegeln, Mistgabeln und Jagdgewehren, drangen gewaltsam in die Schlösser ihrer Grundherren ein und verbrannten alle Urkunden, in denen von Leibeigenschaft, Abgaben und Frondiensten die Rede war.
Die Nationalversammlung beschloss in einer stürmischen Nachtsitzung vom 4. auf den 5. August 1789:

Q ... 1. Die Leibeigenschaft wird abgeschafft.
2. Die Gerichtsbarkeit des Grundherrn wird beseitigt.
3. Die Sonderrechte für die Jagd, Taubenschläge und Gehege werden aufgehoben.
4. Der Zehnte und andere Rechte des Herren können in Geld entrichtet oder durch Geldzahlungen abgelöst werden.
5. Mit Beginn des Jahres 1789 sind alle Bürger gleich steuerpflichtig. ...

Daraufhin beruhigte sich zunächst die Lage auf dem Land.
3 *Erklärt die Behauptung: Die Beschlüsse dieser Sitzung waren die Sterbeurkunde für die alte Gesellschaftsordnung.*

Die Nationalversammlung forderte den König auf, ihre Beschlüsse zu unterschreiben.

Ludwig XVI. weigerte sich mit der Bemerkung: „Nie werde ich einwilligen, meine Geistlichen und meinen Adel zu berauben." Gleichzeitig zog er wieder Truppen in der Nähe von Versailles zusammen. Die Empörung hierüber war bei der Pariser Bevölkerung grenzenlos. Hinzu kamen Wut und Enttäuschung darüber, dass sich die Versorgung mit Brot noch immer nicht gebessert hatte.

Der König: Freund oder Feind der Revolution?

Am Morgen des 5. Oktober 1789 versammelten sich zahlreiche Frauen vor dem Rathaus von Paris. Wieder einmal gab es kein Brot. Spontan beschlossen sie nach Versailles zu ziehen. Über 7000 Frauen waren es schließlich, die sich auf den Weg machten: Brot und Unterschrift des Königs – so lauteten ihre Forderungen. Am Abend erreichten sie Versailles, am folgenden Morgen drangen sie in das Schloss ein. Immer lauter wurden die Rufe: „Der König nach Paris!" Ludwig XVI. gab nach. Abends trafen die Massen mit dem König in Paris ein. Man rief: „Wir bringen den Bäcker, die Bäckerin und den kleinen Bäckerjungen." Dies war der letzte Tag des Königs im Schloss Versailles, dem Zentrum des französischen Absolutismus. Er unterschrieb die Beschlüsse der Nationalversammlung.
4 *Welche Hoffnungen drücken sich in dem Ruf aus: „Wir bringen den Bäcker!"?*
5 *Erklärt, warum gerade so viele Frauen an dem Marsch nach Versailles teilnahmen.*

4./5. August 1789: Die Nationalversammlung beschließt die Abschaffung der Leibeigenschaft und die Aufhebung aller Privilegien.

„Freiheit, Gleichheit und Brüderlichkeit"

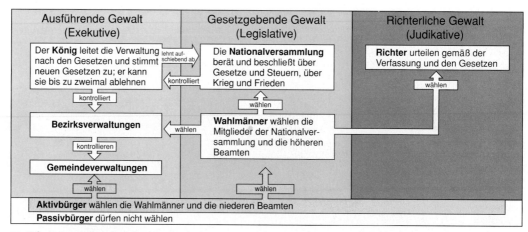

Ausführende Gewalt (Exekutive)	Gesetzgebende Gewalt (Legislative)	Richterliche Gewalt (Judikative)
Der **König** leitet die Verwaltung nach den Gesetzen und stimmt neuen Gesetzen zu; er kann sie bis zu zweimal ablehnen	Die **Nationalversammlung** berät und beschließt über Gesetze und Steuern, über Krieg und Frieden	**Richter** urteilen gemäß der Verfassung und den Gesetzen
Bezirksverwaltungen	**Wahlmänner** wählen die Mitglieder der Nationalversammlung und die höheren Beamten	
Gemeindeverwaltungen		

lehnt aufschiebend ab · kontrolliert · kontrolliert · wählen · wählen · kontrollieren · wählen · wählen · wählen

Aktivbürger wählen die Wahlmänner und die niederen Beamten
Passivbürger dürfen nicht wählen

1 Der Staatsaufbau Frankreichs nach der Verfassung von 1791.

26. August 1789:
Erklärung der Menschen- und Bürgerrechte.

1791:
Die neue Verfassung wird verkündet. Frankreich wird eine konstitutionelle Monarchie.

Konstitutionelle Monarchie*:
Bezeichnung für eine Herrschaftsform, bei der die Macht des absoluten Königs durch eine Verfassung (= Konstitution) eingeschränkt wird.

Die Erklärung der Menschen- und Bürgerrechte

Drei Wochen nach der Aufhebung der Vorrechte des Adels verkündete die Nationalversammlung die Menschen- und Bürgerrechte. Freiheit (liberté), Gleichheit (egalité) und Brüderlichkeit (fraternité) sollten die Grundlage bilden für die neue Verfassung und für eine neue Form des Zusammenlebens. Am 26. August 1789 wurden die Menschen- und Bürgerrechte in Frankreich bekannt gegeben:

> **Q1** ... Die Menschen werden frei und gleich an Rechten geboren und bleiben es.
> 2. ... Diese Rechte sind: Freiheit, Eigentum, Sicherheit und Widerstand gegen Unterdrückung.
> 3. Der Ursprung jeder Herrschaft liegt beim Volk. ...
> 4. Die Freiheit besteht darin, alles tun zu können, was einem anderen nicht schadet.
> 6. Alle Bürger haben das Recht, an der Gestaltung der Gesetze persönlich oder durch ihre Vertreter mitzuwirken.
> 10. Niemand darf wegen seiner Ansichten oder Religion bestraft werden. ...
> 11. Die freie Mitteilung der Gedanken und Ansichten ist eines der kostbarsten Menschenrechte. Daher kann jeder Bürger frei sprechen, schreiben, drucken. ...

1 Stellt den genannten Rechten gegenüber, gegen welche vorherigen Zustände sie sich wendeten.

2 Überlegt, welche Rechte bereits für euch als Schüler wichtig sein könnten.

Die Macht des Königs wird eingeschränkt

Im Jahr 1791 wurde endlich auch die neue Verfassung verkündet. Der Titel für Ludwig XVI. lautete jetzt: „Durch Gottes Gnade und die Verfassungsgesetze König der Franzosen". Damit löste die konstitutionelle, das heißt an die Verfassung gebundene Monarchie* die absolute Monarchie ab. Zu den Wahlen zugelassen wurden die so genannten Aktivbürger. Das waren etwa vier Millionen Franzosen, die über ein bestimmtes Mindesteinkommen verfügten. Etwa drei Millionen Bürger wurden dadurch vom Wahlrecht ausgeschlossen. Diese Einschränkung des Wahlrechts führte zu heftigen Auseinandersetzungen. In einem Zeitungsartikel hieß es:

> **Q2** ... Aber was meint ihr eigentlich mit dem so oft gebrauchten Wort „Aktivbürger"? Die aktiven Bürger, das sind die Eroberer der Bastille, das sind die, welche den Acker bestellen, während die Nichtstuer im Klerus und bei Hofe trotz ihrer Riesenbesitzungen weiter nichts sind als kümmerliche Pflanzen. ...

3 Beschreibt anhand von Schema 1, was sich mit der Verfassung von 1791 gegenüber der Zeit des Absolutismus verändert hat.
4 Besprecht, welche Begründung es für das eingeschränkte Wahlrecht geben könnte.

Welche Rechte sind euch am wichtigsten?

1 Ordnet die Zahlen den Buchstaben zu.

2 Jeder Schüler und jede Schülerin gibt den fünf Rechten, die für ihn/sie am wichtigsten sind, je einen Punkt. Sammelt das Ergebnis an der Tafel und erstellt für eure Klasse eine Hitliste der Rechte.

3 Stellt mithilfe der Abbildungen auf dieser Seite (Spiel-)Karten her. Mischt die Karten gut durch und verteilt die verschiedenen Rechte untereinander.

4 Nun soll jeder für das Recht, das ihm zugefallen ist, eine kleine Rede halten. Eine Sprecherin oder ein Sprecher der Gegenseite versucht diese Argumente zu widerlegen.

1. Recht auf Nahrung
2. Recht auf Gleichberechtigung von Mann und Frau
3. Recht auf gesunde Umwelt
4. Recht auf Frieden
5. Recht auf Liebe
6. Recht auf Anerkennung
7. Recht auf Freiheit
8. Recht auf Wahlen
9. Recht auf medizinische Betreuung
10. Recht auf Demonstrationsfreiheit
11. Recht auf Religionsfreiheit
12. Recht auf Arbeit
13. Recht auf Gleichheit vor Gericht
14. Recht auf Meinungsfreiheit
15. Recht auf Bildung
16. Recht auf Asyl als Flüchtling
17. Recht auf gleichen Lohn für gleiche Arbeit

C =

E =

O =

N =

B =

K =

P =

G =

Q =

A =

F =

M =

I =

D =

J =

L =

H =

83

Frankreich wird Republik

1 **Die Verhaftung König Ludwigs XVI. auf der Flucht 1791.** Zeitgenössischer farbiger Stich eines Unbekannten.

Die königliche Familie auf der Flucht

Am 20. Juni 1791 um Mitternacht floh der König, als Kammerdiener verkleidet, zusammen mit seiner Familie heimlich aus Paris. Sein Ziel war die deutsche Grenze. Vor ihm waren schon mehr als 40 000 Adlige ins Ausland geflohen, die meisten nach Deutschland. Sie wollten sich nicht damit abfinden, keine Vorrechte mehr zu haben. Vom Ausland aus bereiteten sie den Kampf gegen die Revolution vor. Mit den geflohenen Adligen wollte sich der König verbünden. Sein Ziel war es, mit einer Armee nach Paris zurückzukehren, um die absolute Macht wieder an sich zu reißen. Nur einen Tag später konnte man in Paris auf Plakaten lesen:

> **Q1** … Mitteilung an die Bürger, dass ein fettes Schwein aus den Tuilerien entflohen ist. Wer ihm begegnet, wird gebeten, es in seinen Stall zurückzubringen. Eine angemessene Belohnung wird er dafür erhalten. …

Eine Pariser Zeitung schrieb am gleichen Tag:

> **Q2** … Volk, da hast du die Treue, die Ehre und die Religion der Könige. Misstraue ihren Eiden! In der letzten Nacht hat Ludwig XVI. die Flucht ergriffen. … Der absolute

Machthunger, der seine Seele beherrscht, wird ihn bald zu einem wilden Mörder machen. Bald wird er im Blute seiner Mitbürger waten, die sich weigern, sich unter sein tyrannisches Joch zu beugen. …

Noch am gleichen Abend wurde der König auf der Flucht erkannt und gezwungens nach Paris zurückzukehren. Als er am 25. Juni 1791 wieder in Paris eintraf, war es totenstill. Schweigend standen die Soldaten rechts und links der Straße, die Gewehre nach unten gekehrt.

1 Beschreibt die Vorgänge auf der Abbildung 1. Achtet auch auf die Haltung und den Gesichtsausdruck des Königs und der übrigen Personen.
2 Beschreibt die Gefühle und Stimmungen, die in Q1 und Q2 ausgedrückt werden. Was wird dem König vorgeworfen?

Die Revolution in Gefahr

Die Gefahr für die Französische Revolution war mit der Rückkehr des Königs aber noch nicht beseitigt. Die übrigen europäischen Herrscher fürchteten nämlich, dass die Revolution auch auf ihre Länder übergreifen könne. Preußen und Österreich schlossen ein Militärbündnis gegen die Revolution. Um ihren Gegnern zuvorzukommen, erklärte die Nationalversammlung am 22. April 1792 den verbündeten europäischen Mächten den Krieg.

Europäische Fürsten bedrohen Frankreich

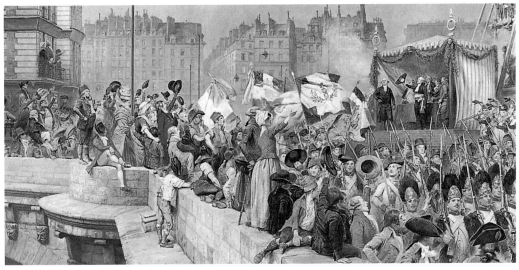

2 Auszug der Freiwilligen aus Paris 1792. Man singt die Marseillaise. Gemälde von Edouard Detaille, 1907.

Die französischen Soldaten zogen mit großer Begeisterung in diesen Krieg, aber sie waren schlecht ausgebildet. Es kam zu Niederlagen. Die gegnerischen Truppen drangen in Frankreich ein. Nun suchte man nach Schuldigen. Angeblich hatte die Königin den feindlichen Generälen den französischen Feldzugsplan zugespielt. Außerdem erklärte der feindliche Oberkommandierende, dass er nur deshalb Krieg führe, um dem König wieder zu seinen Rechten zu verhelfen. Die Wut des Volkes gegen den König als einen Feind der Revolution kannte jetzt keine Grenzen mehr. Im August 1792 stürmte die Menge das Schloss. Der König floh in die Nationalversammlung. Hier wurde er für abgesetzt erklärt und verhaftet.

„Ludwig muss sterben, weil das Vaterland leben muss"

Noch am gleichen Tag wurden Neuwahlen ausgeschrieben. Bei dieser Wahl sollten jetzt alle Bürger stimmberechtigt sein. Nur einen Monat später, im September 1792, trat die neue Nationalversammlung zusammen. Sie bezeichnete sich jetzt als Nationalkonvent. Den größten Einfluss in diesem Konvent hatte eine Gruppe besonders radikaler Abgeordneter, die Jakobiner*. Einer ihrer mächtigsten Männer war Robespierre. Er wollte die Revolution mithilfe von Terror endgültig durch-

setzen. Schon in seiner ersten Sitzung am 21. September verkündete der Nationalkonvent das Ende der Monarchie und erklärte Frankreich zur Republik. Im Dezember befasste sich der Konvent mit dem Schicksal des Königs. Robespierre hielt eine leidenschaftliche Rede.

> **Q3** ... Was mich angeht, so verabscheue ich die Todesstrafe, und für Ludwig habe ich weder Hass noch Liebe, nur seine Missetaten verabscheue ich. Aber ein König, dessen Name allein schon für unsere Nation den Krieg bedeutet, stellt für das öffentliche Wohl eine Gefahr dar. Mit Schmerz spreche ich die verhängnisvolle Wahrheit aus: Es ist besser, dass Ludwig stirbt, als dass 100 000 tugendhafte Bürger umkommen: Ludwig muss sterben, weil das Vaterland leben muss. ...

Am 17. Januar wurde mit 361 zu 360 Stimmen das Todesurteil gefällt. Vier Tage später wurde Ludwig hingerichtet. Frankreich stand nun als Republik im Krieg gegen die europäischen Monarchien.

3 *Sammelt Argumente für und gegen die Verurteilung des Königs.*
4 *Nehmt Stellung zu Q3 und tauscht eure Meinung darüber aus.*

21. Januar 1793: Hinrichtung Ludwigs XVI. Frankreich wird Republik.

Jakobiner:*
Ein politischer Klub während der Französischen Revolution, dessen Mitglieder sich erstmals in dem ehemaligen Pariser Kloster St. Jacob trafen. Nach der Abspaltung der gemäßigten Gruppe der Girondisten wurde der Name nur noch für radikale Republikaner verwandt.

Die Schreckensherrschaft

1793:
Mit der Einrichtung der Revolutionsgerichte und dem „Gesetz über die Verdächtigen" beginnt die „Schreckensherrschaft", eine Zeit des Terrors und der Willkür.

1 „Hier ruht ganz Frankreich". Robespierre richtet als letzter Überlebender den Henker hin. Flugblatt, 1793.

Der Terror beginnt: „Wer nicht für uns ist, der ist gegen uns"

Der König hingerichtet, die französischen Truppen auf der Flucht vor feindlichen Heeren und immer wieder Hungersnöte – Frankreich kam nicht zur Ruhe. Viele Menschen wandten sich daher ab von der Revolution und den Revolutionären. In einem Brief aus dieser Zeit heißt es:

> **Q1**   … Es wird aufgerufen, sich freiwillig zur Armee gegen die Preußen zu melden. Tausende tun das. Bald werden die ersten 40 000 Mann abmarschieren. Sie sind voller Begeisterung. Aber sie fragen sich: „Was wird geschehen, wenn wir weg sind?" Es gibt Tausende von Gegnern der Revolution in Paris. Werden diese Gegner nicht unsere Abwesenheit benutzen, um unsere Frauen und Kinder zu ermorden? …

Sansculotten*:
(franz. = ohne Kniehosen). Bezeichnung für Pariser Revolutionäre, die aus den Unterschichten stammten. Sie trugen lange Hosen, um sich auch in der Kleidung vom Adel zu distanzieren.

Eine demokratische Verfassung wurde ausgearbeitet, aber nicht in Kraft gesetzt. Um die Schwierigkeiten zu lösen, übertrug der Nationalkonvent die Macht auf zwei Ausschüsse:

– Die Mitglieder des Wohlfahrtsausschusses waren zuständig für die Versorgung der Bevölkerung, die Errichtung von Rüstungsbetrieben, für das Militär und die Polizei. Vorsitzender dieses Ausschusses wurde Robespierre, der gegenüber den wahren oder auch nur angeblichen Gegnern der Republik keine Gnade kannte.

– Der Sicherheitsausschuss hatte die Aufgabe, „Feinde der öffentlichen Ordnung" aufzuspüren und verhaften zu lassen.

Beide Ausschüsse wurden von den Jakobinern beherrscht. Unterstützung fanden sie vor allem bei den Kleinbürgern, die man auch als Sansculotten* bezeichnete.

Einige unbedachte Äußerungen genügten bereits, um als Feind der Republik zu gelten. Am 11. Oktober 1793 erließ der Sicherheitsausschuss folgende Bekanntmachung:

> **Q2**   … Merkmale zur Kennzeichnung von Verdächtigen:
> 1. Wer Versammlungen des Volkes durch hinterhältige Reden und Zwischenrufe stört.
> 2. Wer die Großpächter und habgierigen Händler bedauert, gegen die Maßnahmen ergriffen wurden.
> 3. Wer dauernd die Worte Freiheit, Republik und Vaterland im Munde führt, aber mit ehemaligen Adligen verkehrt und an ihrem Schicksal Anteil nimmt.
> 4. Wer die republikanische Verfassung mit Gleichgültigkeit aufgenommen hat. …

1 *Vergleicht diese Liste mit den Artikeln 10 und 11 in der Erklärung der Menschenrechte (siehe S. 82).*

Vor dem Revolutionsgericht

Noch im gleichen Jahr wurde ein besonderes Revolutionsgericht gebildet, das die Feinde der Republik aburteilen sollte. Gegen seine Entscheidungen gab es keine Einspruchsmöglichkeiten. In einem zeitgenössischen Bericht heißt es:

Die Revolution frisst ihre Kinder

2 **Verhör vor dem Revolutionsgericht.** Zeitgenössische Darstellung, 1792.

Q3 ... Verhöre und Verteidigungen gibt es nicht mehr. Zeugen werden keine vernommen. Wer im Gefängnis sitzt, ist bereits zum Tode verurteilt.
Der öffentliche Ankläger kommt kaum mehr zur Ruhe. In einem Raum neben seinem Büro wirft er sich nachts für einige Stunden auf die Pritsche, um dann aufgeschreckt wieder an den Schreibtisch zu wanken. ... Es gibt Verhandlungen, wo 100 oder 150 Angeklagte schon vor der Verhandlung als schuldig in die Listen eingetragen wurden. ... Der eine Richter vertreibt sich die Zeit damit, Karikaturen der Angeklagten zu zeichnen, andere sind oft betrunken. ...

Ein Mitglied des Wohlfahrtsausschusses erklärte später: „Wir wollten nicht töten, um zu töten. Wir wollten unsere Vorstellungen um jeden Preis durchsetzen." Ungefähr 500 000 Menschen wurden verhaftet, etwa 40 000 hingerichtet, darunter auch Kinder von zehn bis zwölf Jahren.

2 *Erklärt, welche Kritik die Abbildungen 1 und 2 an dem Vorgehen der Jakobiner und an dem Revolutionsgericht zum Ausdruck bringen.*

3 *Diskutiert, warum eine Einspruchsmöglichkeit gegen Gerichtsurteile notwendig ist.*

Der Erfolg der Revolutionstruppen und das Ende des Terrors

Durch die Einführung der allgemeinen Wehrpflicht im Jahr 1793 war die Stärke der französischen Truppen auf über 900 000 Soldaten angewachsen. Damit waren sie ihren Gegnern zahlenmäßig überlegen, die sie im Jahr 1794 endgültig aus Frankreich vertreiben konnten. Die Revolution schien gerettet. Die Mehrzahl der Abgeordneten im Nationalkonvent sah jetzt in der Fortführung der Schreckensherrschaft keinen Sinn mehr. Am 27. Juli 1794 ließen sie Robespierre verhaften und bereits am nächsten Tag hinrichten.

Nur ein Jahr später – im Jahr 1795 – beschloss der Nationalkonvent die dritte Verfassung der Revolution. Als Erstes wurde die Gewaltenteilung wieder eingeführt. Außerdem erhielten die Bürger mit höherem Einkommen auch wieder größere Rechte bei den Wahlen. Die eigentlichen Regierungsgeschäfte wurden einem Direktorium von fünf Konventsmitgliedern übertragen. Den wirtschaftlichen Verfall konnte aber auch diese Regierung nicht aufhalten. Das Direktorium wurde daher bei der Bevölkerung immer unbeliebter. Schließlich konnte die allgemeine Ordnung nur noch mithilfe des Militärs aufrechterhalten werden.

4 *Erklärt, warum das Direktorium als Erstes wieder die Gewaltenteilung einführte.*

*Die **Guillotine**, von Dr. Louis erfunden und von Dr. Guillotin für den Vollzug der Todesstrafe vorgeschlagen, erlangt während der Schreckensherrschaft traurige Berühmtheit. An einem Tag werden einmal 54 Enthauptungen in 28 Minuten durchgeführt.*

1 **Paris, 21.1.1793. Die Hinrichtung des französischen Königs Ludwigs XVI.** Die Rekonstruktionszeichnung enthält 20 Fehler bzw. Gegenstände, die erst später entstanden oder erfunden wurden.

Auf Fehler-jagd

Am 21.1.1793 wurde der französische König von den Revolutionären in Paris hingerichtet. Unser Zeichner hat dieses Ereignis festgehalten (Abb. 1). Doch ist er kein Experte für Geschichte. Daher sind ihm einige Fehler unterlaufen, die ihr nun – als Reisende durch die Geschichte – aufspüren sollt.

Es geht um insgesamt 20 zeitverschobene Gegenstände, die erst nach 1793 erfunden wurden, die also nicht in das Bild und die Zeit passen.

So findet ihr die Fehler

1 *Lest den Text „Paris, 21.1.1793".*
2 *Sucht auf der Abbildung 1 die 20 zeitverschobenen Gegenstände und löst das Silbenrätsel.*
3 *Vergleicht eure Lösung mit der Lösung im Anhang (siehe S. 198).*
Hier findet ihr auch weitere Informationen zur Geschichte der zeitverschobenen Gegenstände.

Paris, 21.1.1793

Reisender, du befindest dich in Paris an einem kalten Januarmorgen des Jahres 1793. In Kürze wird eine Hinrichtung stattfinden. In dem dunstigen Morgenlicht erscheint das Gesicht des Verurteilten unter der Guillotine besonders blass. Er öffnet den Mund zum Sprechen. Doch sofort beginnt jeder Trommler auf dem Platz laut loszutrommeln, sodass die letzten Worte des Königs untergehen. Der Lärm ist ohrenbetäubend. Aber selbst wenn die Menge die Rede hören könnte,

Werkstatt Geschichte: Der Tod eines Königs

würde sie kaum eine Rettung versuchen. Dafür ist es längst zu spät. Seit beinahe vier Jahren gibt es in Frankreich eine Revolution. Das Land hatte früher unter der Herrschaft des Königs und der reichen Adligen gestöhnt, die im Luxus lebten, während die meisten Menschen des Volkes unter bitterer Armut litten. Als der König daran ging, die Steuern zu erhöhen, um seine Kriege im Ausland zu finanzieren, revoltierte das Volk. Einer der ersten Akte des Aufruhrs war der Sturm auf das Bastille-Gefängnis im Jahr 1789, der zum Ausbruch der Französischen Revolution führte. Die imposanten Gebäude rundum sind mit Brettern vernagelt und diejenigen Reichen, die sich in Sicherheit bringen konnten, halten sich hinter verschlossenen Türen verborgen. Es ist nicht der Reichtum an sich, der den Zorn und Hass der Revolutionäre aufgestachelt hat, sondern die Tatsache, dass das Wohlleben der wenigen Reichen mit dem Elend der vielen erkauft wird. Die rund um den Platz wehenden Fahnen werden dir bekannt vorkommen. Die Revolutionäre zeigen ihre Unterstützung für die Sache durch das Tragen roter

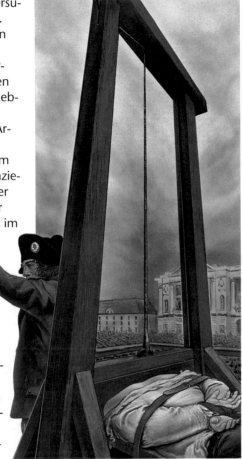

Kappen mit einer blauweißen Rosette. Die blau-weiß-rote Fahne ist noch heute die Nationalflagge Frankreichs, genannt die Trikolore. Unter dem Dröhnen der Trommeln wartet die berühmte Guillotine auf

ihr königliches Opfer. Auch die Welt wartet. Zwar gibt es Rundfunk und Fernsehen noch nicht, doch die Zeitungen sind zu einem wichtigen Mittel für die schnelle Verbreitung von Nachrichten geworden. Diese Nachrichten verstärken das bereits vorhandene Gefühl in der ganzen westlichen Welt, dass die einfachen Menschen und nicht nur die Reichen und Mächtigen das Recht haben, über ihre Regierung und ihr Leben zu entscheiden. Die Revolutionäre um dich herum verleihen ihrem Glauben Ausdruck mit dem Ruf nach „Freiheit, Gleichheit, Brüderlichkeit". In wenigen Sekunden wird die Nachricht vom Tod des Königs aus Paris bis in die entferntesten Winkel Europas und der weiteren Welt hinausdringen. Jedenfalls so schnell, wie ein Reiter auf einem guten Pferd sie tragen kann. Täglich werden große wissenschaftliche Entdeckungen gemacht, doch für die merkwürdigen Funken mit dem Namen Elektrizität ist noch keine nützliche Verwendung gefunden. Und auch die Revolutionierung von Industrie und Verkehr durch die kürzlich erfundene Dampfmaschine steht noch bevor.

Weitere Fehlerrätsel findet ihr in dem Buch von Nicola Baxter und Mike Taylor: Auf Fehlerjagd quer durch die Geschichte. Christians-Verlag, München, 1996.

Silbenrätsel

alarm – an – an – ball – band – band – base – ben – bur – chen – cher – de – fern – fla – ham – ge – ge – ge – ge – ge – gel – gen – ger – häu – hoch – hun – il – ka – ka – ke – kehrs – kehrs – ket – kran – la – la – laut – leit – lei – lus – ma – mera – mini – mos – müt – ne – nen – nis – park – pla – rät – rock – sche – schi – seh – ser – spre – sprech – steel – te – te – ter – ther – ton – trier – trom – uhr – ver – ver – wehr – ze – zei – zin

Kopiert diese Seite. Aus den Silben könnt ihr dann die Begriffe herausfinden, die die 20 zeitverschobenen Gegenstände bezeichnen.

Frauen fordern Rechte

1 **Zug der Frauen von Paris nach Versailles. 5. Oktober 1789.** Zeitgenössische Darstellung.

Frauen in der Revolution

Die politische und rechtliche Stellung der Frauen verbesserte sich auch zu Beginn der Französischen Revolution nicht. Beim Sturm auf die Bastille (vgl. S. 80) waren sie noch im Hintergrund geblieben, wenngleich zeitgenössische Beobachter vereinzelt schon von aktivem Eingreifen von Frauen berichten. Der 5. Oktober 1789 zeigte die aktive Rolle von Frauen in der Anfangsphase der Revolution dann ganz deutlich: Zehntausende zogen nach Versailles um den König nach Paris zu holen (vgl. S. 81). Wie verlief dieser „Zug der Frauen"? Welche Ursachen hatte diese Aktion?

Frauen holen den König nach Paris

In einem Zeitungsbericht zum 5. Oktober 1789 hieß es:

> **Q1** … Frauen aus dem Volk, vor allem die Händlerinnen der Markthallen und die Arbeiterinnen des (Stadtteils) Faubourg Saint-Antoine nehmen sich des Wohls des Vaterlandes an. Sie sammeln in den Straßen alle Frauen, die sie treffen, gehen sogar in die Häuser um alle, die den Zug vergrößern könnten, mitzunehmen. … Im Rathaus öffnet sich unseren braven Französinnen ein Weg. Sie suchen Waffen, sie brechen die Pforten der Magazine auf. … Bald sind sie im Besitz von Gewehren, Kanonen, Munition. … Die Frauen, die am Morgen losmarschierten, haben sich geteilt: Die einen

gehen … (zur) Nationalversammlung. … Die Übrigen gehen bis zum Gitter des Schlosses (Versailles) weiter. … Diese Frauen sagten sowohl der Nationalversammlung als auch der Wache, dass sie gekommen wären um Brot zu fordern. … Als der König von der Jagd zurück war, empfing er eine Abordnung der Nationalversammlung und der Damen von Paris. … (Nach gewalttätigen Auseinandersetzungen mit der Wache erscheint der König auf dem Balkon). … Plötzlich rief man wie durch Eingebung: „Der König nach Paris! Der König nach Paris!" Nach einer gewissen Zeit erscheint der König wieder auf dem Balkon und sagt: „Meine Kinder, Ihr wollt, dass ich nach Paris komme, ich werde gehen, sofern es mit meiner Frau und meinen Kindern sein wird." Ein Schrei „Es lebe der König" bezeugt die allgemeine Freude. … Es vergingen vier Stunden, bevor die bewaffnete Abteilung, die die königliche Kutsche anführte, ankam. In diesem Zeitraum fuhren 50 bis 60 Fuhrwerke mit Getreide und Mehl unter den Augen der Bürger vorbei. … Frauen, die große Pappelzweige trugen, führten den Zug an. …

1 *Formuliert anhand der Abbildung und des Zeitungsberichts selbst eine knappe Zeitungsmeldung unter der Überschrift: „In Kürze: Der Marsch nach Versailles".*

2 *Prüft, ob in dem Zeitungsbericht eine bestimmte Meinung über die Frauen deutlich wird.*

Frauen fordern Rechte

2 Sitzung eines Frauenclubs. Gouache von B. Lesueur aus der Revolutionszeit.

Frauen fordern politische Mitbestimmung

Seit 1789 wurden in vielen Städten Frauenclubs gegründet. Der Frauenclub in Dijon setzte sich aktiv für politische Rechte der Frauen ein. Als der Chefredakteur Prudhomme diesen Club in seiner Zeitung angriff, antworteten die Dijoner Republikanerinnen (10. Februar 1793):

Q2 ... Bürger Prudhomme, was erwartet Ihr eigentlich für einen Gewinn für die Republik aus Eurer Kritik? ... Ihr richtet sie im Wesentlichen gegen die Frauen aus Lyon und Dijon. ... Von allen Staatsformen ist die Republik diejenige, die der Natur am nächsten ist. Und weil in dieser Staatsform jedes Individuum ein ... Bestandteil des Ganzen ist, muss es also zum Wohl der Republik beitragen. Daraus folgt zwangsläufig, dass die Frauen, die Teil der Gesellschaft sind, alles in ihrer Macht Stehende für die Gesellschaft tun müssen. ... Um dies auf vorteilhafte und sichere Art und Weise zu erreichen, hieß es, sich zusammenzuschließen, denn was können schon die voneinander isolierten Individuen erreichen? ... In ihren Versammlungen konnte der Wetteifer, Gutes zu tun, aufkommen und sich verbreiten ...; wieder ist es diese Gesellschaft von Bürgerinnen, die eine Hilfswerkstatt eingerichtet hat, wo seit 15 Monaten 300 arbeitslose Frauen weben. ... Euch zufolge ... scheint es unnütz, dass Frauen lesen können. ... Wollt Ihr die Frauen also in einem Zustand der Naivität ... halten? ... Seid also gerecht, Männer, die Ihr von Aufklärung nur so strotzt, und verurteilt nicht die Frauen, wenn sie an Euren Rechten teilhaben. ... Blandin-Demoulin, Präsidentin der Gesellschaft der Freundinnen der Republik ... Dijon.

Die Unterdrückung der Frauenbewegung

Gegen die Forderung von Frauen nach Mitwirkung in der Politik wandte sich der Abgeordnete Amar am 30. Oktober 1793. Er forderte ein Verbot des Frauenclubs der Revolutionären Republikanerinnen:

Q3 ... 1. Dürfen Frauen politische Rechte ausüben und sich in Regierungsangelegenheiten einmischen? ... Man kann ganz allgemein mit Nein antworten. ... [Die] häuslichen Aufgaben, zu denen Frauen von Natur aus bestimmt sind, gehören selbst zur allgemeinen Ordnung der Gesellschaft. Diese soziale Ordnung resultiert aus dem Unterschied, der zwischen Mann und Frau besteht. ...

Durch Gesetz wurden Clubs und Vereine von Frauen verboten. Politisch aktive Frauen wurden verfolgt und hingerichtet.

3 *Vergleicht Q1 mit Q2 und nehmt Stellung.*
4 *Führt ein Streitgespräch zwischen einer Dijoner Republikanerin und dem Abgeordneten Amar durch (Q2 und Q3).*

Frauen fordern Rechte

1 **Olympe de Gouges.** Zeitgenössische Darstellung.

Schafott*:
Das Schafott ist ein Gerüst für Hinrichtungen.

Olympe de Gouges – Kämpferin für die Rechte der Frauen

Olympe de Gouges (1748–1793) verbrachte ihre Jugendjahre als uneheliches Kind einer Handwerkerstochter und eines Adligen in Montauban in Südwestfrankreich. Sie wurde mit 16 Jahren zwangsverheiratet. Der verhasste Mann starb bald. Olympe übersiedelte nach Paris, wo sie als allein stehende Frau mit Kind lebte. Sie betätigte sich schriftstellerisch, verfasste politische Schriften und kommentierte die Tagespolitik. Mit dem beginnenden Terror der Revolutionsdiktatur (vgl. S. 86/87) kritisierte sie den gewaltsamen Fortgang der Revolution immer schärfer. Deswegen wurde sie schließlich wie viele andere Männer und Frauen angeklagt, zum Tod verurteilt und am 3. November 1793 hingerichtet. Ihre bekannteste Schrift ist die „Erklärung der Rechte der Frau und der Bürgerin" von 1791:

Q *Artikel I*

Die Frau ist frei geboren und bleibt dem Manne gleich an Rechten. Die sozialen Unterschiede dürfen allein im Gemeinwohl begründet sein.

Artikel II

Ziel und Zweck jedes politischen Zusammenschlusses ist der Schutz der natürlichen und unveräußerlichen Rechte sowohl der Frau als auch des Mannes. Diese Rechte sind: Freiheit, das Recht auf Eigentum, Sicherheit und besonders das Recht auf Widerstand gegen Unterdrückung. …

Artikel VI

Das Gesetz soll Ausdruck des allgemeinen Willens sein. Alle Bürgerinnen und Bürger sollen persönlich oder durch ihre Vertreter an seiner Gestaltung mitwirken. Es muss für alle gleich sein. …

Artikel X

Niemand darf wegen seiner Meinung, auch wenn sie grundsätzlicher Art ist, verfolgt werden. Die Frau hat das Recht das Schafott* zu besteigen. Sie muss gleichermaßen das Recht haben die Rednertribüne zu besteigen. …

Artikel XI

Die freie Gedanken- und Meinungsäußerung ist eines der kostbarsten Rechte der Frau, denn diese Freiheit ermöglicht das offene Bekenntnis zur Vaterschaft an ihren Kindern. …

Artikel XVI

Eine Gesellschaft, in der die Garantie der Rechte nicht gesichert und die Trennung der Gewalten nicht festgelegt ist, hat keine Verfassung. …

Artikel XVII

Das Eigentum gehört beiden Geschlechtern, seien sie vereint oder getrennt. …

1 *Vergleicht die Quelle mit den Bestimmungen aus den Menschen- und Bürgerrechten in der Quelle auf Seite 82. Was ist ähnlich, wo liegen Unterschiede?*

2 *Überprüft, ob man die Menschen- und Bürgerrechte auf Seite 82 als „Männerrechte" bezeichnen kann. Zieht dazu eure Ergebnisse aus Aufgabe 1 heran.*

Frauen fordern Rechte

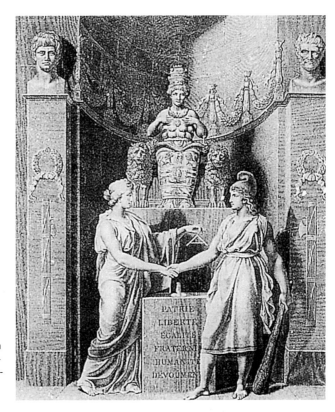

2 **Freiheit und Gleichheit.** Kupferstich von Louis Charles Ruotte, 1793. Auf dem Steinquader in der Mitte stehen die Worte: Vaterland, Freiheit, Gleichheit, Brüderlichkeit, Menschlichkeit, Opferbereitschaft.

Erforschung der Geschichte der Frauen

Die Geschichte der Frauen in der Französischen Revolution wurde lange Zeit vernachlässigt. Erst seit einigen Jahren kümmern sich Historikerinnen und Historiker stärker um dieses Thema. In einer Besprechung des Buches „Olympe de Gouges" von Paul Noack schrieb der Journalist Peter Felixberger am 12. Januar 1993 in einer Tageszeitung:

M ... [Paul Noack] rekonstruiert das Leben der Olympe de Gouges, jener Frau, die während der Französischen Revolution als Kämpferin für die Rechte der Frauen für Furore [Aufsehen] sorgte. Die Rolle der Frauen in der Französischen Revolution ist bisher ein leicht unterbelichtetes Thema gewesen. ... Vielleicht ist daran die männliche Geschichtsschreibung schuld. ... Paul Noack hat eine kleine Biografie* gegen das Vergessen einer Frau vorgelegt, die als Frauenrechtlerin ihrer Zeit weit voraus war. ...

3 *Klärt den Ausdruck „männliche Geschichtsschreibung" (M).*

4 *Erläutert die Formulierung, Olympe de Gouges sei „als Frauenrechtlerin ihrer Zeit weit voraus" gewesen (M).*

Frauenrechte – Anspruch und Wirklichkeit

5 *Beschreibt Abbildung 2 und klärt, welche der Frauenfiguren die „Freiheit" beziehungsweise die „Gleichheit" darstellt.*

6 *Überlegt, welche Bedeutung der Händedruck haben könnte.*

7 *Stellt Vermutungen darüber an, was der Künstler mit seinem Werk ausdrücken wollte, und stellt einen Bezug zur Situation der politisch aktiven Frauen zwischen 1789 und 1793 her.*

8 *Erkundet, welche Rolle Frauen heute im politischen Leben einnehmen. Sammelt Medienberichte für eine Wandzeitung.*

Biografie:*
Lebensbeschreibung.

93

Die Französische Revolution und die Kunst

Jacques Louis David (1748–1825) war der führende Maler der Revolutionszeit. Von ihm stammt unter anderem das berühmte Gemälde vom „Ballhausschwur" (vgl. S. 79).

1 **Der Sturm auf die Bastille am 14. Juli 1789.** Zeitgenössisches Gemälde eines anonymen Künstlers.

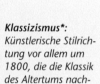

Klassizismus*:
Künstlerische Stilrichtung vor allem um 1800, die die Klassik des Altertums nachahmte.

Pathos*:
Der Begriff bezeichnet eine – zuweilen übertriebene – Gefühlsregung und Ergriffenheit.

Märtyrer*:
Märtyrer sind Menschen, die wegen ihrer religiösen oder politischen Überzeugung verfolgt und zu Tode gebracht werden.

Die Revolution in der Kunst

Die Französische Revolution war das alles überstrahlende Ereignis ihrer Zeit in Europa. Das spiegelt sich auch in der Kunst wider. Künstler aus ganz Europa beschäftigten sich entweder in begeisterter Zustimmung oder in entsetzter Ablehnung mit den Ereignissen in Frankreich. So sind uns die dramatischen Geschehnisse wie etwa die Erstürmung der Bastille, der Ballhausschwur, der Zug der Frauen nach Versailles oder der Auszug der Freiwilligen in den Krieg 1792 auch in zahlreichen zeitgenössischen Gemälden, Stichen, Berichten und Gedichten überliefert.

Ein Künstlerleben in der Revolution

Die Revolution ist nicht nur Gegenstand der Kunst gewesen, sondern hat auch eigene Kunst hervorgebracht.

Der bestimmende Maler der Revolutionszeit war Jacques Louis David, ein Vertreter des Klassizismus*. Seine Kunst, die den Betrachter durch große Inhalte und pathetische* Form zu beeindrucken versuchte, kam den Interessen der Revolutionäre von 1789 entgegen. David schloss sich ihnen an und wurde schließlich Jakobiner. Als Mitglied des Nationalkonvents, wo er unter anderem für die Hinrichtung König Ludwigs XVI. stimmte, leitete er die großen Feste und organisierte die staatliche Kunstpflege. In politischen Märtyrer*-Bildern, so etwa von dem in der Badewanne ermordeten Revolutionär Marat (Abb. 2), feierte er die Helden der Revolution. Nach dem Sturz Robespierres wurde er angeklagt und entging nur knapp der Hinrichtung. Unter Napoleon (vgl. S. 96 ff.), den er bewunderte, wurde er Hofmaler und verherrlichte die Geschichte des napoleonischen Kaiserreiches in großformatigen Historienbildern (vgl. S. 97, Abb. 2). Nach Napoleons Sturz (vgl. S. 111) musste er Frankreich 1816 verlassen und ging in belgisches Exil.

1 *Vergleicht das Bild von der Erstürmung der Bastille oben (Abb. 1) mit der Darstellung des gleichen Ereignisses auf der Doppelseite 74/75. Beschreibt die Unterschiede und Gemeinsamkeiten.*

2 *Versucht einmal das Bild vom Ballhausschwur (vgl. S. 79) als „lebendes Bild" nachzustellen.*

Die Französische Revolution und die Kunst

„Das Atelier einer Malerin" von M. V. Lemoine, 1796.

2 Der Tod des Marat. Gemälde von Jacques Louis David. Der populäre Revolutionär wurde am 13. 7. 1793 von der Girondistin Charlotte Corday in der Badewanne erstochen.

3 Ein Sansculotte auf der Wacht. Gemälde von 1793. Auf der Trikolore steht die Losung: „Freiheit oder Tod".

Literatur, Architektur und Musik

Die Revolution und die Ära Napoleons fanden ihren Eingang auch in die Weltliteratur – so etwa in das Drama „Dantons Tod" von Georg Büchner oder den epischen Roman „Krieg und Frieden" von Leo Tolstoi. Ludwig van Beethoven widmete seine 3. Sinfonie, die so genannte „Eroica", dem vorübergehend von ihm bewunderten Napoleon. Die Marseillaise, jenes blutrünstige Kampflied der Revolutionskriege von 1792 (vgl. S. 85), ist bis auf den heutigen Tag die Nationalhymne Frankreichs. Der berühmte Arc de Triomphe in Paris, 1808 zu Ehren der Siege Napoleons begonnen, gehört zu den bekanntesten Wahrzeichen von Paris.

3 *Fragt bei euren Lehrern und Lehrerinnen nach, ob im Kunst-, Deutsch- und Musikunterricht Revolutionsarchitektur, -literatur und -musik behandelt werden können.*

4 Selbstporträt der Künstlerin A. Labille-Guiard mit Schülerinnen. 1785.

Gleichheit für Künstlerinnen?
Auch die Französische Revolution tat sich schwer mit der Gleichberechtigung der Frau. Künstlerinnen zum Beispiel wurden vor allem als talentierte Dilettantinnen akzeptiert. Meisterinnen wie Labille-Guiard waren im männlich dominierten Kunstbetrieb die Ausnahme und blieben auch vom akademischen Lehrbetrieb ausgeschlossen.

Der Aufstieg Napoleons

GLOIRE NATIONALE
NAPOLEON.

1 Zeitgenössische Darstellung Napoleons.

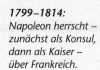
Napoleon: Vom unbekannten Offizier zum Kaiser der Franzosen

Nach dem Sturz Robespierres kehrte in Frankreich wieder Ruhe ein. Die Bevölkerung war allmählich der ständigen politischen Auseinandersetzungen überdrüssig. Man wollte lieber dem gewohnten Alltagsleben nachgehen. Voller Erstaunen schrieb ein junger Mann aus Korsika, der sich zu dieser Zeit in Paris aufhielt, an seinen Bruder:

Q1 ... Man lebt hier ziemlich ruhig. Im Theater wird ein wenig Lärm um die Melodien gemacht, die nach der Marseillaise klingen. Die Jugend scheint dieses Lied nicht zu wollen. Dieses Volk gibt sich dem Vergnügen hin: Tänze, Theaterstücke, Frauen, die hier die schönsten der Welt sind, werden zur Hauptsache. Wohlhabenheit, Luxus, guter Umgangston, alles ist zurückgekehrt. An die Schreckensherr-

schaft erinnert man sich nur wie an einen Traum. Was mich angeht, so bin ich zufrieden; mir fehlt nur der Kampf. ...

Der junge Mann hieß Napoléon Bonaparte. Er wurde am 15. August 1769 auf Korsika geboren. Im Alter von 9 Jahren wurde er auf eine Schule nach Frankreich geschickt. Da er nur schlecht Französisch sprach, galt er unter seinen Mitschülern nicht viel. Mit 15 Jahren besuchte er die Pariser Militärschule. Aufgrund seiner hervorragenden Kenntnisse schloss er bereits nach einem Jahr die Ausbildung ab und wurde – noch 16-jährig – zum Offizier ernannt.

Napoleon schloss sich von Anfang an den Revolutionären an. In den Kriegen führte er seine Soldaten durch Geschick und persönlichen Mut von Sieg zu Sieg. Schnell wurde er zum General befördert. Im Jahr 1796 erhielt er die Führung über eine Armee, die in Oberitalien gegen die Österreicher kämpfen sollte. Wiederum hatte er Erfolg. Die Soldaten waren von ihm restlos begeistert und verehrten ihn. Voller Selbstbewusstsein erklärte Napoleon 1797 einem Diplomaten:

Q2 ... Glauben Sie vielleicht, dass ich eine Republik begründen will? Welcher Gedanke! Das ist eine Wahnvorstellung, in die die Franzosen vernarrt sind, die aber auch wie so manches andere vergehen wird. Was die Franzosen brauchen, das ist Ruhm, die Befriedigung ihrer Eitelkeiten; aber von Freiheit, davon verstehen sie nichts. Das Volk braucht einen Führer, einen durch Ruhm und Siege verherrlichten Führer, und keine Theorien übers Regieren, keine Phrasen und Reden der Ideologen.
Der Frieden liegt nicht in meinem Interesse. Sie sehen ja, was ich jetzt in Italien bin. Ist der Friede geschlossen und ich stehe nicht mehr an der Spitze des Heeres, so muss ich auf die Macht und auf die hohe Stellung, die ich erworben habe, verzichten.
Ich möchte Italien nur verlassen, um in Frankreich eine ebensolche Rolle zu spielen, wie sie mir hier zufällt. Dieser Augenblick ist aber noch nicht gekommen.

General Bonaparte beendet die Revolution

2 **Die Kaiserkrönung Napoleons.** Napoleon krönt seine Frau, nachdem er sich selbst zum Kaiser gekrönt hatte. Gemälde von Louis David, 1804.

1 Gebt mit eigenen Worten wieder, welches Ziel Napoleon anstrebte.
2 Napoleon sagte: Das Volk braucht einen Führer. Was meint ihr dazu?

Napoleon I. – ein französischer Kaiser

Unbeirrbar verfolgte Napoleon sein Ziel, in Frankreich die gleiche Stellung zu erlangen, wie er sie bei der Armee hatte. Am 9. November 1799 drang er mit seinen Soldaten in das Parlamentsgebäude ein, setzte die Regierung ab und übernahm selbst die Regierungsgewalt.

Zu den wichtigsten Maßnahmen Napoleons gehörte die Reform der Rechtsprechung. Zu seiner Zeit gab es noch mehr als 300 verschiedene Gesetzessammlungen, nach denen ein Fall vor Gericht entschieden werden konnte. Napoleon ersetzte sie durch ein einziges großes Gesetzeswerk, den so genannten Code Napoléon*. Damit wurde die Forderung der Revolution nach Gleichheit aller Bürger vor dem Gesetz verwirklicht. Dieses Gesetzbuch wurde auch zur Grundlage des Bürgerlichen Gesetzbuches in Deutschland.

Auch andere Ergebnisse der Revolution blieben unter seiner Herrschaft erhalten, so
– das Recht aller Bürger auf persönliche Freiheit,
– der Schutz des Eigentums,
– die Besteuerung nach dem Vermögen des Steuerpflichtigen.

Die wirtschaftliche Lage verbesserte sich zusehends. Das Verkehrsnetz wurde weiter ausgebaut, große Ausgaben wurden gemacht zum Aufbau einer starken Industrie, die zudem durch hohe Einfuhrzölle geschützt wurde. Nach weiteren militärischen Erfolgen ließ sich Napoleon schließlich im Jahr 1804 von seinen Anhängern zum Kaiser der Franzosen ausrufen.

3 Betrachtet Abbildung 2 und überlegt, was sie über die Herrschaft Napoleons aussagt.
4 Stellt Vermutungen darüber an, welche Erwartungen der neue Herrscher erfüllte und welche er enttäuschte.

Code civil/
Code Napoleon*:
Die Gesetzessammlung trat 1804 in Kraft und bildete einen der Hauptpfeiler, auf denen Napoleons Macht ruhte. Seine 2281 Artikel sicherten unter anderem die in der Revolution erworbenen Freiheiten und Rechte und dienten den meisten europäischen Staaten als Vorbild.

Ein Bauer

Ein Adliger

Ein Aufklärer

Ein wohlhabender Bürger

Ein Geistlicher

Eine Adlige

Eine revolutionäre Kleinbürgerin

1 Versetzt euch in die abgebildeten Figuren aus der Französischen Revolution. Überlegt, was sie am Ende der Revolution empfunden haben könnten und wie sie die Revolution beurteilten.

2 Schreibt auf, was in den „Denkblasen" der Figuren stehen könnte.

3 Spielt ein Gespräch zwischen den abgebildeten Figuren. Thema: Soeben wurde bekannt, dass Napoleon zum Kaiser gekrönt wurde.

Zusammenfassung

Verschwendung am Hof – Hunger im Land

Obwohl der Staat, den Ludwig XVI. übernahm, hoch verschuldet war, gab er nicht weniger Geld als seine Vorgänger aus. Das Volk litt unter der hohen Abgabenlast, um die Ausgaben des Staates zu finanzieren. Immer häufiger erschienen Flugblätter, die darauf hinwiesen, dass das Volk frei und alle Menschen gleich seien. Schließlich war Ludwig XVI. nicht mehr in der Lage, seine enormen Ausgaben zu decken.

Die bürgerliche Revolution

In dieser Notlage berief der König die Vertreter der drei Stände ein, um sich höhere Steuern bewilligen zu lassen. Die Vertreter des dritten Standes erklärten sich zur Nationalversammlung, da sie mehr als 95 Prozent der Bevölkerung zählten. Bald darauf erklärten Adlige und Geistliche vor der Nationalversammlung den Verzicht auf ihre Privilegien. Im August 1789 wurden die Menschenrechte verkündet. Seit dem Fluchtversuch des Königs 1791 galt er als gefährlichster Feind der Revolution. Am 21. Januar 1793 wurde er auf Beschluss des Nationalkonvents hingerichtet.

Von der Republik zum Kaiserreich

Die Revolution schien von vielen Seiten bedroht. Um ihre Ziele zu verwirklichen, gingen die Revolutionäre deshalb immer radikaler vor. Die Schreckensherrschaft der Jakobiner fand erst mit der Hinrichtung von Robespierre ein Ende. 1795 stellte eine neue Verfassung die Dreiteilung der Gewalten wieder her. Ein Direktorium führte die Regierungsgeschäfte.

Der Aufstieg Napoleons

Die Unfähigkeit des Direktoriums, die wirtschaftliche Lage zu verbessern, weckte bei vielen Franzosen den Wunsch nach einem starken Mann. Diese Chance nutzte Napoleon, der 1799 die Macht an sich riss und sich im Jahr 1804 zum Kaiser ausrufen ließ.

Zum Nachdenken

Die Nationalversammlung beschloss 1792 die Einführung einer neuen Zeitrechnung: das Jahr 1 der Republik. Die Tage erhielten neue Bezeichnungen, die Monate wurden nach jahreszeitlichen Arbeiten oder Wettererscheinungen benannt.

1 *Überlegt, was diese Maßnahmen bewirken sollten.*

14. 7. 1789

Sturm auf die Bastille.

1791

Die Nationalversammlung verabschiedet die neue Verfassung.

1792/93

Frankreich erklärt den verbündeten europäischen Mächten den Krieg. Beginn der Schreckensherrschaft.

9. 11. 1799

General Bonaparte übernimmt die Macht und beendet die Revolution.

5. Europa und Napoleon

Großherrscher.

Herrscher.

General.

Glücksritter zu Paris.

Militair Schüler.

Corsischer Knabe.

Fortdauer nach

Absch.

Schlittenfahrt aus
Moscau.

Lebewohl! aus
Deutschland.

Ende

Den Aufstieg und den Fall Napoleons zeigt diese deutsche Karikatur von 1814. Nach seinem Tod sollte der französische Kaiser in der Hölle schmoren – das wünschte der Zeichner dem Herrscher und viele Deutsche und Europäer teilten seine Meinung. Dabei waren die französischen Truppen von der Bevölkerung der eroberten Gebiete zunächst begrüßt worden, als sie neue Freiheiten und die Reform überlebter Verhältnisse versprachen. Doch die Herrschaft Napoleons wurde von den Völkern bald als Unterdrückung empfunden. Warum dies so war, wie Napoleon Europa veränderte und warum er seine Macht wieder verlor, darum geht es in dem folgenden Kapitel ...

Frankreichs Expansion in Europa

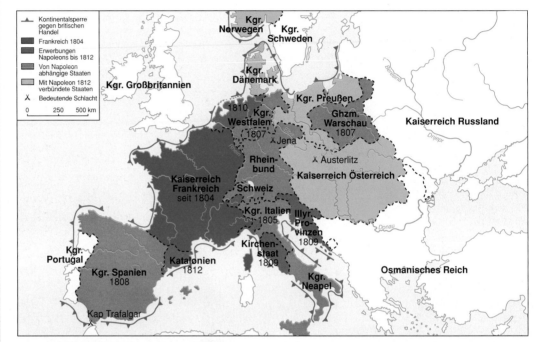

1 Europa unter der Herrschaft Napoleons.

Der Engländer Horatio Nelson litt an der Seekrankheit, galt aber dennoch als der beste Admiral der „Royal Navy", der damals mächtigsten Flotte der Welt. Der unerbittliche Gegner der Franzosen musste seine Entschlossenheit zum Kampf teuer bezahlen. 1794 verlor er ein Auge, 1797 einen Arm; er starb 1805 bei Trafalgar, als er seine Matrosen zum Sieg führte.

„Aus allen Völkern Europas muss ich ein Volk machen"

Mit der Krönung im Jahr 1804 trug nun zum ersten Mal seit über 900 Jahren nicht mehr ein deutscher Herrscher die Kaiserkrone, sondern der Franzose Napoleon. Und Napoleon ließ von Anfang an keinen Zweifel daran, dass er der Kaiser in ganz Europa sei. Über seine außenpolitischen Ziele sagte er:

> **Q** … Europa wird nicht zur Ruhe kommen, bevor es nicht unter einem einzigen Oberhaupte steht, unter einem Kaiser, der Könige als seine Beamte hat und der seinen Generalen Königreiche gibt.
> Wir brauchen ein europäisches Gesetz, einen europäischen Gerichtshof, eine einheitliche Münze, die gleichen Gewichte und Maße. Wir brauchen dieselben Gesetze für ganz Europa. … Aus allen Völkern Europas muss ich ein Volk machen und aus Paris die Hauptstadt der Welt. …

1 Nennt die Ziele Napoleons, die er in der Quelle anspricht, und stellt einen Bezug zur Abbildung 1 her.
2 Ein „Vereintes Europa" ist auch heute ein wichtiges politisches Ziel. Berichtet, was ihr darüber wisst.

Wirtschaftskrieg gegen England

Napoleons Truppen eilten von Sieg zu Sieg. Mit ihrem Ruf „Friede den Hütten, Krieg den Palästen" konnten sie die Bevölkerung der unterworfenen Gebiete zunächst sogar für Napoleon begeistern. Es dauerte nicht lange, bis ganz Mitteleuropa unterworfen war (Abb. 1). Nur England vermochten Napoleons Soldaten nicht zu erobern. Eine französische Kriegsflotte wurde im Jahr 1805 von dem englischen Admiral Nelson bei Trafalgar sogar vernichtend geschlagen.
Um England dennoch gefügig zu machen, entschloss sich der Kaiser zu einem Wirtschaftskrieg. Im Jahr 1806 verordnete Napo-

Frankreichs Expansion in Europa

2 **Kontinentalsperre.** Englische Waren werden verbrannt. Frankfurt a. M., 1810.

leon die Kontinentalsperre: Er verbot den europäischen Ländern jeglichen Handel mit England. Um dieser Maßnahme Nachdruck zu verleihen, kontrollierten französische Beamte und Soldaten immer wieder Geschäfte und Haushalte. Alle Waren und Gegenstände, die aus England oder den englischen Kolonien stammten, wurden beschlagnahmt. Vor den Städten wurde die Beute in großen Scheiterhaufen verbrannt. Die Briten wehrten sich gegen diese Maßnahmen. Sie kaperten alle europäischen Schiffe, die sie auf See antrafen. Der europäische Kontinent war damit abgesperrt. Seefahrt und Fernhandel kamen zum Erliegen. Während England sich jedoch neue Absatzmärkte in Südamerika erschließen konnte, litt der Kontinent unter mangelnden Absatzmöglichkeiten von Getreide und Holz. In Deutschland fehlten bald der englische Stahl und die Werkzeuge, die daraus hergestellt wurden. Es blieben zudem die Kolonialwaren aus, die man bisher aus England bezogen hatte, wie Kaffee, Tee, Zucker, Gewürze und Baumwolle. Viele Menschen wurden arbeitslos. Sein Ziel, England wirtschaftlich niederzuringen, erreichte Napoleon jedoch nicht.

3 *Nennt die Folgen der Kontinentalsperre für Matrosen, Kaufleute, Handwerker oder Hausfrauen. – Überlegt, wie die Stimmung gegen Napoleon dadurch beeinflusst werden konnte.*

3 **Französische Soldaten kontrollieren am Stadttor von Leipzig, dem Hauptumschlagplatz der Schmuggler, ob die Waren aus Großbritannien stammen.** Zeitgenössische Zeichnung.

1806:
Napoleon erlässt die Kontinentalsperre gegen England.

103

Napoleon verändert Deutschland

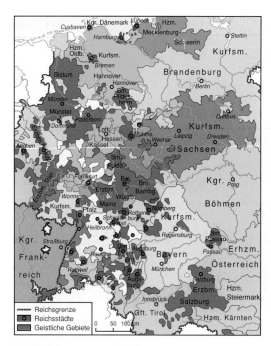

1 Mitteleuropa vor 1789.

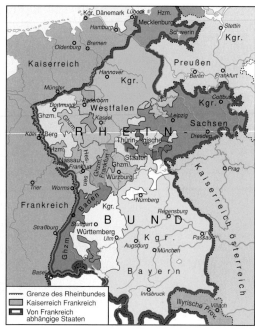

2 Mitteleuropa zwischen 1806 und 1815.

Säkularisation*:
(lat. saeculariis =
weltlich).
Der Begriff bezeich-
net die Überführung
von Kirchengütern in
weltlichen Besitz.
Säkularisationen fan-
den z. B. während
der Reformation, der
Französischen Revo-
lution und in Europa
unter Napoleon
statt.

Rheinbund*:
Im Jahr 1806 traten
16 deutsche Reichs-
städte und Fürsten-
tümer aus dem Deut-
schen Reich aus.
Sie gründeten den
Rheinbund, dessen
Schutzherr Napoleon
war.

Drei Millionen Menschen erhalten neue Herrscher

Mit dem siegreichen Vordringen der französischen Truppen begann eine völlige Umge-
staltung des Deutschen Reiches. Schon im
Jahr 1801 hatten die deutschen Fürsten sich
damit einverstanden erklärt, dass die von
Napoleons Soldaten eroberten Gebiete links
des Rheins auf Dauer zu Frankreich gehören
sollten. Für deutsche Fürsten, die hierdurch
Gebietsverluste erlitten, wurde eine Entschädigung vereinbart. Nach zweijährigen Beratungen stand das Ergebnis fest:
– Enteignung aller geistlichen Landesherren; ihre Gebiete wurden an weltliche
  Fürsten verteilt, dieser Vorgang wird Säku-
  larisierung* genannt.
– Fast alle Reichsstädte und zahllose Kleinstaaten wurden ebenfalls mächtigeren
  Territorialherren zugeordnet.
Etwa 300 kleine Herrschaftsgebiete verschwanden so von der Landkarte. Drei Millionen Menschen wurden neuen Herrschern
unterstellt. Später erhob Napoleon die Fürsten von Bayern und Württemberg zu Köni-
gen.

1 Vergleicht die Karten 1 und 2 und beschreibt
die Veränderungen.
2 Vergleicht Karte 2 mit einer heutigen Karte
Deutschlands. – Welche heutigen Bundesländer
sind schon erkennbar?

Das Ende des Deutschen Reiches

Im Jahr 1806 schlossen sich 16 deutsche Fürsten mit ihren neuen Gebieten unter der Vorherrschaft Napoleons zum Rheinbund* zusammen. Die Rheinbundstaaten erkannten
Napoleon als ihren Schutzherrn an. Sie ver-
pflichteten sich, Frankreich im Bedarfsfall mit
Truppen zu unterstützen. Gleichzeitig erklärten sie ihren Austritt aus dem „Heiligen Römischen Reich Deutscher Nation".
Auf diese Nachricht hin und unter dem Druck
Napoleons verzichtete Franz II. auf die deutsche Kaiserkrone und nannte sich nur noch
„Kaiser von Österreich". Das war das Ende des
Heiligen Römischen Reiches Deutscher Nation
nach einer fast tausendjährigen Geschichte.

Französisches Recht in Deutschland

In zahlreichen Staaten des Rheinbundes und
in Polen wurde zwischen 1806 und 1810 der

Der Triumph über Preußen

3 **Napoleon zieht am 27. Oktober 1806 in das vom König verlassene Berlin ein.** Zeitgenössische Zeichnung.

Unter den Linden, Brandenburger Tor. Stahlstich von Finden nach einer Zeichnung von Hintze, um 1820.

„Code civil" – seit 1804 auch „Code Napoléon" genannt – eingeführt (s. a. S. 97). Zahlreiche Artikel des Zivilgesetzbuches waren durch die Ideen der Französischen Revolution beeinflusst, wie z. B. Freiheit des Eigentums, die Abschaffung des Zunftzwangs oder die Gleichheit der Bürger vor dem Gesetz. Viele Menschen im Rheinland und in Polen begrüßten das neue, einheitliche Recht.

3 *Besprecht, welche Vorteile die Einführung des „Code civil" mit sich brachte.*

Preußen am Ende?

Außerhalb des Rheinbundes verblieben fast nur noch Preußen und Österreich. Doch auch diese beiden Großmächte wurden von Napoleon vernichtend geschlagen: Österreich 1805 und 1809, Preußen 1806 in der Doppelschlacht von Jena und Auerstedt. Noch bevor Napoleon am 27. Oktober 1806 in Berlin einrückte, besuchte er das Grab Friedrichs des Großen in Potsdam. Als Zeichen seines Triumphes ließ er dessen Degen, Orden und Schärpe nach Paris bringen. Im Friedensvertrag von Tilsit (1807) musste der preußische König alle Gebiete westlich der Elbe abtreten sowie die in den polnischen Teilungen (siehe S. 50 f.) erworbenen Gebiete. Außerdem blieb Preußen weiterhin von der französischen Armee besetzt und musste Kriegsentschädigungen und Requisitionen* bezahlen. Preußens führende Rolle in Europa schien beendet.

4 *Lest die Bekanntmachung des Berliner Stadtkommandanten. Was sagt sie aus? Was überrascht euch?*

5 *Wie hätte die Bekanntmachung in ähnlicher Situation in Paris zur Zeit der Revolution ausgesehen? Entwerft ein Plakat.*

14. 10. 1806:
Vernichtende Niederlage Preußens in Jena und Auerstedt gegen das französische Heer.

1807:
Der Frieden von Tilsit besiegelt den Zusammenbruch Preußens.

Requisitionen*
Beschlagnahmungen für Heereszwecke.

> **Der König hat eine Bataille verlohren. Jetzt ist Ruhe die erste Bürgerpflicht. Ich fordere die Einwohner Berlins dazu auf. Der König und seine Brüder leben!**
> Berlin, den 17. October 1806.
> **Graf v. d. Schulenburg.**

4 **Aufruf des Gouverneurs von Berlin, Graf Wilhelm von der Schulenburg.** 1806.

105

Reformen in Preußen

1 Der preußische Minister und Reformer Karl Freiherr vom und zum Stein.

1806:
Beginn des Reformwerks: Preußische Bauern werden befreit.

„Eine Revolution im guten Sinne"

Preußen besiegt, seine Armee vernichtend geschlagen, das Land fast halbiert. – Wie hatte dies nur passieren können – so fragten sich jetzt verantwortliche Politiker, und sie wussten auch die Antwort: Die meisten Bürger fühlten sich für ihren Staat nicht verantwortlich. Ob sie unter der Herrschaft eines französischen Kaisers oder eines preußischen Königs lebten, war ihnen eigentlich gleichgültig. In ihrem Leben veränderte sich dadurch nichts. Mehr noch: Als Napoleon im Oktober 1806 in Berlin einmarschierte wurde er von zahlreichen Menschen freudig begrüßt. Viele Politiker in Preußen traten daher für umfassende Reformen ein. Der preußische Staat sollte völlig umgestaltet werden. Aus Untertanen sollten Staatsbürger werden, die bereit waren, sich für diesen Staat einzusetzen. Karl August von Hardenberg (1750 bis 1822), einer der führenden Reformer, schrieb im Jahr 1807, nur ein Jahr nach der Niederlage:

> **Q1** ... Der Wahn, dass man der Französischen Revolution am sichersten durch Festhalten am Alten entgegentreten könne, hat geradezu dazu beigetragen, diese Revolution zu fördern. ...
> Eine Revolution im guten Sinne – das ist unser Ziel. Demokratische Grundsätze in einer monarchischen Regierung: Dieses scheint mir die angemessene Form für den gegenwärtigen Zeitgeist. ...

1 *In Preußen herrschten weitgehend ähnliche Zustände wie in Frankreich vor der Revolution. – Stellt Vermutungen an, was Hardenberg mit seiner Forderung nach einer „guten Revolution" gemeint haben könnte.*

Preußische Bauern werden befreit

Zu den Befürwortern einer Reform gehörte auch der Reichsfreiherr Karl vom und zum Stein. Der König ernannte ihn am 30. September 1807 zum Ersten Minister. Nur wenige Tage später, am 9. Oktober 1807, wurde das Gesetz über die Bauernbefreiung verabschiedet („Oktoberedikt"). Bauern, die in Preußen einem Gutsherrn unterstanden, durften bis dahin ihr Land nicht verlassen. Sie mussten ihren Grundherrn um Erlaubnis bitten, wenn sie heiraten wollten, und konnten von ihm sogar verkauft werden. Jetzt waren sie freie Leute, da das Gesetz alle Gutsuntertänigkeit in Preußen abschaffte.

Sie mussten ihrem Gutsherrn allerdings eine Entschädigung zahlen, indem sie ihm bis zur Hälfte ihres Landes abgaben. Der verbliebene Rest reichte oft nicht zur Ernährung der Familie aus. Viele Bauern verdingten sich deshalb als Landarbeiter, gingen in die Städte oder wanderten in die USA aus.

Das Oktoberedikt sah auch die freie Berufswahl für alle Stände vor. Durch die Einführung der Gewerbefreiheit wurde dieser Teil der Reform allerdings erst im Jahr 1811 umgesetzt. Ziel der Reform war es, die Wirtschaft anzukurbeln und damit die Finanzkraft des Staates zu stärken:

> **Q2** ... §2 Jeder Edelmann ist, ohne allen Nachteil seines Standes, befugt, bürgerliche Gewerbe zu betreiben; und jeder Bür-

Neue Rechte für die Untertanen?

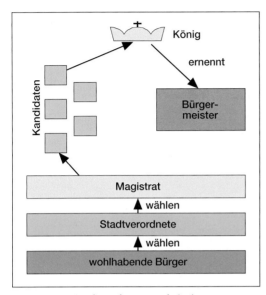

2 Die neue Städteordnung nach Stein.

3 Feierliche Amtseinführung der ersten preußischen Stadtverordnetenversammlung in der Berliner Nicolaikirche am 6. Juli 1809. Kolorierter Stich.

ger oder Bauer ist berechtigt, aus dem Bauern- in den Bürger- und aus dem Bürger- in den Bauernstand zu treten. …

2 Mehrere Bauern unterhalten sich über das Oktoberedikt. – Was könnten sie gesagt haben?
3 Überlegt, welche Vor- und welche Nachteile mit der Gewerbefreiheit verbunden waren.

Die Bürger sollen sich selbst verwalten

Dem Ziel, aus Untertanen freie und verantwortungsvolle Bürger zu machen, diente auch die im November 1809 verkündete Städteordnung. Mit diesem Gesetz erhielten die Städte ihre Selbstverwaltung zurück, die sie in der Zeit des Absolutismus verloren hatten. Nicht mehr vom König eingesetzte Beamte, sondern die Bürger selbst sollten durch ihre Abgeordneten die Stadt verwalten. Wählen durfte allerdings nur, wer ein Haus besaß oder mehr als 200 Taler im Jahr verdiente. Das waren z. B. in Berlin von ungefähr 150 000 Einwohnern nur etwa 10 000 Bürger.
4 Erklärt mithilfe der Abbildung 2 die Bedeutung der Städteordnung für die Selbstverwaltung der Bürger.

Das Volksheer ersetzt die Söldnerarmee

Die französischen Revolutionssoldaten waren von Sieg zu Sieg geeilt, weil sie für ihr Vaterland kämpften. Anders die preußische Armee: Hier dienten viele Söldner, die mit falschen Versprechungen angelockt und dann zum Kriegsdienst gepresst worden waren. Wer konnte, versuchte zu fliehen. Im Krieg hatte das Heer versagt. Deshalb wurde jetzt auch eine Heeresreform durchgeführt. Aus dem Söldnerheer wurde ein Volksheer, indem man die allgemeine Wehrpflicht verordnete. Die Prügelstrafe und das Spießrutenlaufen wurden ebenso abgeschafft wie die Vorrechte des Adels. Jeder tüchtige Soldat konnte Offizier werden. Der Militärdienst galt jetzt als „Ehrendienst an Staat und Nation".
Weil die Reformer überzeugt waren, dass nur gut ausgebildete Bürger ihre Pflichten und Rechte wahrnehmen könnten, wurde auch das Unterrichtswesen reformiert. Zahlreiche Volksschulen und Gymnasien wurden gebaut, die Ausbildung der Lehrer verbessert. In Berlin wurde die Friedrich-Wilhelms-Universität eröffnet.
5 Erklärt die Aussage im Heeresgesetz: Alle Bewohner des Staates sind geborene Verteidiger desselben.

1808:
Die neue Städteordnung tritt in Kraft und stärkt die Selbstverwaltungsrechte der Bürger.

1813:
Einführung der allgemeinen Wehrpflicht.

Die Freiheitskriege

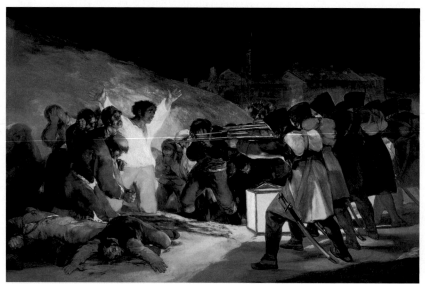

1 Französische Soldaten erschießen Aufständische in Spanien 1808. Gemälde von F. de Goya, 1814.

*Der Gastwirt **Andreas Hofer** ist die Seele des Tiroler Aufstands gegen Napoleon. Als Kämpfer für „Gott, den österreichischen Kaiser und das Vaterland" wird er 1810 erschossen.*

„Die Gärung ist auf dem höchsten Grad angelangt"

Im Jahr 1811 stand Napoleon auf dem Höhepunkt seiner Macht. Unumschränkter Herrscher war er über Frankreich, die deutschen Staaten und weite Teile Europas. Vereinzelte Widerstände in Spanien, Österreich oder auch in Preußen nahm er nicht ernst. Von so einem braven Volk – so meinte er damals – habe er nichts zu befürchten.

Warnend schrieb ihm sein Bruder Jérôme, den er zum König von Westfalen gemacht hatte:

Q1 … Ich weiß nicht, Sire, unter welchem Gesichtspunkt Ihre Generale und Agenten die öffentliche Meinung in Deutschland betrachten. Wenn sie von Unterwerfung, Ruhe und Schwäche sprechen, so täuschen Sie sich, Eure Majestät. Die Gärung ist auf dem höchsten Grad angelangt: Falls ein Krieg mit Russland ausbrechen sollte, werden alle zwischen Rhein und Oder gelegenen Gegenden der Schauplatz einer ausgedehnten und lebhaften Erhebung werden.

Die Verzweiflung der Völker, die nichts mehr zu verlieren haben, da ihnen alles genommen wurde, ist zu fürchten. …

Napoleon nahm von den Warnungen seines Bruders keine Notiz. Im Gegenteil – die deutschen Staaten wurden erneut aufgefordert, noch mehr Soldaten zu stellen und Steuern zu zahlen, um einen Krieg gegen Russland führen zu können.

Moskau in Flammen

Es gab nur noch einen mächtigen Herrscher in Europa, der sich den Anordnungen Napoleons widersetzte – Zar Alexander I. von Russland. Unbekümmert trieb er auch weiterhin einen regen Handel mit England. Napoleon musste erkennen, dass das Handelsverbot für England keine Gefahr darstellte, solange der Handel über Russland weiterlief. So entschloss er sich, auch gegen Russland in den Krieg zu ziehen.

Im Jahr 1812 marschierte er mit seiner Großen Armee in Russland ein. Sie bestand aus fast 600 000 Soldaten, darunter etwa 160 000 Deutsche. Napoleon hatte gehofft, in einer großen Schlacht zu einem schnellen Sieg zu kommen, doch die russische Armee wich immer weiter zurück. Mit Gewaltmärschen versuchte Napoleon die russischen Truppen einzuholen. Für die Soldaten bedeutete dies wochenlanges ermüdendes Marschieren und schon auf dem Vormarsch wurde die Verpflegung knapp. Die Russen

Der Untergang der „Grande Armée"

2 **Der Rückzug der „Großen Armee".** Zeitgenössische Federzeichnung, Adam Klein.

verbrannten bei ihrem Rückzug sämtliche Vorräte, sodass das nachfolgende Heer Napoleons fast nichts zu essen vorfand. Nach zweieinhalb Monaten erreichten die ersten Truppen des Kaisers endlich Moskau, wo die „Grande Armée" ihr Winterquartier beziehen wollte. Doch die Stadt bot den Soldaten ein gespenstisches Bild. Die Bewohner hatten Moskau verlassen. Proviant für die Truppen war nicht vorhanden. Wenige Tage nach dem Einzug Napoleons zündeten russische Soldaten Moskau an. Fast die ganze Stadt wurde durch den Brand zerstört.

„Mit Mann und Ross und Wagen"
Napoleon musste den Rückzug befehlen. Halb verhungert, von eisiger Kälte geschwächt, traten die Soldaten den langen Heimweg an. Nun gingen die russischen Truppen zum Angriff über. Sie zwangen Napoleon, sich auf den Wegen zurückzuziehen, auf denen seine Armee nach Russland hineinmarschiert war. Aber hier waren alle Vorräte vernichtet, alle Häuser verbrannt. Ungezählte Soldaten kamen um.
Auf dem Rückzug musste das Heer über die Beresina. Der Fluss war von Eisschollen bedeckt und unpassierbar. Hier zerbrachen die Reste des großen Heeres. Ein Augenzeuge berichtet:

Q2 … Und die Tausende … sahen einzig in der schmalen Brücke, die nur wenige zugleich passieren konnten, den Weg zu ihrer Rettung. Alles drängte gegen die Brücke. Hunderte, die schon die Brücke erreicht zu haben glaubten, wurden in die Flut gedrängt und fanden hier das Ende. … Jede Spur von Ordnung, … jedes menschliche Gefühl hatte aufgehört. Nur den einen Gedanken klar denkend: Du musst dich retten, koste es, was es wolle. Die Führer einiger Kanonen brachen sich schonungslos mit denselben Bahn durch die gedrängten Haufen, ohne danach zu sehen, dass ihr Weg über Menschen ging. …

Von etwa 600 000 Soldaten kehrten nur etwa 30 000 zurück. Zerlumpt, ausgemergelt, viele todkrank, so erreichten sie die deutsche Grenze. Ein 18-jähriger Schüler schrieb damals ein Gedicht, das in ganz Deutschland berühmt wurde. Es begann mit den Worten: „Mit Mann und Ross und Wagen, so hat sie Gott geschlagen …".

1 *Stellt Vermutungen darüber an, wie die Menschen in den deutschen Staaten auf diese Niederlage reagiert haben könnten.*
2 *Versetzt euch in die Situation nach Napoleons Rückzug aus Russland und entwerft ein Flugblatt, in dem ihr die Situation darstellt.*

1812/13:
Napoleons Krieg gegen Russland endet mit dem Untergang der „Grande Armée".

Preußen erklärt Napoleon den Krieg

1 **Völkerschlacht bei Leipzig. Kampf vor dem „Grimmaischen Tor" am 19. Oktober 1813.** Gemälde von E. W. Straßberger.

März 1813:
Der König von Preußen, Friedrich Wilhelm II., erklärt Frankreich den Krieg.

Nationalbewusst-sein*:
Als Nationalbewusstsein wird das im 19. Jahrhundert aufkommende Denken bezeichnet, das für die Angehörigen einer Nation einen gemeinsamen Staat als die bestmögliche politische Organisationsform fordert.

Die preußischen Befreiungskriege

Mit der vernichtenden Niederlage Napoleons war der Augenblick gekommen, den die Menschen in ganz Europa herbeigesehnt hatten. Der Freiheitskampf brach in voller Stärke los. Ein neues Nationalbewusstsein* wurde vor allem in Deutschland zur beherrschenden Kraft des Widerstands gegen Napoleon.
In einem Aufruf an alle Deutschen hieß es:

> **Q1** … Nicht Bayern, nicht Braunschweiger, nicht Hannoveraner, nicht Hessen, nicht Holsteiner, nicht Österreicher, nicht Preußen, nicht Sachsen und nicht Schwaben. Alles, was sich deutsch nennen darf – nicht gegeneinander, sondern: Deutsche für Deutsche. …

Trotz der vernichtenden Niederlage Frankreichs im russischen Feldzug konnte der preußische König nur widerwillig zum Krieg gegen Napoleon bewegt werden. Die öffentliche Stimmung drängte jedoch zum Kampf gegen Frankreich. An den Universitäten wurde die nationale Stimmung geschürt. Tausende junger Leute meldeten sich freiwillig zum Kriegsdienst und Dichter feierten den bevorstehenden Krieg gegen Napoleon als „heili-

gen Krieg". Schließlich konnte sich auch der König der nationalen Begeisterung nicht mehr entziehen. Nach längerem Zögern folgte der König von Preußen dem Drängen seiner Ratgeber. Im März 1813 erklärte Preußen den Krieg an Frankreich.
Über die Stimmung in Preußen zu diesem Zeitpunkt schrieb der russische Offizier Friedrich von Schubert:

> **Q2** … Es wurden … Freiwillige aufgerufen, die Untertanen beschworen, alle möglichen Opfer zu bringen, um das Vaterland vom Joche der Franzosen zu befreien, und diese Aufforderung fiel nicht auf taube Ohren. Alles strömte herbei. Der Landmann verließ seinen Pflug und stellte sich mit seinen Söhnen, um gegen den Feind zu fechten; die Jugend verließ die Universitäten, die Schulen, Beamte ihre einträglichen Posten …; jeder brachte, was er an Geld oder Geldeswert hatte. …

1 *Erklärt den Begriff „Nationalbewusstsein" mithilfe der Worterklärung in der Randspalte und von Q1.*
2 *Erklärt anhand von Q2 folgende Behauptung: „Aus Untertanen wurden Bürger".*

Die Völkerschlacht bei Leipzig

2 **Einschiffung Napoleons nach Elba am 28. April 1814**. Zeitgenössischer Kupferstich.

Napoleons Herrschaft wird abgeschüttelt

Vor der Kriegserklärung an Frankreich hatte der König von Preußen ein Neutralitätsabkommen mit Russland abgeschlossen. Österreich, England und Schweden traten dem Bündnis gegen Frankreich bei. Napoleon selbst zögerte keinen Augenblick, mit eilig zusammengezogenen Soldaten nach Deutschland zu ziehen, um den Widerstand im Keim zu ersticken. Zur entscheidenden Schlacht kam es im Oktober 1813 bei Leipzig. Am 14. Oktober 1813 traf Napoleon hier mit einer Armee von fast 200 000 Soldaten ein. Zwei Tage später begann der Kampf mit einer stundenlangen Kanonade auf beiden Seiten, die – wie ein Beobachter schrieb – die Erde erbeben ließ. Nach vier Tagen erbitterter Kämpfe – 100 000 Soldaten starben allein in dieser Schlacht – hatten die Alliierten* den Sieg errungen. Die Fürsten des Rheinbundes sagten sich von Napoleon los. Die verbündeten Heere konnten Napoleon aus Deutschland vertreiben und am 1. Januar den Rhein überschreiten. Ein halbes Jahr später zogen preußische und russische Truppen in Paris ein und zwangen Napoleon abzudanken. Er wurde auf die Mittelmeerinsel Elba in die Verbannung geschickt. Die Macht übernahm jetzt König Ludwig XVIII., ein Bruder des hingerichteten Ludwig XVI.

„Der letzte Flug des Adlers"

Napoleon kehrte 1815 noch einmal nach Frankreich zurück. Völlig unerwartet landet er mit 1000 Soldaten in Südfrankreich. Die Bevölkerung jubelte ihm zu, die Truppen liefen zu ihm über und Ludwig XVIII. floh, als Napoleon Paris erreichte. Erneut konnte er ein Heer aufstellen, wurde aber in der Schlacht von Waterloo im heutigen Belgien von einem englisch-preußischen Heer endgültig besiegt. Erneut musste Napoleon abdanken. Man brachte ihn auf die kleine Insel St. Helena im Südatlantik, wo er 1821 starb.

3 *Wiederholt nochmals die wichtigsten Etappen von Napoleons Aufstieg und Fall. – Seht euch dazu auch die Karikatur auf der Auftaktseite an (S. 100/101).*

4 *Stellt die Ursachen für Napoleons Untergang zusammen.*

14.10.1813:
Völkerschlacht bei Leipzig.

Alliierte*:
(französisch) Verbündete.

1815:
Verbannung Napoleons nach der Niederlage in der Schlacht bei Waterloo.

1 Szene aus dem DEFA-Spielfilm „Lützower" mit Jaecki Schwarz (links) und Jürgen Reuter als Hauptmann Friesen.

Die „Schwarzen" in Dresden

Dresden, 1813, zur Zeit Napoleons. … Beim Denkmal verteilte ein Junge Bekanntmachungen. Filo ließ sich so einen Zettel geben und begann neugierig den Inhalt zu entziffern. „Sammelt euch zu uns, tüchtige Männer des unterjochten Sachsenlandes", stand darauf. „Landsleute sind wir, Brüder sind wir. Ja, für die Freiheit dieses Landes wollen wir fechten und, wie Gott will, siegen oder sterben." Sie las es laut im Gehen, deklamierte die Sätze die Große Meißner Gasse entlang. „Ursel, hast du das gehört? Was sind das für welche?"

Ursel zuckte die Achseln. „Spinner allesamt. Als ob's nicht schon genug Soldaten gäb auf beiden Seiten. Und wer soll die Arbeit machen?"

Auch Veit brachte ein solches Flugblatt mit. Er sah anders aus als sonst. Irgendwie verklärt, fand Filo, richtig schön.

Der Aufruf, so erfuhr sie, stammte von den „Schwarzen", einem preußischen Freikorps, das ein gewisser Major Lützow vor ein paar Wochen ins Leben gerufen hatte. Die „Schwarzen"? Die hatte sie doch erst vorgestern gesehen. Weil Sonntag war und so mildes Frühlingswetter, war die ganze Familie vors Tor spaziert, zum Lincke'schen Bad, einem Kaffeegarten. Dort hatten die „Schwarzen" mit ihren schwarzen Monturen im Freien gesessen und Lieder gesungen. Lieder, in denen es ums Kämpfen ging, um blitzende Schwerter und darum, wie gerne sie fallen würden, wenn nur recht viele Feinde auch fielen. Die Leute waren ganz aus dem Häuschen gewesen und hatten ihnen Glück gewünscht für den Kampf gegen Napoleon. Filo hatte sie dann nicht weiter beachtet, weil sie Gustchen die ersten Schwalben zeigte, die gerade aus Afrika gekommen waren. Sie flogen hin und her über die Gasthaustische, mit ihrem hellen Gezwitscher. Als wollten sie feststellen, ob alles noch so war wie letztes Jahr, als sie es verlassen hatten. Das Einzige, was Filo an den „Schwarzen" aufgefallen war, erschien ihr so drollig, dass sie laut herausgeplatzt war. Sie hatten die Brust dick auswattiert und glichen vollbusigen Damen.

„Das soll wohl als Kugelfang dienen", vermutete Onkel Leberecht. „Nimm dich zusammen, Filo. Man lacht nicht über Menschen, die sich einer edlen Sache verschrieben haben. Das sind alles Freiwillige."

Jetzt lehnte Veit an der Kredenz und las stehend den ganzen Aufruf vor. „Sollen eure Speicher, eure Keller noch länger die Henkersknechte füttern? Sollen eure Söhne noch länger für die Raserei eines schamlosen Ehrgeizes geschlachtet werden? Lasst diese große Zeit nicht kleine Menschen finden!"

Veit ließ den Zettel sinken. „Stellt euch vor, sie haben Männer aus allen Berufen unter ihrem Banner – Geistliche, Künstler, Ärzte und Lehrer, Handwerker, Studenten und Landwirte. Und alle haben nur ein einziges Ziel: den verfluchten Napoleon dahin zu schicken, wo er hergekommen ist – zurück nach Frankreich. Versteht ihr nicht? Das ganze Volk tut sich zusammen, ohne dass ein Fürst es ruft. Das ist einmalig. Das hat es noch nie gegeben."

Er sah jeden einzeln an, als meine er gerade ihn besonders. Dann sagte er leise: „Ich hab mich auch gemeldet. In drei Tagen muss ich fort."

Es war totenstill in der Stube. Dann kam ein Wimmern von Tante Male. Sie versuchte es mit dem Taschentuch zu unterdrücken, aber sie schaffte es nicht. …

Wie es weitergeht, erfahrt ihr in dem Buch von Karla Schneider: Die abenteuerliche Geschichte der Filomena Findeisen. Abenteuer-Roman. Verlag Beltz & Gelberg, 1996.

24. und 27. Oktober 1806

Mit dem Einzug Napoleons in Potsdam und Berlin rücken 130 000 Franzosen in die Mark ein und es beginnt für Brandenburg die napoleonische Fremdherrschaft. In Berlin kommt es in großem Umfang zu Einquartierungen französischer Truppen. Zwischen 12 000 und 30 000 Soldaten mussten täglich untergebracht und versorgt werden. Letzteres bedeutete Naturallieferungen für die Soldaten (Lebensmittel u. Ä.), aber auch Zahlungen (Kontributionen) für den Unterhalt der Besatzungstruppen (insgesamt ein Betrag von 2,7 Millionen Talern).

Dezember 1808

Die Mark wird von den Franzosen geräumt. Die Besetzung der Festung Küstrin währt bis zum 20. März 1813.

1812

Brandenburg wird Durchmarschgebiet der Franzosen nach Russland. Von Anfang an regt sich der Widerstand gegen die Besetzer. Berlin wird zu einem Zentrum der antinapoleonischen Stimmung.

März 1813

Nach der Niederlage der Grande Armée verlassen die Franzosen Berlin. Die einrückenden russischen Truppen werden von der Bevölkerung aufs Freundlichste willkommen geheißen.

März bis Juli 1813

10 000 Männer und Jugendliche, vor allem Studenten und Gymnasiasten, folgen dem Aufruf des Königs und dienen in den preußischen Freiwilligenkompanien. Nach der Kriegserklärung des Königs an

1 **Französisches Heerlager bei Berlin-Charlottenburg.** Stich, 1808.

Napoleon melden sich neben einfachen Bürgern viele Gelehrte und Künstler für den preußischen Landsturm. Sie wollen ein Beispiel des neuen Staats- und Nationalbewusstseins geben. So schreibt die Schriftstellerin Bettina von Arnim:

M … Es war seltsam anzusehen, wie bekannte Gelehrte und Freunde mit allen Arten von Waffen zu jeder Stunde über die Straße liefen, so mancher, von denen man vorher sich's kaum denken konnte, dass sie Soldaten wären. Stelle dir zum Beispiel Savigny vor, der mit dem Glockenschlag 3 wie besessen mit einem langen Spieß über die Straße rennt, der Philosoph Fichte, mit einem eisernen Schild und langem Dolch. …

Doch zum Einsatz des Berliner Landsturms kommt es glücklicherweise nicht.

August bis Oktober 1813

Mehrmals versucht Napoleon Berlin zurückzuerobern und er setzt hierfür eine 65 000 Mann starke Armee in Marsch. Das Vorhaben aber scheitert vor den Toren Berlins in der Schlacht bei Großbeeren (23. August 1813). Im Vorfeld der Völkerschlacht zu Leipzig (Oktober 1813) muss die französische Armee weitere empfindliche Niederlagen auf brandenburgischem Gebiet hinnehmen, so in Hagelberg (27. August) und in Dennewitz (6. September), und sie wird schließlich aus der Mark verdrängt.

1 *Erstellt eine kleine Chronik für euren Heimatort mit den wichtigsten Ereignissen aus der Zeit der napoleonischen Besetzung. Informationen bekommt ihr in der Bücherei oder im Heimatmuseum.*

Ein neue Ordnung für Europa?

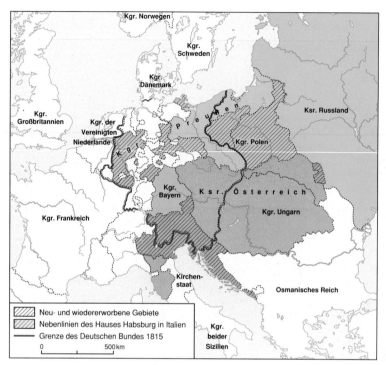

Neu- und wiedererworbene Gebiete
Nebenlinien des Hauses Habsburg in Italien
Grenze des Deutschen Bundes 1815
0   500 km

1 Europa 1815.

Fürsten und Diplomaten befestigen in Wien die alte Ordnung

Napoleons Truppen waren geschlagen, seine Herrschaft zusammengebrochen. Wie sollte es jetzt weitergehen? Um diese Frage zu lösen, luden die Siegermächte Österreich, Russland, England und Preußen die Fürsten Europas zu einem Kongress nach Wien ein. Die Herrscher oder ihre Gesandten von fast 200 Staaten, Herzog- und Fürstentümer folgten der Einladung.

Jene Fürsten, die von Napoleon vertrieben worden waren, forderten jetzt die Rückgabe ihrer Gebiete. Gemeinsames Ziel aller Teilnehmer war es, die alte Ordnung wiederherzustellen.

1814/15:
Wiener Kongress.

Der Wiener Kongress begann am 18. September 1814. Über neun Monate zogen sich die Beratungen hin. Unter dem Vorsitz des österreichischen Staatskanzlers Fürst Metternich einigte man sich auf folgende Grundsätze:

– Keine der fünf europäischen Großmächte (Frankreich, Großbritannien, Österreich, Preußen, Russland) soll ein Übergewicht über eine andere Macht bekommen. Nur so könne man den Frieden sichern.

Die von Napoleon beseitigten Monarchien werden wiederhergestellt.

– Frankreich wird wieder Königreich in den Grenzen von 1789.

– Preußen wird um die Rheinprovinz, Westfalen und Teile von Sachsen vergrößert.

– Die Vormachtstellung Frankreichs in Europa soll dauerhaft beseitigt werden. Deshalb werden an seinen Grenzen starke Staaten geschaffen: Die Niederlande und Belgien werden zu einem Königreich vereinigt.

Länder und Provinzen, Städte und Grenzstreifen wurden während der Verhandlungen zwischen den Fürsten hin und her geschoben. An die Folgen für die betroffenen Menschen dachte niemand. Die Fürsten beharrten darauf, über das Schicksal der Völker allein bestimmen zu können.

1 *Beschreibt die Gebietsveränderungen für Preußen und Österreich anhand der Karte.*

2 *Stellt Vermutungen an, wie die Menschen auf die Beratungen des Wiener Kongresses reagiert haben könnten.*

Wiener Kongress und Deutscher Bund

2 Sitzung des Deutschen Bundestages in Frankfurt. Anonymer Stich, Ende 19. Jahrhundert.

Nationale Einheit oder Deutscher Bund?

Das Deutsche Reich war 1806 zerbrochen. Viele Deutsche hofften jetzt, dass nun endlich die Einheit Deutschlands geschaffen würde. In einem Flugblatt hieß es damals:

Q ... Europas Fürsten haben Deutschland von der Knechtschaft unter Napoleon befreit. Jetzt beraten sie in Wien. Welcher wahre Deutsche kann jetzt träge und schläfrig abwarten, was werden wird? Wer fühlt jetzt nicht voller Begeisterung, dass der Zeitpunkt da ist, wo der Deutsche an der Donau und am Rhein den an der Elbe und Weser als einen Mitbruder umarmen möchte?

Jetzt ist die Zeit, wo die Herrscher erkennen, dass die Völker nicht um ihretwillen, sondern sie um der Völker willen da sind. Jetzt ist die Zeit, wo nicht mehr wie bisher den Menschen die Hälfte des Arbeitsschweißes abgepresst wird, um elende Höflinge, ... kostbare Jagden, die Menge unnützer Schlösser und eine Kriegsmacht zu unterhalten, die nicht dem Schutz des Vaterlandes dient, sondern nur ... für die Groß-mannssucht des Herrschers. Diese Zeiten – wer zweifelt daran – sind vorbei. ...

Der Verfasser des Flugblattes irrte sich. Die Großmächte wollten kein mächtiges Deutsches Reich. Auch die deutschen Fürsten wollten keinen starken deutschen Kaiser über sich haben. So schuf man nur einen losen Deutschen Bund mit 35 Fürstentümern und vier freien Städten (Hamburg, Bremen, Lübeck und Frankfurt am Main). Die Gesandten der Fürsten bildeten die Bundesversammlung, auf der Beschlüsse nur mit Zweidrittelmehr-heit gefasst werden konnten. Ob die Beschlüsse dann auch tatsächlich durchgeführt wurden, lag im Ermessen der Einzelstaaten.

3 *Spielt folgende Szene: Der Verfasser der Flugschrift nimmt an den Beratungen der Fürsten teil. Was wird er sagen und was werden ihm die Fürsten antworten?*

4 *Beschreibt die Abbildung 2. Achtet auf Kleidung, Gesten und Haltung der Menschen und auf die Einrichtung. Stellt einen Bezug her zu den Aussagen in Q.*

1815:
Die 39 deutschen Einzelstaaten schließen sich im Deutschen Bund zusammen.

Methode: Arbeiten mit Karikaturen

1 Der korsische Kreisel voll in Fahrt. Karikatur von George Cruikshank, 1814.

Was ist eine Karikatur?

Das Wort Karikatur kommt aus dem Italienischen und bedeutet so viel wie „überladen" oder „übertragen". Eine Karikatur ist ein Spott- oder Zerrbild. Sie gibt menschliche, gesellschaftliche, politische oder wirtschaftliche Handlungen übertrieben wieder. Damit will sie den Blick auf ein besonderes Ereignis richten.

„Der korsische Kreisel" als Beispiel

Napoleon wird in dieser Karikatur (siehe Abb. 1) als Kreisel von Herrschern und Marschällen mit Peitschen ins Rotieren gebracht. Von links sind zu sehen: der preußische Feldherr Blücher, der schwedische König, der russische Zar, der österreichische Kaiser und der britische Feldherr Wellington.

Der Kreisel wird entschlüsselt

Mithilfe folgender Arbeitsschritte könnt ihr die Bedeutung der Karikatur (siehe Abb.) herausfinden.

1 *Beschreibt, wie Napoleon, die Herrscher und Heerführer dargestellt sind. Achtet dabei auf Kleidung, Ausrüstung und Bewegung.*

2 *Tragt zusammen, was ihr über den Ausgang der Kriege Napoleons wisst.*

3 *Zeigt an Beispielen, wie der Zeichner den Niedergang der „Großen Armee" darstellt.*

4 *Findet heraus, wodurch Napoleon lächerlich gemacht wird.*

5 *Überlegt, welche Absicht der Zeichner mit der Karikatur verfolgte. Er wollte sicher mehr, als nur Napoleon lächerlich machen.*

Karikaturen deuten

Grundsätzlich helfen euch folgende Arbeitsschritte, wenn ihr eine Karikatur deuten wollt:

1. Schritt: Betrachtet die Karikatur genau und schildert euren ersten Eindruck.
2. Beschreibt Einzelheiten der Abbildung. Haltet fest, was ihr noch nicht erkennen könnt.
3. Achtet auf Textelemente wie z. B. Bildunterschriften und versucht herauszufinden, ob sich die Texte auf bestimmte Gegenstände oder Personen beziehen.
4. Versucht herauszufinden, worum es bei der Karikatur geht: Was ist das Thema der Abbildung.
5. Formuliert, was mit der Karikatur ausgedrückt werden soll. Welche Meinung nimmt der Zeichner zum Thema ein?

Zusammenfassung

Frankreichs Expansion in Europa

Nachdem Napoleon seine Macht als Kaiser von Frankreich gefestigt hatte, verfolgte er konsequent sein Ziel, Herrscher über ganz Europa zu werden. Im Jahr 1803 wurde unter seinem Einfluss die Neugliederung des Deutschen Reiches eingeleitet. Mit der Gründung des Rheinbundes, in dem sich die Fürsten Mittel- und Westdeutschlands unter der Führung Napoleons zusammenschlossen, wurde das alte Reich aufgelöst. Von der politischen Landkarte Deutschlands verschwanden über 300 Reichsritterschaften, geistliche Fürstentümer usw. In Preußen wurden nach der Niederlage bei Jena und Auerstedt die schon längst überfälligen Reformen durchgeführt: Bauernbefreiung und Gewerbefreiheit, Städte- und Heeresreform bereiteten den Neuaufstieg des Landes vor.

Die Befreiungskriege

Der Widerstand gegen die Herrschaft Napoleons regte sich seit 1808 überall in Europa. Napoleons Überfall auf Russland leitete schließlich seinen Untergang ein. Von den etwa 600 000 Soldaten der „Großen Armee" kehrten nur 30 000 in ihre Heimat zurück. Nun schlossen Preußen, Russland, Schweden und Österreich ein Bündnis gegen Frankreich. Ein neues Nationalbewusstsein wurde vor allem in Deutschland zur beherrschenden Kraft des Widerstands gegen Napoleon. Nach der Niederlage in der Völkerschlacht bei Leipzig (14.10.1813) musste Napoleon abdanken; er wurde schließlich nach der Niederlage in der Schlacht bei Waterloo auf die Insel St. Helena verbannt, wo er 1821 starb.

Wiener Kongress und Deutscher Bund

Viele Deutsche hatten gegen Napoleon und für die Einheit Deutschlands gekämpft. Auf dem Wiener Kongress im Jahr 1815 wurde aber beschlossen, die Aufteilung des Deutschen Reiches in kleinere und größere Fürstentümer beizubehalten. Die Fürsten gründeten lediglich einen „Deutschen Bund" aus 35 Fürstentümern und vier Stadtstaaten.

Zum Nachdenken

Napoleon wird heute von vielen Menschen als großer Mann verehrt.

1 *Was spricht für, was gegen eine solche Verehrung Napoleons?*

1806

Vernichtende Niederlage der Preußen gegen das französische Heer bei Jena und Auerstedt.

1807

Die Bauernbefreiung leitet die Reformen in Preußen ein.

1812/13

Untergang der „Großen Armee" in Russland. Beginn der Befreiungskriege.

1814/15

Wiener Kongress und Gründung des Deutschen Bundes.

In der Nacht vom 18. auf den 19. März 1848 ging das Volk in Berlin auf die Barrikaden. Ein verlustreicher Kampf gegen das Militär begann. Schließlich musste der preußische König den Barrikadenkämpfern nachgeben. Er ließ die Truppen aus Berlin abziehen und gestattete Pressefreiheit, Versammlungsfreiheit und Wahlen für eine Volksvertretung. Den gefallenen Freiheitskämpfern erwies der König die letzte Ehre, als diese auf dem Schlossplatz in Berlin aufgebahrt wurden. Dabei trug er eine Armbinde in Schwarz-Rot-Gold, den Farben der Revolution.

Schlagartig änderte sich mit dem Sieg des Volkes das politische Treiben in der preußischen Hauptstadt. Keine Parlamentsdebatte, die nicht von den Berlinern durch Sympathie- oder Missfallenskundgebungen kommentiert wurde, durch Demonstrationen und Umzüge, freche Plakate und scharfsinnige Flugschriften. Doch auch in München, in Paris oder Wien bestimmten zu dieser Zeit debattierende Straßenklubs, Volksfeste und Volksversammlungen, politische Puppenspiele und Straßentheater das Straßenbild. In ganz Europa hatte sich im Frühjahr 1848 das Volk gegen die Fürsten erhoben. Wie es dazu kam und ob der „Völkerfrühling" für die alten Mächte und den Absolutismus das Ende bedeutete, könnt ihr in diesem Kapitel erfahren.

Aufbruch zur Freiheit?

31.10.1817:
Wartburgfest zum Gedenken an den Beginn der Reformation und die Völkerschlacht bei Leipzig.

1 Wartburgfest. Etwa 500 Studenten gedachten am 18. und 19. Oktober 1817 der Völkerschlacht bei Leipzig und dem Beginn der Reformation (1517) mit einem Fest auf der Wartburg. Holzstich, um 1880.

Friedrich Ludwig Jahn (1778–1852):
Der in der Prignitz geborene Jahn richtete 1811 den ersten Turnplatz in Berlin ein. „Turnvater Jahn" gilt bis heute als der Begründer des allgemeinen Volkssports zur körperlichen Ertüchtigung und zur vormilitärischen Erziehung der Jugend. Er lebte von 1835 bis zu seinem Tod in Freyburg an der Unstrut.

Studenten auf der Wartburg

Von den Beschlüssen der Fürsten auf dem Wiener Kongress waren viele Menschen enttäuscht (vgl. S. 114). Sollten sie dafür ihr Blut vergossen haben, waren dafür Hunderttausende in den zahlreichen Schlachten gefallen, dass jetzt alles so blieb wie vorher? Viele Bürger schlossen sich jetzt den Liberalen an. Die „Liberalen" verlangten:

– eine Verfassung für jedes Land,
– die Anerkennung der Menschenrechte,
– die Beteiligung der Bürger an den politischen Entscheidungen.

Die Unzufriedenheit mit den bestehenden politischen Verhältnissen brachten vor allem die Studenten zum Ausdruck. Sie hatten sich 1815 in Jena zur Deutschen Burschenschaft zusammengeschlossen. Die Farben ihrer Verbindung waren Schwarz – Rot – Gold.

Zwei Jahre später luden die „Jenaische Burschenschaft" und die Burschenschaft „Teutonia zu Halle" für den 31. Oktober 1817 zu einer Gedenkfeier auf die Wartburg ein. Gedacht werden sollte der Reformation und des vierten Jahrestages der Schlacht bei Leipzig. Aus allen deutschen Landen kamen die Studenten herbei. Man sprach von der Freiheit, der deutschen Einheit, von den Toten, die hierfür gefallen waren, und traf sich abends zu einem langen, feierlichen Fackelzug. Einige Studenten entzündeten nach der Feier noch ein Feuer, in das sie die Zeichen der Fürstenherrschaft warfen: eine preußische Polizeivorschrift, einen Husarenschnürleib und Bücher, die die Herrschaft der Fürsten verherrlichten (s. Abb. 1).

1 *Warum erschien den Studenten gerade die Wartburg und die Völkerschlacht geeignet zu sein, um gegen die bestehenden Verhältnisse zu protestieren?*

Die Reaktion der Fürsten

Für die Herrschenden war der Wunsch nach mehr Freiheit nichts anderes als ein Aufruf zur Gesetzeslosigkeit. Sie wollten Ruhe und Ordnung. Die deutschen Burschenschaften wurden deshalb 1819 auf der Ministerkonferenz in Karlsbad verboten. Die Universitäten wurden mit einem Netz von Spitzeln überzogen. Zeitungen und Flugblätter unterlagen einer strengen Zensur. In ganz Deutschland herrschte jetzt die Furcht vor Bespitzelung, Verhören und Verhaftungen. Die Fahndungslisten der Polizei wurden immer länger. Die Gefängnisse füllten sich mit Professoren und Studenten. Zu den Verhafteten zählte auch der „Turnvater" Jahn. Er hatte bereits 1811 dazu aufgerufen, einen deutschen Nationalstaat zu errichten. Dafür erhielt er jetzt ohne Prozess sechs Jahre Haft.

2 *Beschreibt, was der Zeichner der Karikatur (Abb. 2) über die Zustände in Deutschland sagen will. – Erfindet für die Abbildung eine eigene Unterschrift.*

Unterdrückung und Protest

2 „Der Denker-Club". Karikatur, um 1820.

„Freiheit, Recht und Einheit" – das Hambacher Fest

Die Bürger ließen sich auf Dauer trotz aller Schikanen nicht kleinkriegen. Im Jahr 1832 versammelten sich über 30 000 Demonstranten beim Schloss Hambach in der Pfalz. Sie trugen schwarz-rot-goldene Fahnen (siehe die Abbildung in der Randspalte). Es war die erste politische Massenversammlung in Deutschland. Die Redner nahmen in Hambach kein Blatt vor den Mund.
Der badische Politiker Siebenpfeifer rief den Massen zu:

> **Q** ... Vaterland – Freiheit – ja! Ein freies deutsches Vaterland – dies ist der Sinn des heutigen Festes, dies die Worte, den Verrätern der deutschen Nationalsache die Knochen erschütternd. Seit das Joch des fremden Eroberers abgeschüttelt, erwartet das deutsche Volk von seinen Fürsten die verheißene Wiedergeburt; es sieht sich getäuscht.
> Die Natur der Herrschenden ist Unterdrückung, der Völker Streben ist Freiheit. Es wird kommen der Tag, wo ... der Bürger nicht in höriger Untertänigkeit den Launen des Herrschers, sondern dem Gesetz ge-
> horcht, wo ein gemeinsames deutsches Vaterland sich erhebt. ...

Die Bilder regierender Fürsten wurden verbrannt, die Teilnehmer sangen: „Fürsten zum Land hinaus, jetzt kommt der Völkerschmaus!".

3 Vermutet, wen der Politiker Siebenpfeifer meint, wenn er von „Verrätern der deutschen Nationalsache" und dem „fremden Eroberer" spricht.
4 Benennt die Forderungen, die der Redner stellt. Welche Vorwürfe erhebt er gegen die Fürsten?

Die Unterdrückungsmaßnahmen werden verschärft

Wie schon zuvor, so antworteten die Fürsten auch jetzt mit noch härteren Unterdrückungsmaßnahmen. Die Zensur der Presse wurde weiter verschärft, die Rede- und Versammlungsfreiheit aufgehoben.
Erneut wanderten Hunderte ins Gefängnis, Tausende flohen ins Ausland, vor allem nach Amerika.

Die schwarz-rot-goldene Fahne wurde schon 1815 von der Jenaer Burschenschaft benutzt. Sie wurde in den folgenden Jahren zum Symbol der nationalen und demokratischen Bewegung in Deutschland.

Der Vormärz in Berlin

1 König Friedrich Wilhelm IV. von Preußen (1840–1861). Gemälde von Franz Krüger, um 1845.

Die Gebrüder Grimm*
(Jacob 1785–1863; Wilhelm, 1786–1863) gehörten zu den so genannten „Göttinger Sieben". Diese Hochschullehrer hatten den König von Hannover des Verfassungsbruchs beschuldigt und waren von diesem deshalb 1837 wegen „liberaler Umtriebe" des Landes verwiesen worden. Die Brüder Grimm gingen nach Berlin und wurden Mitglieder der dortigen Akademie der Wissenschaften. Hier entstanden auch die größten Teile der Grimm'schen Märchen und des Grimm'schen Wörterbuchs.

Der Vormärz

Zwischen dem Wartburgfest 1817 und dem Hambacherfest 1832 hatte sich bei den Studenten – und mit ihnen im deutschen Bürgertum allgemein – die Auffassung durchgesetzt, dass die deutschen Fürsten die wahren Feinde einer vereinten deutschen Nation seien. Die staatliche Unterdrückung der Burschenschaftsbewegung enttäuschte und radikalisierte diese Gruppen nur zusätzlich. Eine Republik erschien als einzige Alternative zur Vielstaaterei der Fürsten.

Die deutsche Opposition erkannte jetzt verwandte Ideen auch in anderen Nationen. Der Dichter Wilhelm Müller etwa, dessen Gedichte wie „Am Brunnen vor dem Tore" oder „Das Wandern ist des Müllers Lust" zu Volksliedern wurden, verband in seinen „Griechenliedern" den Lobgesang auf den antitürkischen Befreiungskampf der Griechen mit der Hoffnung, in gleicher Weise möge sich das deutsche Volk der fürstlichen Bevormundung entledigen.

1830/31 sympathisierten große Teile des deutsche Bürgertums offen mit dem französischen Juli-Aufstand und der letztlich gescheiterten Erhebung der Polen gegen die russische Oberhoheit. Überall in Deutschland – auch in Berlin – wurden trotz staatlichen Verbots Polenhilfsvereine gegründet. Doch auch diesmal blieb die deutsche Opposition innenpolitisch tatenlos. Die Restauration* behielt weiter die Oberhand. In den 1840er-Jahren aber spitzten sich die Spannungen zu.

Hoffnung und Enttäuschung

Nach dem Tod des bei den Berlinern durchaus beliebten Friedrich Wilhelm III. folgte 1840 Friedrich Wilhelm IV. auf dem preußischen Thron. An ihn knüpften viele Bürger große politische Hoffnungen, die zunächst bestätigt zu werden schienen. Der König beendete mit einer Amnestie die politischen Verfolgungen in Preußen, setzte den im Bürgertum wegen seines Antiliberalismus verhassten Justizminister ab und milderte die Zensur. Den aus Göttingen wegen ihrer politischen Tätigkeit verjagten Gebrüdern Grimm* gewährte er in Berlin Asyl.

Bald zeigte sich aber, dass Friedrich Wilhelm IV. keineswegs beabsichtigte, die 1815 im Zuge der Befreiungskriege gemachten Versprechen zu einer stärkeren politischen Beteiligung des Volkes einzulösen. Stattdessen besetzte der König zunehmend mehr Schlüsselpositionen mit Vertretern der Restauration. Diese Enttäuschung führte in Berlin zu einer allgemeinen Politisierung und zunehmenden Radikalisierung der Öffentlichkeit, von der nicht nur die Studenten und das Bildungsbürgertum, sondern auch die unteren Schichten der Bevölkerung ergriffen wurden. Einzelne politische Gruppen und die Bürgerversammlungsbewegung versuchten zunehmend die politische Mitbestimmung der Bürger zu erzwingen. Im März 1848 führte dies in Berlin schließlich zum offenen Aufstand.

1 *Überlegt, warum die Epoche der deutschen Geschichte von 1815 bis 1848 zusammenfassend als „Vormärz" bezeichnet wird.*

1 Noten und Text der ersten Strophe des Liedes „Die Gedanken sind frei".

Die „Macht des Liedes"

Es gibt verschiedenste Arten von Liedern. Sie sind für unterschiedliche Anlässe gedacht und haben eine darauf jeweils „zugeschnittene" Form. Märsche etwa sind in der Regel so stark rhythmisiert und mit so knapp geschnittenen Versen versehen, dass sie eine größere Gruppe von Menschen, also zum Beispiel ein Trupp Soldaten, während des Marschierens noch gut mitsingen kann. Ähnliches gilt für Hymnen, Vereins- oder Arbeiterlieder: Große Menschenmengen sollen gemeinsam singen können. Durch mitreißende Melodien und aufpeitschende Texte soll überhaupt erst ein Zusammengehörigkeitsgefühl entstehen.

Ihr kennt das sicher auch aus eigener Erfahrung: Ein gemeinsam gesungenes Wanderlied auf dem Klassenausflug, ein beim Konzert zusammen mit Tausenden anderen Fans gesungener Hit, ein beim Bundesligaspiel im Fanblock gegröhltes Vereinslied – all das fördert das Gruppengefühl und verleiht der gemeinsamen Sache sozusagen „eine" Stimme.

Nicht anders ist das bei vielen historischen Liedern, die ebenfalls im Rahmen politischer, militärischer oder gesellschaftlicher Massenveranstaltungen gesungen wurden. Im Folgenden sind zwei berühmte Beispiele aus der Zeit des Vormärz beziehungsweise der deutschen Revolution von 1848 abgedruckt.

Das Lied der Deutschen
Hoffmann von Fallersleben (1841)

Deutschland, Deutschland über alles,
Über alles in der Welt,
Wenn es stets zum Schutz und Trutze
Brüderlich zusammenhält,
Von der Maas bis an die Memel,
Von der Etsch bis an den Belt –
Deutschland, Deutschland über alles,
Über alles in der Welt!

Deutsche Frauen, deutsche Treue,
Deutscher Wein und deutscher Sang
Sollen in der Welt behalten
Ihren alten schönen Klang,
Uns zu edler Tat begeistern
Unser ganzes Leben lang –
Deutsche Frauen, deutsche Treue,
Deutscher Wein und deutscher Sang!

Einigkeit und Recht und Freiheit
Für das deutsche Vaterland!
Danach lasst uns alle streben
Brüderlich mit Herz und Hand!
Einigkeit und Recht und Freiheit
Sind des Glückes Unterpfand –
Blüh im Glanze dieses Glückes,
Blühe, deutsches Vaterland!

Die Gedanken sind frei
Volksweise (19. Jahrhundert)

Die Gedanken sind frei,
wer kann sie erraten,
sie fliehen vorbei
wie nächtliche Schatten.
Kein Mensch kann sie wissen,
kein Kerker einschließen –
es bleibet dabei:
Die Gedanken sind frei!

Ich denke, was ich will
und was mich beglücket,
doch alles in der Still
und wie es sich schicket.
Mein Wunsch und mein Begehren
kann niemand verwehren.
Es bleibet dabei:
Die Gedanken sind frei!

Und sperrt man mich ein
im finsteren Kerker,
das alles sind rein
vergebliche Werke;
denn meine Gedanken
zerreißen die Schranken
und Mauern entzwei:
Die Gedanken sind frei.

1 *Lest beide Liedtexte und überlegt, bei welcher Gelegenheit sie gesungen worden sein könnten.*
2 *Erklärt mit eigenen Worten, was die Aussage dieser Lieder ist.*
3 *Überlegt, auf welche konkreten historischen Vorgänge bzw. Themen sich die Lieder beziehen.*

Biedermeier

Biedermeier*:
Bezeichnung für den bürgerlichen Lebensstil zwischen 1815 und 1848. Enttäuscht von der Wiederherstellung der alten Ordnung, die die Bürger aus der Politik verdrängte, zogen sich die Menschen ins Privatleben zurück, um hier Erfüllung zu finden. Der Begriff war einem Pseudonym entlehnt, unter dem die Dichter Kussmaul und Eichrodt in den Jahren 1855–1857 Gedichte veröffentlichten. Diese waren der naiven und unfreiwillig komischen Lyrik des schwäbischen Lehrers S. F. Sauter (1766–1846) nachgebildet, der in Gedichten die Geborgenheit des häuslichen Glücks pries. So wurde das Pseudonym „Biedermeier" zunächst gleichbedeutend mit einem literarischen Stil und schließlich mit der Zeit, in der dieser geprägt worden war.

„Die Menschen ziehen sich zurück"

1 *Beschreibt, welchen Eindruck die Abbildungen 1 und 2 auf euch machen.*

Der Wunsch nach einem großen, geeinten Deutschland hatte sich auf dem Wiener Kongress nicht erfüllt. Auch die Forderung der Bürger nach mehr Mitbestimmung war von den Fürsten abgelehnt worden. Sie sahen in der Bevölkerung nicht mündige Bürger, sondern bloße Untertanen, die regiert werden mussten. Das Ergebnis des Wiener Kongresses löste daher vor allem in Deutschland Verbitterung aus. Nachdem sich viele Bürger in den Befreiungskriegen aus patriotischer Begeisterung dem Kampf gegen Napoleon angeschlossen hatten, wurden nun ihre Hoffnungen auf politische Veränderungen enttäuscht. Die deutschen Fürsten waren nur daran interessiert, die vornapoleonischen Machtverhältnisse wiederherzustellen und wenn möglich Gebietsgewinne für ihre Territorien zu machen. Innenpolitische Reformen oder gar die Überwindung der Kleinstaaterei wurden verworfen. Es stellte sich daher für viele Menschen die Frage, wofür man überhaupt gekämpft hatte, wofür so viele Menschen hatten sterben müssen. Nur wenige zogen aus diesen Überlegungen die Konsequenz, sich in den oppositionellen Gruppen des Vormärz zu engagieren (vgl. S. 122). Die meisten kamen vielmehr zu einem resignierenden Ergebnis: Alle Opfer waren vergebens gewesen. Der Einsatz in politischen Dingen schien sich nicht zu lohnen. Die Mächtigen machten doch, was sie wollten.

Viele Menschen zogen sich daher in die eigenen vier Wände zurück und wollten von der Politik nichts mehr wissen. Außerdem fürchteten sie die Bespitzelung durch fürstliche Beamte. Nach den schweren Kriegsjahren genossen sie nun die stille Behaglichkeit und Zurückgezogenheit des eigenen Heimes. Die Resignation angesichts der eigenen Machtlosigkeit wurde zum Ideal eines zufriedenen Lebens stilisiert. Diese Lebenseinstellung der Zufriedenheit im Privaten, Beschaulichen und betont Unpolitischen wurde später als „Biedermeier"* bezeichnet.

Weil man sich aus politischen Gründen mit der Gegenwart nicht angemessen auseinander setzen konnte, beschäftigte man sich mit der Vergangenheit. Die Gebrüder Grimm sammelten in dieser Zeit die deutschen Volksmärchen. Andere schrieben die alten Volkslieder auf, die auch heute noch gesungen wer-

Bürger oder Untertan?

2 „Der arme Poet".
Gemälde von Carl Spitzweg.

den. Auf diese Weise wurde alles vermieden, was einen Bürger in Konflikt mit den Herrschenden hätte bringen können.

Gottfried Kinkel, ein Schriftsteller des Vormärz, verhöhnte diese Lebenseinstellung des typischen „Biedermeiers" mit folgenden Versen:

Q

... Stets nur treu und stets loyal
Und vor allem stets zufrieden.
So hat Gott es mir beschieden.
Folglich bleibt mir keine Wahl.
Ob des Staates alte Karren
Weise lenken oder Narren,
Dieses geht mich gar nichts an;
Denn ich bin ein Untertan.

Jeder Untertan und Christ
Weiß den Dienst und dass daneben
Mit dem Staat sich abzugeben
Keineswegs ersprießlich ist.
Wer nicht herrscht, hört zu den Dummen.
Also warum sollt ich brummen?
Dieses geht mich gar nichts an.
Denn ich bin ein Untertan,
ein Untertan!

Der Rückzug ins Private zeigte sich auch in der Bildenden Kunst. Einen Namen in der Malerei machten sich vor allem Caspar David Friedrich (1774–1840) und Ludwig Richter (1803–1884). Beide waren in Dresden tätig, das zu den Zentren der deutschen Romantik* zählte. In den Bildern Richters (s. Abb. 1) kommen seine Liebe zum Kleinen und Nahen, der Hang zur Idylle und seine Volksverbundenheit zum Ausdruck. Caspar David Friedrich war hingegen ein Vertreter der Romantik. Die Romantiker bemühten sich vor allem um den Ausdruck von Gefühlen und ließen in ihren Bildern ein tiefes Empfinden für die Natur erkennen.

2 Beschreibt mithilfe des Gedichtes und der Abbildungen den Wandel im politischen Leben und den Rückzug des Bürgertums ins Private.

3 Die Begriffe „Biedermeier" und „Vormärz" (vgl. S. 122) stehen für die gleiche Epoche der deutschen Geschichte und bezeichnen doch zwei verschiedene historische Entwicklungen. Versucht in einer Tabelle die Unterschiede und Gemeinsamkeiten stichpunktartig zusammenzufassen.

Romantik*:
Von Deutschland ausgehende geistige Bewegung in der Zeit von 1790 bis 1830. Die Flucht aus der Wirklichkeit in eine Welt des Gefühls und der Fantasie, die Natur und die Rückbesinnung auf die Vergangenheit standen im Zentrum der romantischen Malerei, Literatur und Musik.

1 **„Der Sonntagsspaziergang"**. Gemälde von Carl Spitzweg, 1841.

Mehr als nur Illustration?

Die Arbeit mit Bildern als Geschichtsquellen ist euch ja bereits bekannt. Meistens aber handelt es sich dabei um so genannte Historienbilder, also Gemälde oder Zeichnungen, die ein historisches Ereignis oder eine historische Persönlichkeit darstellen. Was ist aber mit Bildern, wie den auf dieser Doppelseite abgebildeten? Haben auch sie einen Wert als historische Quelle oder sind es bloße Illustrationen? Schließlich stellt keines dieser vier Gemälde ein konkretes historisches Ereignis dar. Und auch die abgebildeten Personen sind entweder unbedeutend oder reine Genrefiguren.

Der „Zeitgeist" wird fassbar

Bilder wie diese sind „Kinder ihrer Zeit". Sie geben in gewisser Weise die Stimmung der Menschen damals wieder. Man nennt das zuweilen den „Zeitgeist". Insofern sind solche Bilder wertvolle historische Quellen, weil sie dem Betrachter einen Einblick in das „Seelenleben" ihrer Entstehungszeit geben. Da das aber nur schwer fassbar ist, muss man sich bei dieser Bildinterpretation der gleichen strengen Methode bedienen wie bei den Historienbildern.

1 *Welche Stimmung erzeugen diese vier Bilder bei euch?*

2 *Diese Gemälde stammen alle aus der Biedermeierzeit. Inwiefern sind sie hierfür typisch?*

2 **„Die Familie des Berliner Schlossermeisters C. F. A. Hauschild, Stralauer Straße 49"**. Gemälde von Eduard Gärtner, 1843.

3 „Mondaufgang am Meer". Gemälde von Caspar David Friedrich, 1832.

4 „Die gute alte Zeit". Das Innere einer Bürgerwohnung im Biedermeierstil. Um 1835.

Die Revolution von 1848

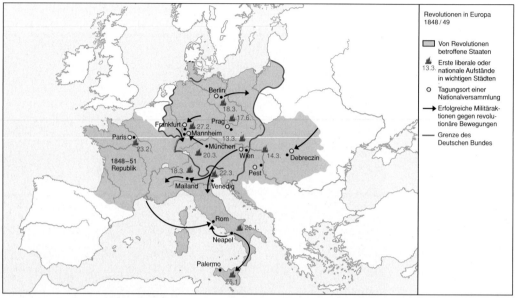

`1` **Revolutionen in Europa 1848/49.**

März 1848:
Revolutionäre Aufstände in Europa. In Paris, Wien und Berlin treten die alten Regierungen zurück. Die Forderung nach Parlamenten, die eine Verfassung beraten sollen, wird erfüllt.

Paris gibt das Signal für Erhebungen in Europa: Das Volk verjagt die Könige

Im Februar 1848 kam es in Paris zu Massendemonstrationen gegen den König und seine Regierung. Die Menschen forderten ein neues Wahlrecht. Nur wer über ein hohes Einkommen verfügte, durfte zur Wahl gehen. Den aufgebrachten Bürgern rief ein Minister zu: „Werdet doch reiche Leute." Die Arbeiter, Tagelöhner und Handwerker fühlten sich hierdurch verhöhnt. Sie stürmten Ende Februar 1848 den Königspalast. Der König musste gehen, die Republik wurde ausgerufen. Dies war das Signal zu zahlreichen Revolutionen in ganz Europa.

In Deutschland gaben viele Fürsten den Forderungen der Aufständischen sofort nach. Sie versprachen, Verfassungen ausarbeiten zu lassen und sich einzusetzen für die Einberufung eines Nationalparlaments. Der Großherzog Leopold von Baden schrieb an den König von Preußen:

Q1 ... Meine Zugeständnisse sind teils von zweckmäßiger Art, teils von untergeordneter, teils von keiner nachträglichen Bedeutung. Die erste Aufgabe war, das Land zu beruhigen und zusammenzuhalten. ...

1 *Stellt mithilfe der Karte fest, in welchen Städten im Frühjahr 1848 Aufstände ausbrachen.*
2 *Überlegt mithilfe von Q1, wie ernst gemeint die Zugeständnisse des Großherzogs sind.*

Barrikadenkämpfe in Berlin – Höhepunkt der Märzrevolution

Die Nachrichten von der Revolution in Paris und den erfolgreichen Erhebungen in anderen deutschen Staaten führten in Berlin zu zahlreichen politischen Versammlungen. Auf ihnen forderten die Arbeiter von der Regierung Maßnahmen gegen die Arbeitslosigkeit. Bürger, Studenten und Arbeiter forderten zudem gemeinsam Presse- und Redefreiheit, Versammlungsfreiheit, Amnestie der politischen Gefangenen, eine freiheitliche Verfassung und eine allgemeine deutsche Volksvertretung.

Die Lage spitzte sich immer mehr zu. Der preußische König war zunächst nicht bereit, den Forderungen nachzugeben. Er wehrte sich gegen eine geschriebene Verfassung: „Zwischen mich und mein Volk soll sich kein Blatt Papier drängen." Um die politischen Versammlungen auseinander zu treiben, ließ der König sogar Truppen in die Stadt ein-

Das Volk geht auf die Barrikaden

2 **Barrikadenkämpfe in Berlin, 18./19. März 1848.** Aus der Bleiverglasung von Fenstern werden Kugeln gegossen. Farblithographie von F. C. Nordmann, 1848.

rücken. Aber die Protestierenden ließen sich nicht einschüchtern. Friedrich Wilhelm IV. gab schließlich nach und versprach dem Land eine Verfassung zu geben.

Um ihrem König für die Zusage einer Verfassung zu danken, versammelten sich am 18. März 1848 etwa 10 000 Berliner vor dem Schloss. Plötzlich fielen – vermutlich aus Versehen – zwei Schüsse. Die Bürger fühlten sich betrogen. In aller Eile bauten sie Straßenbarrikaden. Auf den Barrikaden wehten schwarz-rot-goldene Fahnen. Mit den primitivsten Waffen wurden die gut ausgebildeten Armeeeinheiten abgewehrt. Schließlich wurde das Militär zurückgezogen.

Am folgenden Tag wurden von den Bürgern die Leichen von 150 Barrikadenkämpfern vor das königliche Schloss getragen. Der König wurde gezwungen, sich vor den Särgen der Gefallenen zu verneigen. Mit einer schwarz-rot-goldenen Binde am Arm musste er durch die Straßen reiten. Am Abend erließ er einen Aufruf:

Q2 ... Ich habe heute die alten deutschen Farben angenommen und mich und mein Volk unter das ehrwürdige Banner des Deutschen Reiches gestellt. Preußen geht fortan in Deutschland auf. ...

Die Revolution sollte den Berlinern große und kleine Freiheiten bescheren. Von nun an durfte auf der Straße geraucht werden, Presse- und Versammlungsfreiheit ließen ein lebhaftes öffentliches Leben zu. Berlin wurde mit Flugblättern, Maueranschlägen und Plakaten überschwemmt, politisch gleich Gesinnte schlossen sich in „Klubs" zusammen, den Vorläufern der politischen Parteien. Hatte die Revolution damit auch in Berlin endgültig gesiegt? Eine Antwort mussten die nächsten Monate geben.

3 *Sprecht darüber, was ihr von dem Aufruf des Königs (Q2) haltet.*

4 *Überlegt, was es bedeutet, wenn der König von Preußen die Farben Schwarz-Rot-Gold annimmt.*

Die erste deutsche Nationalversammlung

1 Blick in die Frankfurter Nationalversammlung. Da kein Saal der Stadt groß genug war, um die Abgeordneten aufzunehmen, wurde die Paulskirche zum Tagungsort gewählt. Auf der Rednertribüne steht der Parlamentspräsident Heinrich von Gagern. Kolorierter Stich, 1848.

18. Mai 1848:
Die erste Sitzung der deutschen Nationalversammlung in der Paulskirche in Frankfurt am Main.

28. März 1849:
Verabschiedung der Reichsverfassung durch die Nationalversammlung.

Die Abgeordneten in der Paulskirche

Noch im Frühjahr 1848 wurden überall in Deutschland die Regierungen zum Rücktritt gezwungen. Erstmalig fanden in ganz Deutschland allgemeine und gleiche Wahlen zu einer verfassunggebenden Versammlung statt. Frauen hatten allerdings kein Wahlrecht. Etwa zwei Drittel von den 600 Abgeordneten waren Akademiker, vor allem Professoren, Beamte, Juristen und Ärzte. Die übrigen Abgeordneten waren Vertreter der Wirtschaft, wie z. B. Gutsbesitzer, Kaufleute und Industrielle. Arbeiter fehlten in dem Parlament, das am 18. Mai 1848 in Frankfurt am Main zu seiner ersten Sitzung zusammentrat. Ein Abgeordneter berichtete von der ersten Sitzung:

Q1 ... Anfangs gab es in der Nationalversammlung noch keine Parteien. Jeder Abgeordnete sprach nur für sich selbst und stimmte auch so ab, wie er allein es für richtig hielt. So zogen sich die Verhandlungen in die Länge, da zu jedem Thema zahllose Abgeordnete sich zu Wort meldeten. Erst im Verlauf der Zeit lernten sich die Abgeordneten untereinander besser kennen und schlossen sich zu Gruppierungen zusammen. Nach den Sitzen, die sie einnahmen, unterschied man sie bald in rechte, linke und liberale Abgeordnete, je nach ihrem politischen Selbstverständnis. ...

Als ihre wichtigste Aufgabe sah die Nationalversammlung die Ausarbeitung einer Reichsverfassung an, die dann am 28. März 1849 verabschiedet wurde. In der Verfassung wurden die Grundrechte festgelegt:

Q2 ... § 137 Vor dem Gesetz gilt kein Unterschied der Stände. Der Adel als Stand ist aufgehoben. Alle Standesvorrechte sind abgeschafft.
§ 138 Die Freiheit der Person ist unverletzlich.

Ein König will kein Kaiser werden

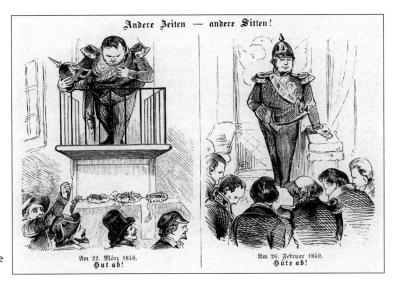

2 Andere Zeiten – andere Sitten! Karikatur, 1849.

§ 139 Die Wohnung ist unverletzlich.
§ 143 Jeder Deutsche hat das Recht, durch Wort, Schrift, Druck oder bildliche Darstellung seine Meinung frei zu äußern.
§ 161 Die Deutschen haben das Recht, sich friedlich und ohne Waffen zu versammeln; einer besonderen Erlaubnis bedarf es nicht.
…

1 *Begründet, warum für die Frankfurter Nationalversammlung die Bezeichnung „Gelehrtenparlament" aufkam.*
2 *Erläutert, warum die Abgeordneten als Erstes die Grundrechte ausarbeiteten.*

Der Preußenkönig lehnt die Kaiserkrone ab

Die Nationalversammlung diskutierte lange Zeit die Frage, ob das Deutsche Reich eine Republik oder eine Monarchie sein sollte. Man entschied sich schließlich für die Wahl eines Kaisers, der gemeinsam mit dem Parlament die Gesetze erlassen sollte.
Doch wer sollte Kaiser werden? Zwei Möglichkeiten boten sich an: Die Schaffung eines großen Deutschen Reiches unter der Führung Österreichs oder die „kleindeutsche" Lösung ohne Österreich unter der Führung Preußens. Man einigte sich auf die kleindeutsche Lösung unter der Führung Preußens. „Kaiser der Deutschen" sollte Friedrich Wilhelm IV. von Preußen werden. Doch

der preußische König lehnte ab. Selbstbewusst schrieb er im Februar 1849:

> **Q3** … Diese Krone ist nicht die tausendjährige Krone „deutscher Nation", sondern eine Geburt des scheuseligen Jahres 1848. … Untertanen können keine Krone vergeben. … Mit Gottes Hilfe werden wir „oben" wieder „oben" und „unten" wieder „unten" machen. Das ist es, was vor allem Not tut. …

Mit dieser Reaktion des preußischen Königs hatten die Abgeordneten nicht gerechnet. Die meisten Abgeordneten traten nun aus der Nationalversammlung aus, die über keinerlei Machtmittel verfügte, um ihre Beschlüsse durchzusetzen: Die Armee, Polizei und Beamtenschaft standen auf der Seite der Fürsten. Nur 100 Abgeordnete blieben zusammen und gründeten Anfang Mai in Stuttgart ein Rumpfparlament, das allerdings noch im Juli durch württembergische Truppen aufgelöst wurde.
3 *Warum boten die Frankfurter Abgeordneten dem preußischen König die Kaiserkrone an?*
4 *Nennt die Gründe für die Ablehnung der Kaiserkrone durch Friedrich Wilhelm IV. (Q3).*
5 *Erklärt, auf welche historischen Ereignisse die Karikatur (Abb. 2) anspielt. Wie urteilt der Zeichner über den Verlauf der Revolution?*

April 1849:
Die Nationalversammlung wählt den preußischen König zum „Kaiser von Deutschland". Der König lehnt ab und die Nationalversammlung löst sich auf.

131

Das Scheitern der Revolution

Mitbürger!

Dem gerechten Verlangen des Volkes soll Genüge geschehen! Leipzig wird Dresden nicht verlassen!

Der Stadtrath hat soeben den Kämpfern freie Fahrt auf der Eisenbahn nach Dresden bewilligt.

Um Geld für die noch fehlenden Waffen zu erlangen, liegen heute und morgen Subscriptions-Listen aus:

1) Querstraße 20 parterre
2) Grimm. Straße 16 im Hofe links,
3) In der 1. Bürgerschule,
4) Im goldnen Hahn in der Hainstr.

Eilet, Eure Gaben auf den Altar des Vaterlandes zu legen! Eilet, wem das Wohl und die Ehre unserer Stadt am Herzen liegt!

Leipzig d. 5. Mai 1849.

Im Namen der Urversammlung Leipziger Bürger. A. Ruge. C. H. Hoßfeld.

1 Aufruf zur Unterstützung der Dresdner Aufständischen zur Verteidigung der Revolution. Leipzig, 5. Mai 1849.

2 Sächsische Aufständische werden in Gefangenschaft geführt. Neuruppiner Bilderbogen, 1849.

Juni bis Oktober 1848: *Österreichische Truppen schlagen Aufstände in Wien, Prag und Oberitalien nieder.*

Dezember 1848: *Gewaltsame Auflösung der preußischen Nationalversammlung durch Friedrich Wilhelm IV.*

Mai 1849: *Erhebungen für die Reichsverfassung in den deutschen Kleinstaaten werden durch preußische Truppen niedergeworfen. Die Fürsten schränken das Wahlrecht und andere Grundrechte ein.*

Die Fürsten wollen die Macht zurück

Während die Frankfurter Nationalversammlung tagte, schlugen österreichische Truppen revolutionäre Erhebungen in Prag, Oberitalien und Wien nieder. Die führenden Revolutionäre wurden hingerichtet. Unter ihnen auch Robert Blum, ein Abgeordneter der Frankfurter Nationalversammlung, der mit den Wiener Arbeitern und Handwerkern gegen die kaiserlichen Truppen gekämpft hatte. Der Ministerpräsident Fürst Schwarzenberg löste den verfassunggebenden Reichstag auf und verfügte eine neue Verfassung. Auch in Preußen, also auch in der Provinz Sachsen, begann noch 1848 die Gegenrevolution. Im September berief Friedrich Wilhelm IV. einen Ministerpräsidenten, der mithilfe der Armee für Ruhe und Ordnung sorgen sollte. Berlin wurde durch 40 000 Soldaten unter Führung General Wrangels besetzt. Noch im Dezember löste der König die preußische Nationalversammlung auf. Preußen wurde vom Zentrum der Märzrevolution zur führenden Kraft der Gegenrevolution in Deutschland.

1 *Überlegt, wie die Revolutionäre auf diese Entwicklung reagieren konnten.*

Aufstände für die Reichsverfassung – Dresden in Aufruhr

Im Frühjahr 1849 versuchten revolutionäre Bürger durch Aufstände doch noch die Anerkennung der Verfassung durchzusetzen. Zu solchen Aufstandsbewegungen kam es in Dresden und Elberfeld, im Rheinland und in Süddeutschland.

In Sachsen hatte der sächsische Landtag am 8. April 1849 für die Annahme der Reichsverfassung gestimmt. Noch am gleichen Tag löste König August II. den Landtag auf und auch die Proteste der Bevölkerung konnten ihn nicht umstimmen. Als bekannt wurde, dass die Regierung preußische Truppen angefordert hatte, kam es zu gewaltsamen Unruhen. Am 4. Mai – der König und seine Minister waren aus Dresden geflohen – bildeten demokratische Bürger eine provisorische Regierung. In einem Bericht aus unserer Zeit heißt es:

M … Binnen weniger Stunden wuchsen in Dresdens Altstadt 108 Barrikaden empor. Handwerker und Arbeiter türmten Steine und Holzstühle auf. Frauen und Kinder tru-

Die Fürsten stellen die alte Ordnung wieder her

3 Rundgemälde von Europa 1849. Die Revolutionäre werden verjagt: vom preußischen König in die Schweiz gefegt, vom französischen Herrscher nach Amerika verschifft. In Frankfurt a. M. verkümmert eine parlamentarische Vogelscheuche.

Der deutsche Michel und seine Kappe im Jahr 1848. Karikatur, 1848.

Frühjahr.

Sommer.

Spätjahr.

gen zerschlissene Fußmatten, alte eiserne Kochtöpfe und durchgelegene Strohsäcke zusammen. Künstler wie Gottfried Semper und Richard Wagner standen an der Seite der Aufständischen. ...

Am 5. Mai begannen die Kämpfe mit den preußischen Truppen. 5000 Soldaten kreisten die Altstadt ein. Ihnen gegenüber standen etwa 3000 schlecht bewaffnete Aufständische, die nach blutigen Barrikadenkämpfen am 9. Mai aufgeben mussten. Die provisorische Regierung wurde entmachtet. Zahlreiche Aufständische wurden erschossen und die Zuchthäuser des Landes füllten sich mit verurteilten Teilnehmern der Maiaufstände.

Die Wiederherstellung der alten Ordnung
Nicht nur in Dresden, auch in den anderen deutschen Ländern wurden die Aufstände durch preußische Truppen blutig niedergeschlagen. Viele Revolutionäre wurden hingerichtet oder zu hohen Zuchthausstrafen verurteilt. Vor dem Zugriff der Polizei flüchteten viele Menschen ins Ausland, vor allem nach Amerika. Die Fürsten dagegen stellten in den

Ländern die alte Ordnung wieder her. Sie behinderten die Arbeit der Landesparlamente und schränkten das Wahlrecht ein. Friedrich Wilhelm IV. erließ für Preußen ohne weitere Absprache mit den gewählten Vertretern des Volkes eigenmächtig eine Verfassung, die dem König eine starke Stellung einräumte. 1850 vereinbarten Preußen und Österreich die Wiederherstellung des alten Deutschen Bundes (s. S. 115). Die von der Nationalversammlung in Kraft gesetzten Grundrechte wurden 1851 durch den neu zusammengetretenen Frankfurter Bundestag aufgehoben. Einer der Revolutionäre, Johann Jakoby, schrieb 1849 an einen Freund:

Q ... [Die Revolution] ... hat die Lehre erteilt, dass jede Revolution verloren ist, welche die alten, wohl organisierten Gewalten neben sich fortbestehen lässt. ...

2 Beschreibt mithilfe der Abbildung 3 den Verlauf und die Folgen der Gegenrevolution.
3 Erklärt die Aussage von Jakoby (Q). Besprecht, ob ihr dieser Aussage zustimmen könnt.

Zwar kam es auch in der Provinz Sachsen zu Aufständen, doch wurden diese schon frühzeitig erstickt. Trotz eines dichten Netzes liberaler und demokratischer Volksvereine erreichte die Revolution hier nicht die gleiche Dynamik wie etwa in Dresden oder Berlin. Im Gegenteil waren es gerade altmärkische und magdeburgische Adlige, die entscheidend an der preußischen Gegenrevolution teilhatten.

Das braucht ihr

- 2 Würfel,
- 1 Kopie des Puzzles und
  1 Kopie des Spielbogens,
- 1 Bogen Zeichenkarton (A4),
- Schere und Kleber.

So geht es

1. Bildet Gruppen mit 3 bis 4 Spielern und Spielerinnen. Klebt das Barrikaden-Puzzle auf einen Karton und schneidet die Teile aus. Legt sie in die Mitte des Tisches.
2. Alle Spieler würfeln. Wer die höchste Zahl hat, darf beginnen. Dann geht es im Uhrzeigersinn weiter.
3. Die Spieler selbst dürfen entscheiden, ob sie mit einem oder mit zwei Würfeln spielen. Ziel ist es, eine der Ziffern zu würfeln, die auf dem Schnipsel stehen (1–12). Wer die entsprechende Ziffer würfelt, darf sich einen Schnipsel nehmen.
4. Der Spieler/die Spielerin dürfen den Schnipsel nur behalten, wenn sie die dazugehörige Frage richtig beantworten und die Lösung auf dem Spielbogen ankreuzen (es gibt immer nur eine richtige Antwort). Wisst ihr die Antwort nicht, müsst ihr den Schnipsel wieder in die Mitte legen.
5. Sind alle Schnipsel verteilt und alle Fragen beantwortet? Dann könnt ihr die Barrikade/das Puzzle zusammenkleben.
6. Nun müsst ihr nur noch das Lösungswort finden (siehe Spielbogen), aufschreiben und fertig!
7. Gewonnen hat
   - der Spieler mit den meisten Schnipseln und
   - die Arbeitsgruppe, die am schnellsten ihre Barrikade zusammengeklebt hat.

Werkstatt Geschichte: Wir würfeln Barrikaden

Spielbogen

1 Der Begründer der deutschen Turnbewegung war zugleich ein Vorkämpfer für die Einheit Deutschlands. Sein Name lautet:

- ■ Helmut Kohl
- ■ Siebenpfeifer
- ■ Friedrich Ludwig Jahn

2 1817 gedachten etwa 500 Studenten der Reformation und der Völkerschlacht bei Leipzig. Das Fest ging in die Geschichte ein als:

- ■ Hambacher Fest
- ■ Osterfest
- ■ Wartburgfest

3 Name des schwäbischen Dichters, der die Behaglichkeit des häuslichen Glücks pries:

- ■ Grimm
- ■ Richter
- ■ Biedermeier

4 Wer gab das Signal zu einer allgemeinen Erhebung im Europa des Jahres 1848:

- ■ die Pariser Februarrevolution
- ■ Aufstände in Baden
- ■ Berliner Barrikadenkämpfer

5 Welcher Ausspruch stammt von dem preußischen König Friedrich Wilhelm:

- ■ Dieses geht mich gar nichts an, denn ich bin ein Untertan.
- ■ Fürsten zum Land hinaus, jetzt kommt der Völkerschmauß.
- ■ Gegen Demokraten helfen nur Soldaten.

6 Wie viele Berliner versammelten sich am 18. März 1848 vor dem Berliner Schloss?

- ■ 1 000
- ■ 10 000
- ■ 100 000

7 Vor wem verneigte sich Friedrich Wilhelm IV. am 21. März 1848:

- ■ vor seiner Gemahlin, die ihren fünfzigsten Geburtstag feierte
- ■ vor den Abgeordneten der preußischen Nationalversammlung, die in Berlin tagte
- ■ vor den Särgen der gefallenen Barrikadenkämpfer, die vor seinem Schloss aufgebahrt waren

8 Wie hieß die Kirche, die zum Tagungsort für die erste deutsche Nationalversammlung wurde?

- ■ Paulskirche
- ■ Gedächtniskirche
- ■ Nikolaikirche

9 Die Verfassung, die die Nationalversammlung 1849 verabschiedete, beinhaltete:

- ■ das Wahlrecht für Frauen
- ■ einen Katalog mit Grundrechten
- ■ das Ende der Monarchie

10 Germania, die deutsche Schutzgöttin, findet ihr in einem Bild in diesem Kapitel. Auf welcher Seite befindet sich die Abbildung mit der Germania?

- ■ Seite 128
- ■ Seite 130
- ■ Seite 132

11 Die Nationalversammlung machte König Wilhelm IV. im April 1849 ein Angebot. Was wurde dem König angeboten?

- ■ die Kaiserkrone
- ■ ein Ministeramt
- ■ eine angemessene Altersversorgung, falls er freiwillig als König von Preußen abdanke

12 In welcher Stadt kam es im Mai 1849 zu Erhebungen für die Reichsverfassung?

- ■ Frankfurt
- ■ Potsdam
- ■ Dresden

Wenn ihr alle Fragen beantwortet und das Puzzle zusammengeklebt habt, seht ihr auf der linken Seite des Barrikadenbildes einen Mann mit einer Fahne. Was steht auf der Fahne? Tragt die acht Buchstaben des Lösungswortes in euer Heft ein:

■ ■ ■ ■ ■ ■ ■ ■

Berlin 1848 – Die Geschichte von Jette und Frieder

Die 15-jährige Jette lebt mit ihrer älteren Schwester, der „Sternenkiekerguste", und dem kleinen Fritzchen in einem armseligen Loch über dem Haustor. Jeden Morgen legt ihr der Zimmergeselle Frieder drei Kartoffeln vor die Tür. So beginnt eine zarte Liebesgeschichte. In den 38 deutschen Staaten aber gärt es. Freiheit, Gleichheit und Demokratie sollen das Gottesgnadentum der Fürstenhäuser ablösen. Auf die Hungerrevolten folgt die Revolution 1848, in die auch Frieder, Jette und ihre kleine „Familie" hineingeraten.

… Sie sind längst nicht die Einzigen, die es an diesem Abend in die Innenstadt drängt. Von überall quillt es heran: Arbeitsmänner aus den Maschinenfabriken vor dem Tor, Arbeitsfrauen, Arbeitsburschen, Handwerker und Straßenjungen über Straßenjungen. Alle müssen sie von den im Übermaß erhöhten Kartoffelpreisen erfahren haben, allen steht der Zorn im Gesicht geschrieben. Am Markt angekommen, macht sich Enttäuschung breit. Die Stände haben längst geschlossen; nur drei Polizisten in ihren dunkelblauen, gelb geknöpften, mit karmesinroten Kragen verzierten Röcken und streng in die Stirn gezogenen dreieckigen Hüten stehen auf dem in der Dämmerung düster wirkenden Marktplatz und sehen ihnen erschrocken entgegen. … Doch nun wird irgendwo gerufen, dass es ja noch mehr Märkte gebe, und es geht weiter auf die Innenstadt zu. Einmal wird aus einem Fenster ein Nachttopf entleert – direkt auf sie herab! –, aber ob das Absicht oder Zufall war, lässt sich nicht herausfinden. So drängt alles weiter;

die einen schimpfend, weil sie etwas abbekommen haben, die anderen lachend vor Schadenfreude. Und Frieder läuft mit, seltsam erregt von all dem, was da um ihn herum passiert. Dass sie nur auf den Markt wollten, um irgendeinen Händler zu zwingen, die Kartoffeln billiger herzugeben, hat er längst vergessen. Die halbe Stadt scheint auf den Beinen zu sein, ein richtiger Menschenstrom hat sich gebildet. Und Rackebrandt, Roderich, Schorsch, Flips, Nante und er immer vorneweg. Hofft der Altgeselle, dass das Volk, von dem er so oft spricht, sich endlich mal wehrt? Und das vielleicht nicht nur gegen die Marktler?

Jetzt sind sie schon über die Weidendammbrücke hinweg und haben die breite Allee Unter den Linden überquert und es werden immer noch mehr, die herandrängen. Und je größer die Menge, desto mutiger werden die Menschen. „Brot! Brot! Brot!", rufen sie und „Kartoffeln! Wir wollen Kartoffeln!" Ein kesser Bursche mit schief aufgesetztem, sicher irgendwo gestohlenem, vornehmem neuem Hut und buntem Bindeschlips reißt wütend einen Stein aus dem Pflaster, schreit: „Hurra", und wirft zielsicher die erste Gaslaterne ein. Verwirrt weicht Frieder zurück. Was soll denn das? Sind nicht alle stolz auf die neuen Gaslaternen? Weitere Steine werden aus dem Pflaster gerissen, immer mehr Laternengehänge splittern und Flips entpuppt sich als einer der geschicktesten und eifrigsten Werfer. Da begreift Frieder endlich: An normalen Abenden machen die Laternen die Stadt sicherer, heute sind sie die besten Verbündeten der Gendarmen! Ist alles finster, kann

niemand mehr erkennen, wer durch die Straßen zieht.

Auch Rackebrandt, Schorsch, Nante und Roderich beobachten das wütende Treiben nur stumm. Und als irgendwo geschrien wird, alle Reichen müssen totgeschlagen werden und König und Kronprinz gleich als Allererste, nickt Roderich grimmig. „Wer Unkraut sät, wie will der Veilchen ernten?"

Und dann will das Krachen und Splittern gar kein Ende mehr nehmen. Je schöner und wohlhabender die Häuser, an denen sie vorüberkommen, desto mehr Scheiben gehen zu Bruch. Manche Jungen laufen sogar weit voraus, um noch heile Fenster und Laternen zu finden, und die Nachfolgenden, von der nun immer hektischer vorwärts stürmenden Menge mitgerissen, müssen befürchten, sich in den Unmengen von Scherben die Stiefel oder gar die Füße aufzuschneiden. Ein Bäckerladen, ein Schlächter! Wieder fliegen die Steine in die Fenster. Und dann ist auch das der Menge nicht mehr genug. Alles drängt in die Läden; Brote, Fleischstücke und Würste werden herausgeworfen und kreischende Frauen beginnen sich um die Beute zu balgen. …

Erst auf dem Opernplatz, auf dem noch die Gaslaternen brennen, gerät die Menge ins Stocken. Trommelschlagen vor der Universität? – Und da kommen sie auch schon heranmarschiert: unzählige Reihen von Infanteristen. Ihre Pickelhauben glänzen im Laternenlicht, die Bajonette sind aufgesteckt. …

Wie es weitergeht, erfahrt ihr in dem Buch von Klaus Kordon: 1848 – Die Geschichte von Jette und Frieder, Verlag Beltz & Gelberg, Weinheim, 1997.

Zusammenfassung

Streben nach Freiheit

Gegen die Beschlüsse auf dem Wiener Kongress protestierten Handwerksgesellen, Bürgersöhne und vor allem auch Studenten. Sie forderten Einheit und Freiheit wie z. B. auf dem Wartburgfest (1817) und auf dem Hambacher Fest (1832). – Diese Liberalen wurden von den Fürsten verfolgt und häufig zu harten Gefängnisstrafen verurteilt. Der Wunsch nach mehr Freiheit konnte aber dadurch nicht unterdrückt werden.

Die Revolution 1848

Viele Menschen lebten zu Beginn des 19. Jahrhunderts in großer Armut. Ihre Unzufriedenheit mit den politischen Verhältnissen brach sich schließlich Bahn, als infolge von Missernten noch Hungersnöte ausbrachen. Es kam zu Revolten, die durch Soldaten niedergeschlagen wurden. Ausgehend von Paris, wo im Februar 1848 der König vertrieben und eine Republik ausgerufen wurde, breitete sich die Revolution über ganz Europa aus, so in Italien, Ungarn, Österreich und in Deutschland. Die deutschen Revolutionäre forderten immer wieder die Abschaffung der Adelsvorrechte, politische Mitbestimmung und die Einheit Deutschlands.

Die Frankfurter Nationalversammlung

Sie ging hervor aus allgemeinen und gleichen Wahlen. Die Nationalversammlung beschloss die erste gemeinsame deutsche Verfassung. Ferner beriet sie darüber, welche Staaten dieses geeinte Deutschland bilden sollten. Mit knapper Mehrheit entschied man sich für die kleindeutsche Lösung, also ohne Österreich. Dem preußischen König Friedrich Wilhelm IV. bot man die Kaiserkrone an, die dieser empört ablehnte.

Das Scheitern der Revolution

Während die Frankfurter Nationalversammlung tagte, schlugen österreichische Truppen revolutionäre Erhebungen in Prag, Oberitalien und Wien im Sommer und Herbst 1848 nieder. Das war das Signal für die Gegenrevolution. Auch der preußische König ließ Berlin mit Soldaten besetzen und löste die preußische Nationalversammlung im Dezember 1848 auf. Mit der Ablehnung der Kaiserkrone durch den preußischen König war auch die Arbeit der Nationalversammlung gescheitert. Mit Waffengewalt wurden die Abgeordneten auseinander gejagt. Die alten Mächte eroberten ihre verlorenen Machtpositionen wieder zurück.

1817/1832

Wartburgfest und Hambacher Fest.

März 1848

Die Revolution in Frankreich breitet sich über ganz Europa aus.

18. Mai 1848

Eröffnung der deutschen Nationalversammlung in der Frankfurter Paulskirche.

28. 4. 1849

Der preußische König lehnt die Wahl zum Kaiser ab.

7. Die industrielle Revolution

Im 19. Jahrhundert wandelte sich das Leben der Menschen in Deutschland und vielen anderen Ländern grundlegend. Der Siegeszug neuer Techniken und Maschinen veränderte den Alltag, das Denken und Handeln der Menschen in Europa. Es entstanden neue soziale Gruppen und Probleme: Fabrikbesitzer, Angestellte und vor allem Arbeiter, die oft unter unmenschlichen Bedingungen in den Fabriken arbeiten und in den Städten leben mussten. Auf den folgenden Seiten könnt ihr erfahren, wie diese Revolution in England begann und schließlich Europa erfasste – mit all ihren positiven wie negativen Folgen für das Leben der Menschen.

Anfänge der industriellen Produktion

1 **Heimarbeiterinnen in England um 1770.** Wolle wird zu Garn verarbeitet. Die Fäden werden zunächst auf dem Spinnrad gesponnen und dann auf eine Garnwinde gewickelt. Buchillustration.

Der Engländer Jethro Tull.

Die Sämaschine, die der Engländer Jethro Tull im Jahr 1701 erfand.

Die Revolution beginnt in England

Im Jahr 1845 schrieb Friedrich Engels, ein deutscher Fabrikant, in seinem Buch über „Die Lage der arbeitenden Klasse in England":

Q ... Vor 60/80 Jahren ein Land wie alle anderen, mit kleinen Städten, wenig und einfacher Industrie und einer verhältnismäßig großen Ackerbaubevölkerung. Und jetzt: Ein Land wie kein anderes, mit einer Hauptstadt von dreieinhalb Millionen Einwohnern, mit großen Fabrikstädten, mit einer Industrie, die die ganze Welt versorgt und die fast alles mit den kompliziertesten Maschinen macht, mit einer fleißigen, intelligenten Bevölkerung, von der zwei Drittel von der Industrie in Anspruch genommen werden, und die aus ganz anderen Klassen besteht, ja, die eine ganz andere Nation mit anderen Sitten und Bedürfnissen bildet als damals. ...

1 *Informiert euch in einem Lexikon über das Leben von Friedrich Engels.*

Voraussetzungen der industriellen Revolution

Wie hatte es zu diesen raschen Veränderungen kommen können, und warum gerade in England? Auf diese Frage gibt es mehrere Antworten:

– Eine wichtige Voraussetzung war die Steigerung der Ernteerträge durch bessere Anbaumethoden und neue Maschinen. So erfand z. B. der Engländer Jethro Tull im Jahr 1701 die Sämaschine, mit der die Körner gleichmäßig in die Erde gesät werden konnten.

– Neue Früchte aus Nordamerika wie die Kartoffel, aber auch Tomaten und Erbsen ergänzten die Versorgungsmöglichkeiten. Bessere Ernährung sowie ein höheres Maß an Sauberkeit und Hygiene in den Haushalten führten zu einem Bevölkerungsan-

Anfänge der industriellen Produktion

2 Die „Spinning Jenny" von 1764. – Drehte man das Rad, zogen und drehten die Spindeln die Wolle automatisch zu Fäden. Ein Mensch konnte daran so viel Garn spinnen wie acht Leute mit herkömmlichen Spinnrädern. Buchillustration.

stieg. Zwischen 1700 und 1850 nahm in England die Bevölkerung um das Dreifache zu.

– Je mehr Menschen es gab, desto größer wurde der Bedarf an Kleidung aller Art, vor allem an preisgünstigen Stoffen. Die Garnproduktion der etwa 700 000 Heimarbeiterinnen (siehe Abb. 1) reichte jetzt nicht mehr aus.

– Wegen der großen Nachfrage nach preisgünstigen Stoffen suchten Großhändler und Unternehmer jetzt nach technischen Möglichkeiten, die Produktion zu erhöhen und gleichzeitig preiswerte Waren zu produzieren.

– Technische Erfindungen und die notwendigen Industriebauten kosteten viel Geld. Doch daran herrschte kein Mangel, denn Kaufleute und Adlige hatten im Übersee- und Sklavenhandel große Reichtümer erworben und konnten die Arbeiten von Technikern und Ingenieuren finanzieren.

Innerhalb nur einer Generation veränderte sich so in England die Arbeitswelt: Von der Heimarbeit, die auch nur in der „Freizeit" ausgeübt werden konnte, kam es jetzt zur Vollarbeitszeit in großen Fabriken* mit oft mehreren hundert Arbeitern und Arbeiterinnen.

2 *Überlegt, warum man hier von einer „Revolution" spricht.*

3 *Erklärt in eigenen Worten, warum es zunächst in England zur industriellen Revolution kam. Berücksichtigt dabei die Abbildungen 1 und 2.*

Die „Spinning Jenny"

Im Jahr 1761 schrieb die „Gesellschaft zur Förderung des Handwerks und der Manufakturen" einen Wettbewerb aus. Fünfzig Pfund Sterling sollte derjenige erhalten, dem die Erfindung einer Maschine gelänge, „die sechs Fäden Wolle, Flachs, Hanf oder Baumwolle gleichzeitig spinnt, sodass nur eine Person zur Bedienung nötig ist".

Den Preis gewann schließlich James Hargreaves (1740–1778). Im Jahr 1764 stellte er seine Maschine, die er nach seiner Tochter „Spinning Jenny" nannte, der Öffentlichkeit vor. Mit dem Preisgeld richtete er sich eine kleine Werkstatt ein, die von aufgebrachten Webern und Spinnern der Umgebung jedoch schon bald gewaltsam zerstört wurde.

4 *Die Weber und Spinner rotten sich zusammen, um das Haus von Hargreaves zu überfallen. Was könnten sie gesagt haben?*

Fabrik*:
(lat. fabrica = Werkstätte), Großbetrieb mit oft mehreren hundert Arbeitern und Arbeiterinnen und maschineller Fertigung von Erzeugnissen. Der Aufstieg der Fabriken und der Niedergang des Heimgewerbes begann in England 1770 mit der Erfindung der „Spinning Jenny". Die Heimarbeiter mussten sich nun als Lohnarbeiter bei den Fabrikbesitzern verdingen.

141

„Mit Volldampf in die Zukunft"

1 Die von James Watt 1769 konstruierte Dampfmaschine. Illustration.

James Watt (1736–1819). Gemälde, 1792.

Abschied vom Webstuhl

Mit den neuen Spinnmaschinen, die zudem ständig verbessert wurden, gab es Garn im Überfluss. Die Webereibesitzer verlangten daher nach leistungsfähigeren Webstühlen, um das Garn auch verarbeiten zu können. Edmund Cartwright (1743–1823), ein Landpfarrer, war es schließlich, der im Jahr 1785 die ersten mechanischen Webstühle konstruierte, die schon bald von Dampfmaschinen angetrieben wurden.

Dampfmaschinen gab es schon seit 1698, aber sie brachten nur geringe Leistung bei gleichzeitig sehr hohem Energieverbrauch. Den Durchbruch schaffte erst James Watt (1736–1819) im Jahr 1769 mit einer Dampfmaschine, die die zehnfache Leistung eines Pferdes erbrachte (10 PS = 10 Pferdestärken). Im Jahre 1810 gab es allein in England schon über 5000 Dampfmaschinen. In den Bergwerken wurden sie zur Förderung der Kohle eingesetzt, sie standen in Wasserwerken, trieben Mühlen an und auf den Feldern zogen sie die schweren Stahlpflüge. Sie fehlten natürlich auch nicht bei den Spinn- und Webmaschinen und in der Landwirtschaft. Für die ländlichen Textilarbeiter und Textilarbeiterin-

nen entstand durch die Fabriken eine mächtige Konkurrenz. Wie der Konkurrenzkampf ausging, zeigt die folgende Tabelle:

	Kraftgetriebene Webstühle	Ländliche Weber
1810	–	250 000
1813	2 400	–
1820	14 150	250 000
1829	55 500	–
1833	100 000	–
1850	250 000	40 000
1860	–	3 000
(– = keine Angaben vorhanden)		

1 *Beschreibt die an der Tabelle deutlich werdende Entwicklung im Textilgewerbe. Stellt die Zahlenangaben zeichnerisch dar.*
2 *Sucht nach Gründen für diese Entwicklung.*

Dampf in Bewegung

Waren die ersten Dampfmaschinen noch so schwer, dass man sie nicht von der Stelle bewegen konnte, so baute bereits 1769 der Franzose Nicholas Cugnot einen Dampfwa-

Dampfmaschinen im Einsatz

2 **Dampfgetriebene Pflüge konnten auf großen, ebenen Feldern am besten eingesetzt werden.** Rekonstruktionszeichnung.

gen, dessen Wasser- und Brennstoffvorräte allerdings nur für eine Fahrt von 15 Minuten ausreichte. Nachdem er an einer Mauer zerschellte, wurde dieses Projekt nicht weiterverfolgt. Englische Techniker bauten leistungsfähigere Dampffahrzeuge, scheiterten aber an dem entschiedenen Widerstand von Fuhrunternehmern, Hufschmieden, Sattlern und Besitzern von Pferdestationen. Als es auch noch zu einigen Verkehrsunfällen kam, erließ das englische Parlament 1836 das „Anti-Dampfwagen-Gesetz". Die „pferdelosen mechanischen Wagen" durften nicht schneller als vier englische Meilen in der Stunde fahren. Außerdem musste 100 Meter vor jedem Dampfwagen ein Mann vorausgehen und durch das Schwenken einer roten Fahne die Fußgänger und Pferdefuhrwerke vor der „Gefahr" warnen. Dieses Gesetz war bis 1895 in Kraft und verhinderte die Weiterentwicklung der Straßenfahrzeuge.

Umso erfolgreicher waren die Dampflokomotiven des englischen Konstrukteurs George Stephenson (1781–1848). Im Jahr 1825 wurde die erste Bahnlinie der Welt zwischen den Bergwerken in Darlington und der Hafenstadt Stockton-on-Tees eröffnet. Für die 15 Kilo-

meter lange Strecke brauchte die Lokomotive mit 34 Wagen insgesamt 65 Minuten.

Wie keine andere Erfindung dieser Zeit hat die Dampflokomotive die Welt verändert. Menschen und ungeheure Warenmengen konnten jetzt in kurzer Zeit große Strecken überwinden, Rohstoffe konnten in die Industriezentren gebracht und die Bevölkerung in den Großstädten jederzeit mit ausreichenden Lebensmitteln versorgt werden.

Der Dampfmaschine folgten im 19. Jahrhundert noch zahlreiche andere bedeutende Erfindungen und Entdeckungen:

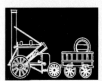

George Stephenson baute seine erste Dampflokomotive 1814. Das Nachfolgemodell, die Rocket, war mit einer Höchstgeschwindigkeit von 47 km/h als erstes Fahrzeug schneller als ein Pferd.

Benz · Daguerre · Daimler · Edison · Fulton · Koch · Liebig · Otto · Pasteur · Siemens · Stephenson · Watt
Benzinmotor · Cholerabekämpfung · Dampfmaschine · Dampfschiff · Dynamo · Entdecker der Bakterien · Fotografie · erstes Automobil · Glühbirne · Kunstdünger · Lokomotive · Viertaktmotor

3 *Ordnet den Erfindern die jeweilige Erfindung zu. Nehmt ein Lexikon zu Hilfe.*

Zum Weiterlesen: Fabriken überall

Eine Baumwollfabrik

Die Textilindustrie wurde durch die Einführung von Maschinen, die mit Wasser- und Dampfkraft angetrieben wurden, völlig umgestaltet. Anfang des 19. Jahrhunderts wurde in dieser Fabrik die Baumwolle zuerst gekämmt um die Fasern zu strecken. Die Baumwollfasern wurden dann mit einer Spinnmaschine zu Fäden zusammengedreht und auf Spulen gewickelt. Der Antrieb aller Maschinen erfolgte zentral über ein riesiges Wasserrad und ein System von Zahnrädern und Wellen, die viele Gefahren für die

reichen beweglichen Teile Schutzschilde oder Sicherheitsbremsen. Oftmals mussten Kinder, da sie klein und gelenkig waren, unter die surrenden Spinnmaschinen kriechen und gerissene Fäden knoten. Kein Wunder, dass sie oft schwer und manchmal sogar tödlich verunglückten.

Arbeiter bargen. Breite, lange Treibriemen und Räder, die sich schnell drehten, waren überall in der Fabrik zu finden, aber keine der Maschinen hatte trotz dieser zahl-

Weitere Informationen findet ihr in dem Buch von Andrew Langley: Die Entwicklung der Industrie. Karl Müller Verlag, 1994.

1 Wasserrad
2 Schulzimmer
3 Spinnmaschinen
4 Kämmmaschinen
5 Spul- und Wickelmaschinen
6 Treibriemen

Eisen und Kohle

Zwischen 1770 und 1860 stieg die Kohleproduktion in Großbritannien von sechs Millionen auf 66 Millionen Tonnen. Kohle war als Brennstoff unerlässlich für den Betrieb der Dampfmaschinen und für die Eisengewinnung. Und ohne Eisen (und später Stahl) hätte es z. B. keine Eisenbahnschienen, keine Ozeandampfer und keine Werkzeugmaschinen gegeben.

Mit der steigenden Nachfrage brachten die Kohlenbergwerke ihren Eigentümern hohe Gewinne, denjenigen aber, die in den Bergwerken arbeiten mussten, brachten sie nur Elend, Krankheit und oft sogar den Tod.

Hüttenarbeiter schieben einen glühend heißen Barren unter den Dampfhammer.

Gefahren im Bergwerk

Zuerst wurde Kohle im Tagebau gefördert, aber später musste tiefer gegraben werden. Man legte senkrechte Schächte an, von denen aus dann seitwärts waagerechte Stollen in die Kohlenflöze getrieben wurden. Je tiefer die Schächte und Stollen ins Erdinnere reichten, umso häufiger kam es vor, dass sich Wasser darin ansammelte. Viele Bergleute mussten ihre ganze Schicht lang im Wasser stehend arbeiten. Erst Anfang des 18. Jahrhunderts wurde das Wasser abgepumpt. Viele andere Gefahren lauerten auf die Kumpel. Gase aus dem Erdinnern konnten sich entzünden und zu Explosionen führen, Schächte und Stollen einstürzen. Der Kohlenstaub führte bei den Bergarbeitern zu Asthma- und Lungenkrankheiten. Die Arbeit selbst war hart, lang und schlecht bezahlt.

Ein Pferd wird in einem speziellen Geschirr in den Schacht hinuntergelassen. Grubenpferde zogen die Loren über die Gleise in den Stollen.

Kinderarbeit in einem englischen Steinkohlenbergwerk. Lithographie, 1884.

Folgen der Industrialisierung in England

Häuser mit separaten Kellerwohnungen in Merthyr Tydfil (Wales). Stich.

In den Abwasserkanälen der englischen Großstädte wimmelte es von Ratten. Manche Männer verdienten sich damit ihren Lebensunterhalt, diese Ratten zu fangen. Gelegentlich verkauften sie lebendige Ratten an Leute, die mit ihren Hunden Jagd darauf machten.

Die Lage der Arbeiter

Um 1700 lebten in England 85 Prozent der Bevölkerung auf dem Land; etwa 150 Jahre später waren es nur noch 40 Prozent. Millionen Menschen waren in dieser Zeit vom Land in die Städte abgewandert. Die Mechanisierung in der Landwirtschaft hatte sie arbeitslos gemacht. In den Industriestandorten suchten sie jetzt als ungelernte Arbeiter ihren Lebensunterhalt zu verdienen. Ihre Unterkünfte waren klein, dunkel und feucht. Rheuma, Gicht und andere Krankheiten gehörten zu ihrem Alltag. Der Verdienst war schlecht, denn es gab genügend Menschen, die bereit waren, auch für einen geringen Lohn zwölf Stunden und mehr am Tag zu arbeiten; Frauen und Kinder mussten ebenfalls mitarbeiten. War die Auftragslage schlecht, wurden die Arbeiter sofort entlassen; eine Arbeitslosenunterstützung gab es nicht. In einem Bericht des Ingenieurs Max Eyth aus dem Jahr 1861 heißt es:

Q … Was die Industrie Gutes und Böses leistet, lernt man in Manchester kennen.

Den Hauptreichtum des Bezirks erzeugen die Millionen Spindeln seiner Baumwollindustrie.

Reichtum! Nirgends in England habe ich bis jetzt eine so bleiche, kranke, von Elend und Unglück angefressene Bevölkerung gesehen, wie sie hier aus den niederen, rauchigen Häusern herausgrinst oder auf den engen, staubigen Gassen der ärmeren Viertel herumliegt …! Töricht wäre es trotzdem, der Industrie einen Vorwurf daraus zu machen. Sie ist und bleibt das einzige Mittel, die 500 000 Menschen hier, die Millionen in England auch nur auf dieser Stufe des Lebens zu erhalten. Nicht die Industrie hat das Hässliche geschaffen, das ihr anhaftet. …

1 *Sprecht über den Bericht von Max Eyth. – Was müsste sich nach eurer Meinung ändern, damit sich die Arbeiter „aus diesem Schmutz herausarbeiten" können?*
2 *Vergleicht diesen Bericht mit jenem von Friedrich Engels (siehe S. 140).*

Methode: Statistiken und Grafiken

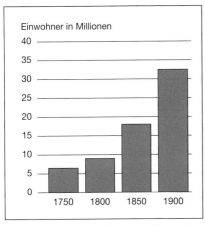

Einwohner in Millionen

1 Bevölkerungswachstum in England und Wales, 1750–1900. Säulendiagramm.

Rate je Tausend

Geburtenrate

Sterberate

	1750	1800	1850	1880	1900	1930	1980
Bevölkerung in Mio.	6,5	9	18	18	32,5	40	49

2 Geburten- und Sterberate in England und Wales, 1750–1900. Kurvendiagramm.

Wir arbeiten mit Statistiken und Grafiken

Immer wieder arbeiten wir im Geschichtsunterricht mit Statistiken und Grafiken. Sie sollen uns helfen historische Entwicklungen darzustellen und zu vergleichen. Wie das funktioniert und was dabei zu beachten ist, könnt ihr hier am Beispiel der Bevölkerungsentwicklung in Europa erarbeiten.

In Europa lebten um 1750 etwa 140 Millionen Menschen; um 1900 waren es bereits 450 Millionen. In nur 150 Jahren hatte sich also die Bevölkerung Europas mehr als verdreifacht. Ein derartig rasches Bevölkerungswachstum war etwas völlig Neues. Wir sprechen daher von einer Bevölkerungsexplosion. Das erste Land, in dem sich dieser Bevölkerungswandel vollzog, war England (vgl. Grafik 1). Es gibt für diese Entwicklung vor allem zwei Ursachen:

– Infolge der verbesserten medizinischen Versorgung und der höheren Ernteerträge durch den Einsatz von Landmaschinen ging in England seit 1750 die Sterblichkeit stark zurück.

– Die Geburtenrate aber blieb weiterhin gleich hoch (vgl. Grafik 2).

Man kann diese Entwicklung in England und Wales aufzeigen, indem man für jedes Jahr seit 1750 genaue Angaben macht über die Geburten- und Todesfälle sowie die Bevölkerungszahl insgesamt; das wäre dann eine Statistik. Besonders übersichtlich wäre dies indessen nicht. Viel anschaulicher ist eine zeichnerische Darstellung, eine Grafik. Es gibt aber ganz unterschiedliche Grafiken. Das *Säulendiagramm* (Grafik 1) zeigt uns einen ganz bestimmten Zustand zu einem bestimmten Zeitpunkt.

Das *Kurvendiagramm* (Grafik 2) gibt hingegen eine Entwicklung wieder. Das ist z. B. wichtig, wenn man die Entwicklung in England mit jener in Deutschland vergleichen möchte (siehe Tabelle, Abb. 3). Seit 1800 ging die Sterblichkeit in Deutschland fast gleichmäßig von 28 pro 1000 Einwohner auf 16 pro 1000 Einwohner im Jahr 1900 zurück. Die Geburtenrate sank im gleichen Zeitraum von 40 auf 27 je Jahr und 1000 Einwohner.

Jahr	Bevölkerungszahl
1750	20 Millionen
1800	23 Millionen
1850	35 Millionen
1900	56 Millionen

3 Bevölkerungsentwicklung in Deutschland, 1750–1900. Statistik.

1 Tragt die Angaben zur Bevölkerungsentwicklung in Deutschland in ein Säulendiagramm ein.

2 Verfertigt mit Hilfe der Angaben zu der Geburtenrate und der Sterberate ein Kurvendiagramm.

3 Vergleicht euer Ergebnis mit den Grafiken 1 und 2. Gibt es Unterschiede? Wie sind sie zu erklären?

4 Versucht selbst eine Grafik zu erstellen. Ein Beispiel: Die Bevölkerungsentwicklung in eurem Wohn- oder Schulort zwischen 1750 und 1900. Besorgt euch die entsprechenden Angaben im Rathaus und erstellt mit ihrer Hilfe ein Säulendiagramm und ein Kurvendiagramm.

– Welchen Unterschied stellt ihr zur Entwicklung in England fest?

– Welche Fragen ergeben sich daraus?

147

Industrielle Revolution in Deutschland

Empfangshalle des Anhalter Bahnhofs. Holzschnitt nach einer Zeichnung von G. Theuerkauf, 1880.

„Elekrische Eisenbahn" bei Lichterfelde. Konstruiert von Siemens. Holzstich nach einer Zeichnung von H. Lüders, 1881.

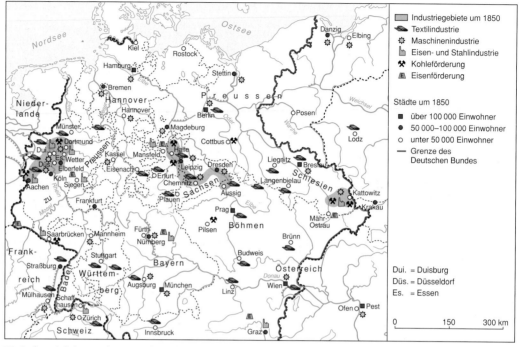

1 Industrialisierung in Deutschland um 1850.

Deutschland – ein rückständiges Land?

Die industrielle Revolution begann in Deutschland erst spät. Deutschland besaß im Unterschied zu England keine Kolonien, die billig Rohstoffe liefern konnten. Es fehlten ihm damit auch lohnende Absatzmärkte. Auch im Deutschen Reich selber verhinderten die zahllosen Zölle, die unterschiedlichen Währungen und Gewichte in den Einzelstaaten einen großen einheitlichen Wirtschaftsraum.
Im Jahre 1819 klagte der Wirtschaftswissenschaftler Friedrich List:

> **Q1** ... Um von Hamburg nach Österreich, von Berlin in die Schweiz zu handeln, hat man zehn Staaten zu durchschneiden, zehn Zollordnungen zu studieren, zehnmal Durchgangszoll zu bezahlen. Trostlos ist dieser Zustand für Männer, welche wirken und handeln möchten. ...

Nur fünfzehn Jahre später waren diese Hindernisse beseitigt: In der Nacht zum 1. Januar 1834 fielen in fast allen deutschen Staaten die Zollschranken. Um Mitternacht setzten sich

die wartenden Wagen der Kaufleute unter dem Jubel der Bevölkerung in Bewegung. Diesen Fortschritt für die Kaufleute und Reisenden hatte die Regierung von Preußen in langen Verhandlungen mit den anderen deutschen Staaten erreicht. Unter preußischer Führung schlossen sich in den Jahren 1833/34 fast alle deutschen Länder zu einem „Deutschen Zollverein" zusammen. Der Vertrag enthielt zwei weitere wichtige Bestimmungen:
– Die Regierungen führten ein gleiches Münz-, Maß- und Gewichtssystem in ihren Ländern ein.
– Jeder Einwohner des Gebietes des deutschen Zollvereins darf sich in jedem deutschen Staat des Zollvereins Arbeit suchen.
1 *Erklärt den Satz: Die wirtschaftlichen Erfordernisse förderten die deutsche Einheit.*

Die Eisenbahn – Motor der Industrialisierung

Nur knapp zwei Jahre nach der Gründung des deutschen Zollvereins fuhr „Deutschlands erste Eisenbahn mit Dampf" am 7. Dezember

1833/34: Gründung des deutschen Zollvereins.

„Mit Volldampf hinterher"

2 **Der erste sächsische Eisenbahnzug (oben) und der erste Bahnhof der Eisenbahn in Leipzig.** Lithographie nach einer Zeichnung von Friedrich List, 1838.

1835 die sechs Kilometer lange Strecke von Nürnberg nach Fürth. Drei Jahre später wurde die Linie Potsdam–Berlin in Betrieb genommen. Etwas unwillig meinte der preußische König Friedrich Wilhelm III. dazu:

Q2 … Die Ruhe und Gemütlichkeit leidet darunter. Kann mir keine große Seligkeit davon versprechen, ein paar Stunden früher von Berlin in Potsdam zu sein. Zeit wird's lehren. …

Im Jahr 1836 begann die „Leipzig-Dresdner Eisenbahn-Compagnie" mit dem Bau einer 115 km langen Fernstrecke zwischen Leipzig und Dresden. So wie hier wurde in vielen deutschen Staaten der Ausbau des Schienennetzes zügig vorangetrieben, von etwa 200 km im Jahr 1837 auf über 40 000 km um 1880. Die Bahn diente zunächst hauptsächlich dem Personenverkehr und führte zu erheblich verkürzten Reisezeiten.

Der erste Frachtbrief stammt aus dem Jahr 1836 für den Transport von zwei Bierfässern von Nürnberg nach Fürth. In den nächsten Jahren und Jahrzehnten gewann der Transport von Gütern jedoch immer größere Bedeutung. Vor allem die Kohle- und Erzvorkommen in Oberschlesien, im Ruhrgebiet oder Saarland konnten jetzt schnell mit den großen Industriestandorten verbunden werden. Dies erst ermöglichte den raschen Ausbau des Kohlenbergbaus und der Eisen- und Stahlindustrie, die in Deutschland zu den wichtigsten Industriezweigen wurden. Durch den Ausbau ihres Schienennetzes wurde aber auch die Bahn selber zur vielleicht wichtigsten Triebkraft bei der Industrialisierung. In einer heutigen Darstellung heißt es:

M … Mit der Vielzahl seiner technischen Bereiche, wie Lokomotiven- und Wagenbau, Oberbau (Bettung und Gleis), Tunnel- und Brückenbau, Hochbau (Bahnhöfe, Lokomotiven- und Wagenhallen, Wasserstationen u. a.), Signalsicherungs- und Nachrichtenwesen, entwickelte sich der Eisenbahnbau innerhalb weniger Jahre zu einem führenden Wirtschaftszweig. …

Voller Bewunderung meinte Friedrich List: „Der Zollverein und das Eisenbahnsystem sind siamesische Zwillinge", denn beide strebten gemeinsam danach, „die deutschen Stämme zu einer reichen und mächtigen Nation" zu machen.

2 Erklärt den Zusammenhang zwischen dem Eisenbau und der Industrialisierung in Deutschland. Vergleicht mit der Entwicklung in England.

3 Findet mithilfe der Karte (Abb. 1) heraus, wo Deutschlands wichtigste Industriegebiete lagen.

*Der Wirtschaftswissenschaftler **Friedrich List** (1789–1846) war ein wichtiger Vorkämpfer der deutschen Eisenbahnen und des Zollvereins.*

Der preußische Weg

1 **Borsigs Maschinenbauanstalt und Eisengießerei in Berlin.** Gemälde von Karl Biermann, 1847.

Peter Wilhelm Christian Beuth
(1781–1853).
Als Finanzminister und Gründer des „königlichen Gewerbeinstituts" förderte er Preußens Industrialisierung.
Nach ihm benannte auch August Borsig seine erste 1841 gebaute Lokomotive „Beuth". Er sah in dem preußischen Finanzminister den eigentlichen „Motor" der wirtschaftlichen Entwicklung Preußens und Berlins.

Der Staat ergreift die Initiative

Preußen brachte für eine schnelle Industrialisierung die besten Voraussetzungen mit: Arbeitskräfte gab es seit der Bauernbefreiung im Überfluss und Bodenschätze wie Kohle und Eisen gab es ebenfalls. Außerdem verfügte Preußen schon 1830 über ein gut ausgebautes Verkehrsnetz von über 6000 Kilometer.

Um den technischen Fortschritt voranzutreiben, förderte der Staat auch die jungen Unternehmer. Risikobereitschaft und private Initiativen galten jetzt als lobenswerte Tugenden. Bei Fabrikbauten oder der Anschaffung von Maschinen gewährte der Staat großzügige Unterstützung. In seinem Auftrag gingen sogar zahlreiche „Spione" nach England, um sich dort in den Fabriken ein Bild von den neuesten technischen Entwicklungen zu machen. Ausländische Spezialisten wurden heimlich abgeworben, Maschinenteile nach Preußen gebracht.

Besondere Aufmerksamkeit schenkte der Staat ferner dem Ausbau der technischen Bildung. So wurde in Berlin das Königliche Gewerbeinstitut gegründet. Aufgabe dieses Instituts war es, den Schülern die „moderne Technologie" zu vermitteln, für die es ja nicht mal Lehrbücher gab. Auf diese Weise bildete der preußische Staat junge Unternehmer heran, die die Industrialisierung Preußens in kurzer Zeit bewerkstelligen sollten. Zu den Schülern dieses Instituts gehörte auch der „Lokomotiven-König" August Borsig (1804 bis 1854).

1 *Nennt die Unterschiede zwischen dem englischen und dem preußischen Weg zur Industrialisierung.*

August Borsig – vom Handwerker zum Lokomotivkönig

Voller Interesse für die neue Technik, kam Borsig, ein gelernter Zimmermann aus Breslau, 1823 nach Berlin, trat in das königliche Gewerbeinstitut in Berlin ein und ließ sich 1825 im Maschinenbau ausbilden. 1836 gründete er – ohne Eigenkapital – eine eigene Maschinenfabrik. Sein erster Auftrag bestand in der Lieferung von 116 000 Schrauben für die Verlegung der Gleise der Strecke Berlin–Potsdam. Da er sich die notwendigen Maschinen noch nicht leisten konnte, beschäftigte er Grenadiere aus der benachbarten Kaserne, die den Blasebalg treten mussten. Die erste Lokomotive ließ er 1841 in Handarbeit bauen. Sie war bei einer Wettbewerbsfahrt wesentlich schneller als die Lokomotive aus England.

Borsig und die Eisenbahn

2 Lokomotivmontage bei Borsig im Jahr 1865. Foto.

Das war der Durchbruch. Borsig erhielt fast alle Aufträge der preußischen Bahnen. 1854, in seinem Todesjahr, lieferte seine Firma bereits die 500. Lokomotive aus. Fast 2000 Arbeiter verdienten zu dieser Zeit in seinen Fabriken ihren Lebensunterhalt und die von Borsig gegründete Maschinenbauanstalt zählte zu den größten Fabriken Europas.

Der Schriftsteller Heinrich Seidel beschreibt, wie diese Fabriken das Gebiet vor dem Oranienburger Tor bestimmten:

Q … Von dem Oranienburger Tor aus reihte sich an ihrer rechten Seite eine große Maschinenfabrik an die andere in fast ununterbrochener Reihenfolge. Den Reigen eröffnete die weltberühmte Lokomotivenfabrik von Borsig. … In den Straßenlärm hinein tönte überall schallendes Geräusch und das dumpfe Pochen mächtiger Dampfhämmer erschütterte weithin den Boden, dass in den Wohnhäusern gegenüber die Fußböden zitterten, die Gläser klirrten und die Lampenkuppeln klapperten. Zu gewissen Stunden war die Straße ein Flussbett mächtiger Ströme von schwärzlichen Arbeitern, die aus all den Fabriktoren einmündeten. …

3 Im Hammerwerk erfolgte das Ausschmieden großer Eisenteile mithilfe von Dampfhämmern. Foto.

*Durch **Johann Friedrich August Borsig** (1804–1854) wurde Berlin zu einem führenden industriellen Standort in Mitteleuropa. Porträt, um 1850.*

2 *Bekannte Unternehmer dieser Zeit waren auch Friedrich Harkort, Alfred Krupp, Werner von Siemens und Emil Rathenau. – Informiert euch über das Leben dieser Unternehmer und berichtet davon in der Klasse.*

Industrie und Wissenschaft

1 Die Borsig-Lokomotive „Beuth" von 1841. Foto.

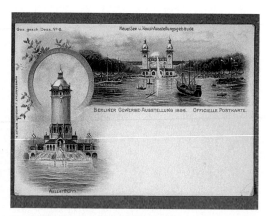

2 Eröffnung der Gewerbeausstellung im Treptower Park am 3. Mai 1896. Postkarte.

Die Industrialisierung und Berlin

Während im politischen Bereich liberale Ideen unterdrückt wurden (vgl. S. 121 ff.), orientierte sich die Gewerbe- und Wirtschaftspolitik dieser Zeit sehr wohl am Konkurrenz- und Marktdenken des Liberalismus. Die Gewerbefreiheit war schon 1810 eingeführt worden. Durch das neue Zollgesetz, das Preußen zu einem einheitlichen Wirtschafts- und Zollgebiet machte, kam schon 1818 die fast uneingeschränkte Handelsfreiheit hinzu. Für die preußische, vor allem aber für die Berliner Wirtschaft ergaben sich daraus zunächst schwierige Anpassungsprobleme, die jedoch durch die wirtschaftliche Aktivität des preußischen Staates rasch überwunden wurden. Ohne die liberalen Grundsätze preiszugeben, entwickelte der spätere Finanzminister Beuth ein gut funktionierendes Belehrungs-, Förderungs- und Unterstützungsprogramm für die Wirtschaft (vgl. S. 150). Erstes Ziel war der Aufbau einer konkurrenzfähigen Industrie und damit der Anschluss an die europäischen Industriestaaten, insbesondere an England. Der Erfolg dieser Politik führte in kürzester Zeit zur wirtschaftlichen Vormachtstellung Preußens im deutschen Raum. Führend war Berlin. Hier entfaltete sich in den Dreißigerjahren des 19. Jahrhunderts in vollem Umfang der Prozess der industriellen Revolution, der bis in die Siebzigerjahre andauern sollte. Die Modernisierung der Berliner Industrie führte vor allem zum Ausbau der Maschinenbau- und Metallindustrie. Das wiederum brachte die Finanzwirtschaft in Schwung: Aktiengesellschaften und neue Banken wurden gegründet.

Der hohe Stand der Berliner Wirtschaft fand seine Entsprechung auch in einem hohen Standard der Berliner Wissenschaft und des Ingenieurwesens. Wissenschaftler wie der Chemiker Justus Liebig*, Begründer der Agrikulturchemie, der Mediziner Robert Koch*, Mitbegründer der modernen Bakteriologie, sowie Ingenieure und Unternehmer wie Werner von Siemens*, Mitbegründer der Elektrotechnik, arbeiteten hier.

Als von herausragender Bedeutung erwies sich aber die Entwicklung des Verkehrs in und um Berlin, besonders der Bau der Eisenbahnen. Am 29. Oktober 1838 erlebte Berlin die feierliche Eröffnung seiner ersten Eisenbahnstrecke nach Potsdam. Schon ein Jahrzehnt später war die Stadt der wichtigste Eisenbahnknotenpunkt im zu diesem Zeitpunkt bereits weit verzweigten preußischen Eisenbahnnetz.

Der städtische Nahverkehr

Solange die Personenbeförderung ausschließlich durch Pferdefuhrwerke geleistet wurde, durften Arbeitsplatz und Wohnung nicht allzu weit voneinander entfernt liegen. Das führte zur Zusammenballung der rasch wachsenden Bevölkerung im engen Bereich der Stadtgrenzen und rings um die Industrie-

Die Eisenbahn in und um Berlin

3 **Bahnhof Bülowstraße der Berliner Hoch- und Untergrundbahn.** Kolorierte Postkarte, 1903.

betriebe. Der Gütertransport war angesichts der Stückmengen der industriellen Produktion mit Pferdefuhrwerken allein nicht mehr wirtschaftlich zu leisten.

Berlin brauchte also angesichts von Industrialisierung und Bevölkerungswachstum unbedingt ein leistungsfähiges Nahverkehrsnetz für den Personen- und Warenverkehr. Die seit 1838 zahlreich angelegten Eisenbahnlinien dienten aber lange nur dem Fernverkehr. Noch um 1860 hielten die aus der Stadt kommenden Fernzüge erst wieder am Rand des heutigen Berlin – etwa in Zehlendorf, Spandau, Köpenick, Bernau oder Trebbin. 1864 bekam die Potsdamer Bahn in Steglitz dann eine Haltestelle. Die Bedeutung des Nahverkehrs wurde von staatlicher Seite lange Zeit unterschätzt. Die Errichtung des Bahnhofs Lichterfelde-Ost etwa musste 1868 noch privat finanziert werden. Das Gebiet zwischen Zehlendorf, Schlachtensee und Wannsee wurde durch die nun eigens für den Personenverkehr erbaute und 1874 eröffnete Wannseebahn (von Kritikern damals als „Wahnsinnsbahn" beschimpft) erschlossen. Sie zweigte in Zehlendorf von der Potsdamer Bahn ab. Erst solche schnellen Eisenbahnverbindungen machten es aber für Berliner attraktiv, sich zehn bis zwanzig Kilometer vor der Stadt (also dem heutigen Berlin-Mitte) ihr Haus zu bauen.

Straßenbahnen

Im engeren Stadt- und Vorortbereich blieben die seit 1865 schnell zunehmenden Pferdebahnlinien zwei Jahrzehnte lang das wichtigste Verkehrsmittel. Ende der Achtzigerjahre entstand dazu ein leistungsfähiges Dampf-Straßenbahnnetz für die südwestlichen Vororte. Die Bedeutung der Eisenbahn für den Personennahverkehr stieg mit der Fertigstellung der Ringbahn (1871/77). Sie diente zugleich der Verbindung der mittlerweile zahlreichen Fernbahnhöfe und dem Güterverkehr. Die Stadtbahn, die von Charlottenburg auf gemauerten Viadukt-Bögen durch die Innenstadt zum Schlesischen Bahnhof, dem heutigen Ostbahnhof, führte, wurde 1882 fertig. Zum alltäglichen Massenverkehrsmittel wurde die Eisenbahn allerdings erst, als 1891 ein billiger Vorort-Tarif eingeführt wurde.

Noch bis 1930 dampften Ring-, Stadt- und Vorortbahn-Züge mit Qualm und Ruß durch Berlin. Im innerstädtischen Verkehr hatte dagegen bereits Jahrzehnte zuvor die Elektrizität sie verdrängt. Seit 1881 fuhr die erste elektrische Straßenbahnlinie vom Bahnhof Lichterfelde-Ost zur Kadettenanstalt. Weitere Linien folgten. Zur Gewerbeausstellung 1896 wurden mehrere Linien nach Treptow eingerichtet. Die Technik der Berliner Firma Siemens & Halske, die seit 1878 auch mit dem Aufbau einer stadtweiten elektrischen Straßenbeleuchtung beschäftigt war, bewährte sich so gut, dass bis 1902 das Liniennetz der größten Pferdebahn-Gesellschaft auf Elektrobetrieb umgestellt wurde. 1902 nahm auch die erste elektrische Hoch- und Untergrundbahn von der Warschauer Brücke bis zum „Knie" (heute Ernst-Reuter-Platz) in Charlottenburg, mit einem Abzweig zum Potsdamer Platz, den Betrieb auf. Verlängerungen nach Westend und in Richtung Pankow, neue Linien nach Dahlem und Schöneberg folgten und machten weitere Vororte für die Berliner attraktiv. Berlin war auf dem Weg zur „Elektropolis".

1 *Überlegt, warum man in Berlin gerne von der „Elektropolis" sprach.*

2 *Unternehmt einen Besuch ins Museum für Verkehr und Technik (vgl. S. 154/155).*

Werner von Siemens* (1816–1892), Ingenieur, Unternehmer und Mitbegründer der Elektrotechnik, gründete 1847 zusammen mit J.G. Halske die Telegraphen-Bau-Anstalt „Siemens & Halske" in Berlin, aus der das spätere Unternehmen Siemens hervorging. Er erfand 1866 die Dynamomaschine, baute 1879 die erste funktionstüchtige Elektrolok sowie 1880 den ersten elektrischen Aufzug. Daneben war er maßgeblich an der Einführung mehrerer Sozialregelungen sowie eines deutschen Patentgesetzes beteiligt.

Industriemuseen in Berlin und Brandenburg

In Industriemuseen werden Gegenstände aus der Zeit der Industrialisierung gesammelt und ausgestellt wie z. B. Webstühle, Dampfmaschinen oder ganze Eisenbahnen. Häufig finden sich auch Gegenstände und Dokumente aus dem Alltag der Menschen: vom Waschbrett bis zum Fahrrad, vom Lohnbuch bis zur Kücheneinrichtung. Auch ganze Industrieanlagen und Fabriken werden als technische Denkmäler erhalten oder wiederhergestellt. Solche Industriemuseen und technische Denkmäler gibt es auch in Brandenburg und Berlin, so z. B.

- in der Stadt Forst das Brandenburgische Textilmuseum und in der Stadt selbst Fabriken, Fabrikantenvillen und Mietshäuser aus dem 19. Jahrhundert;
- in Peitz in Brandenburg ein Eisenhüttenmuseum mit Vorführungen zur Schauschmelze;
- in Berlin ein großes Museum für Verkehr und Technik, das neben zwei Lokschuppen auch eine Hammerschmiede beherbergt.

Viele Kreis- oder Heimatmuseen bieten zudem Abteilungen, die sich mit dem 19. Jahrhundert beschäftigen, so verfügt z. B. das Rathenower Kreismuseum über eine eigene Abteilung zur Entwicklung der optischen Industrie.

Museen zum Mitmachen

Industriemuseen haben oft einen entscheidenden Vorteil gegenüber anderen Museen, denn hier kann man vieles anfassen, weil es robust und solide genug ist. Oft kann der Besucher selbst an Nachbildungen und Modellen ausprobieren, wie z. B. die Weber an einem mechanischen Webstuhl gearbeitet haben oder wie eine Dampfmaschine funktioniert. Wie spannend ein Museumsbesuch wird, hängt aber auch von einer guten Vorbereitung ab.

Einen Museumsbesuch vorbereiten

- Eine Arbeitsgruppe in eurer Klasse kümmert sich um die Organisation: Wann hat das Museum geöffnet? Wie viel kostet der Eintritt für Schulklassen? Gibt es einen Museumsplan? Welche Themen werden angeboten? Viele Museen bieten zudem Führungen oder Vorführungen an, die vorab vereinbart werden müssen, oder auch weiteres Material wie z. B. Arbeits- oder Bastelbögen.
- Ihr könnt in einem großen Museum nicht alles gründlich besichtigen. Deshalb müsst ihr euch zunächst gemeinsam für bestimmte „Themen" entscheiden. Themen können z. B. sein:
  a) Womit wurde produziert? Was wurde hergestellt (Maschinen, Technische Einrichtungen, Erfindungen und Produkte)?
  b) Arbeitsbedingungen im Betrieb (Unfallgefahren, Arbeitszeit)
  c) Veränderungen in eurer (Kreis-) Stadt durch die Industrialisierung (Einwohnerzahl, Wohnbedingungen, Verkehr, Umweltbelastungen)

Wenn ihr euch für ein Thema entschieden habt, solltet ihr für eure Erkundung einen Fragebogen erstellen. Bei dem Thema „Eisenbahn und Autos – die neuen Verkehrsmittel" könntet ihr z. B. neben Fragen zur technischen Entwicklung folgende Punkte bearbeiten:

- Welche Möglichkeiten des Reisens gab es vorher?
- Wie hat sich das Leben der Menschen durch die neuen Verkehrsmittel verändert? Denkt dabei an die Freizeitmöglichkeiten, an die Versorgung mit Lebensmitteln, an die Entfernungen vom Wohn- zum Arbeitsplatz oder auch zur Schule.
- Welche Eingriffe in die Landschaft wurden nötig, um ein großes Streckennetz zu schaffen?

Beschließen solltet ihr schon zu Beginn eurer Planung, auch vorab, wie ihr eure Erkundungsergebnisse festhalten wollt (Schreibblock, Foto, Video).

Wagenabteile der 1. Klasse und der 3. Klasse aus der Zeit von 1870–1890. Wiederhergestellt 1987. Museum für Verkehr und Technik in Berlin.

Erkundigt euch vorher, ob Fotografieren – auch mit Blitzlicht – erlaubt ist.

Im Museum
Sicher spricht nichts dagegen, wenn ihr zunächst einmal in Kürze durch das gesamte Museum streift, um euch einen ersten groben Überblick zu verschaffen. Aber bei größeren Museen wird man durch die Fülle der Ausstellungsstücke eher verwirrt oder verliert sogar die Lust an einer weiteren Besichtigung. Man muss sich deshalb auf bestimmte Bereiche konzentrieren. Museen sind entweder zeitlich oder nach bestimmten Themen aufgebaut. Einen Gesamtüberblick findet ihr zumeist im Eingangsbereich. Nach dem Gesamtüberblick geht es ins Detail. Versucht nicht nur die Fragen von eurem Erkundungsbogen zu erforschen; notiert auch unerwartete Informationen und Beobachtungen zu eurem Thema.

Und danach? – Die Auswertung
Zurück in der Schule solltet ihr zunächst eure Ergebnisse zusammentragen.
– Habt ihr etwas Neues oder Spezielles über euer Bundesland oder auch über euren Heimatbereich erfahren?
– Hat sich der Weg ins Museum eurer Meinung nach gelohnt? War die Vorbereitung ausreichend? Was würdet ihr beim nächsten Mal anders machen? Falls ihr mit eurem Ergebnis zufrieden seid, könnt ihr eine Fotoausstellung für die ganze Schule aufbauen, z. B. zu dem Thema: „Die Entwicklung des Verkehrswesens in unserem Heimatraum". Zeichnet dazu auch eine große Karte und verfasst erklärende Texte.

Die Gesellschaft ändert sich

1 Ein Fabrikbesitzer besichtigt mit Gästen einen Betrieb. Foto, um 1900.

Kapital*:
Ein Vermögen, das im Wirtschaftsprozess eingesetzt wird, damit es sich möglichst schnell und stark vermehrt. Unterschieden wird zwischen Geldkapital und Produktivkapital (Maschinen, Produktionsstätten).

Fabrikbesitzer – die neuen Fürsten?

Innerhalb weniger Jahrzehnte veränderte die Industrialisierung die Machtverhältnisse in der Gesellschaft. In der Ständegesellschaft besaß der Adel durch sein Eigentum an Grund und Boden eine Führungsstellung. In der entstehenden Industriegesellschaft wurde der Besitz von Kapital* wichtiger. Eine neue gesellschaftliche Schicht entstand neben der alten: das Wirtschaftsbürgertum. Deutlich wird dieser Wandel auch in einem Nachruf der „Schlesischen Zeitung" auf August Borsig:

> **Q** ... Der Tod Borsigs, des Fürsten der Berliner Industrie, gehört nicht zu den leichtesten Schicksalsschlägen dieser verhängnisvollen Zeit. ... sein Tod erschreckt die gedankenlose Menge ebenso sehr als der Tod bekannter Heerführer und Staatsmänner. ... Wenn Borsigs Tod Berlin in eine allgemeine Aufregung versetzte, so verbreitete er in Moabit, dem eigentlichen Fürstentum dieses großen Industriellen, geradezu Entsetzen. ...

1 *Erklärt die Bezeichnung Borsigs als „Fürst" und von Moabit als „Fürstentum".*

2 *Sprecht über folgende Aussage: „Der Geldadel ersetzte im 19. Jahrhundert den Geburtsadel."*

Die Arbeiter – eine neue Klasse?

Die großen Fabriken zogen immer mehr Arbeitskräfte an. Zu Hunderttausenden verließen Landarbeiter und Bauern, die nicht genügend Land besaßen, mit ihren Familien die Dörfer. Sie zogen in die Städte in der Hoffnung, Arbeit zu finden. Schon 1882 stellten die über 10 Millionen Arbeiter die Häfte der Erwerbstätigen in Deutschland. Die Arbeiter und Arbeiterinnen in der Industrie bildeten nach ihrer Herkunft und Ausbildung keine einheitliche Gruppe. Da gab es zunächst die gelernten Arbeiter. Sie hatten entweder ein Handwerk bei einem Handwerksmeister oder in der Fabrik einen Beruf wie Schlosser oder Dreher oder Stahlkocher gelernt. Die ungelernten Arbeiter besaßen keine Berufsausbildung. Oft hatten sie vorher als Tagelöhner in der Landwirtschaft gearbeitet. Neben den ungelernten und den gelernten Arbeitern entstand im Laufe der Industrialisierung die Gruppe der angelernten Arbeiter. Zu ihnen zählten die meist weiblichen Arbeitskräfte im Textilgewerbe, die besonders schlecht bezahlt

Kapitalisten, Angestellte und Proletarier

2 Arbeiter der AEG. Foto, um 1900.

wurden. Trotz dieser Unterschiede hatten alle Arbeiter eines gemeinsam: Sie besaßen zunächst nichts weiter als ihre Arbeitskraft, die sie gegen Lohn dem Fabrikherrn zur Verfügung stellten. „Proletarier*" wurde zur geläufigen Bezeichnung für diese Menschen. Auch die Arbeiter selbst entwickelten allmählich das Bewusstsein, aufgrund des gemeinsamen Schicksals als Klasse* zusammenzugehören.

3 *Tragt die Merkmale der verschiedenen Arbeitergruppen zusammen. Erkundet, ob es diese Unterscheidung auch heute noch gibt.*

Mit Anzug und weißem Hemd – die Angestellten

In jeder größeren Fabrik fiel z. B. Verwaltungsarbeit an, die von Buchhaltern, Schreibern und Kassierern erledigt wurde. Und für die Produktion brauchte man neben Arbeitern auch Ingenieure, Werkmeister und Zeichner. Sie alle wurden „Angestellte" genannt. Ihre hervorgehobene Stellung konnte man schon an ihrer Kleidung – Anzug und weißes Hemd – ablesen. Gegenüber den Arbeitern und Arbeiterinnen genossen die Angestellten Vergünstigungen, wie z. B. kürzere Arbeitszeiten, bezahlten Urlaub oder Gewinnbeteiligungen.

3 Angestellte. Foto, um 1906.

4 *Beschreibt mithilfe der Abbildungen 1–3 die Merkmale und die Unterschiede der neuen Schichten.*

Proletarier*:
*(lat. proles = Nachkommenschaft).
Im 19. Jahrhundert Bezeichnung für die Lohnarbeiter, die nichts als ihre Arbeitskraft besitzen.*

Klasse*:
Bezeichnung für die Angehörigen einer Gruppe mit gleichen wirtschaftlichen Verhältnissen, insbesondere in Bezug auf den Besitz von Produktionsmitteln (Fabriken, Maschinen usw.).

Der Wandel der Arbeitswelt

Strenge Fabrikordnungen, Arbeitsbücher und ständige Kontrollen sollten die Arbeiter an die neuen Arbeitsbedingungen gewöhnen. Die Lohnauszahlung fand in den Großbetrieben am Freitagabend vor Arbeitsschluss statt. Aus dem Lohnbüro kam ein Angestellter mit weißem Kragen und Krawatte und brachte das Geld. Der Meister oder Vorarbeiter bezahlte dann jedem Arbeiter die errechnete Lohnsumme aus.

Der Fabrikant als Herr im Haus

Der „Berliner Volkskalender" schrieb nach dem Tod des Fabrikanten Borsig:

> **Q1** … Er [Borsig] übte ein Regiment unerbittlicher Strenge, wo es sich um Rechtlichkeit und Pflichterfüllung handelte. Pünktlichkeit, Fleiß und Redlichkeit waren die einzigen Fürsprecher bei ihm. Das Gegenteil hatte die augenblickliche Entlassung ohne Ansehen der Person zur Folge. …

So wie Borsig forderten alle Fabrikanten von den Arbeitern und Arbeiterinnen harte Disziplin und die Unterordnung unter eine strenge Fabrikordnung. Das war ihrer Meinung nach notwendig, um die Arbeiter an die neuen Arbeitsbedingungen zu gewöhnen. Anders z. B. als in den kleinen Handwerksbetrieben bestimmten jetzt die Maschinen den Arbeitsablauf. Wurden sie frühmorgens angestellt, mussten alle Arbeiter an ihrem Arbeitsplatz sein. Kontrolliert wurde die Arbeitszeit vom Pförtner, bei dem alle Arbeiter eine Marke abzugeben hatten. Bei Strafe verboten waren „unnötiges Herumlaufen" in den Werkstätten, Rauchen und Alkohol. Widerspruch gegen die Anordnung des Meisters konnte die sofortige Entlassung nach sich ziehen. Die

Arbeit an den Maschinen erforderte ständige Aufmerksamkeit und war oft eintönig. Früher hatte ein Handwerker sein Produkt völlig selbstständig herzustellen. Jetzt aber musste ein Fabrikarbeiter bei der Herstellung eines Produktes oft nur wenige oder sogar nur einen einzigen Handgriff ausführen. Die Fließbandarbeit entstand.

1 *Beschreibt die Karikatur. Überlegt, was der Zeichner wohl mit dieser Darstellung von industrieller Arbeit aussagen wollte.*
2 *Besprecht, worin die Vorteile und die Nachteile der Fabrikarbeit lagen.*

Arbeiten ohne Ende …

Gegessen wurde gemeinsam in der werkseigenen Kantine oder auch nur schnell in den Pausen zwischendurch. Die Licht- und Luftverhältnisse in den schmutzigen und engen Fabrikhallen waren schlecht. Von allen Seiten dröhnte der Maschinenlärm und die Arbeiter konnten sich oft nur schreiend verständigen. Die Zahl der Unfälle in den Fabriken war hoch. Überall gab es offene Getriebe oder frei laufende Treibriemen, aber keine der Maschinen hatte Schutzbleche oder Sicherheitsbremsen.
Einen eindrücklichen Bericht von den Arbeitsbedingungen gibt Ernst Abbe, der Mitinha-

Der Wandel der Arbeitswelt

2 **Mittag bei der Firma Borsig.** Gemälde, um 1911.

24 Uhr

Hausarbeit, Familienleben, Erholung und Schlaf

Weg   Weg

18 Uhr   6 Uhr

Arbeitszeit

12 Uhr

3 **Tagesablauf eines Arbeiters.**

Entwicklung der durchschnittlichen Arbeitszeit (ungefähr) auf dem Gebiet des Deutschen Reiches:
um 1800: 10 h
um 1850: 12 h
um 1880: 11 h
um 1900: 10 h

ber der Zeiss-Werke in Jena. Er erzählt von seinem Vater aus der Zeit um 1850:

Q2 ... Die Arbeitszeit währte 14 bis 16 Stunden. Mittagspause gab es nicht. An eine Maschine gelehnt oder auf eine Kiste gekauert, verzehrte mein Vater sein Mittagessen aus dem Henkeltopf mit aller Hast, um mir dann den Topf geleert zurückzugeben und sofort wieder an die Arbeit zu gehen. Mein Vater war eine Hünengestalt von unerschöpflicher Robustheit, aber mit 48 Jahren in Haltung und Aussehen ein Greis, seine weniger starken Kollegen waren aber mit 38 Jahren Greise. ...

Und selbst über die Borsigwerke, die bessere Löhne zahlten und bessere Arbeitsbedingungen boten als viele andere Unternehmen, kursierte in der Berliner Arbeiterschaft um 1900 folgendes Gedicht:

M „Wer nie bei Siemens-Schuckert war,
Bei AEG und Borsig,
Der kennt des Lebens Jammer nicht,
Der hat ihn erst noch vor sich."

Kein Auskommen mit dem Einkommen
Doch trotz der langen Arbeitszeiten reichte der Lohn häufig kaum aus, um die Familien vor dem Verhungern zu bewahren. Da sehr viele Menschen Arbeit suchten, konnten die Unternehmer niedrige Löhne zahlen. Wer arbeitslos oder arbeitsunfähig wurde, erhielt keinerlei Unterstützung. Frauen und Kinder mussten in den meisten Familien mitarbeiten um die kümmerliche Existenz zu sichern.

3 *Seht euch Abbildung 3 an. – Was hat sich im Vergleich dazu bis heute geändert. – Zeichnet ein eigenes Schema mit euren Arbeits- und Freizeiten.*

Kinder arbeiten in der Fabrik und im Bergbau

1 Kinderarbeit in einer Baumwollspinnerei. 1910.

2 Kinderarbeit im Bergbau. 1908.

*Aus einem Gedicht
von Thomas Scherr
über Kinderarbeit
um 1850:*

*Noch zählte ich acht
Sommer kaum,
Musst' ich verdienen
gehn,
Musst' dort in dem
Maschinenhaus
Stets auf die Spindeln
sehn,
Stand da gebannt
Jahr und Tag,
Und Tag und Nächte
gleich:
Drum welkten mir
die Lippen blau
und meine Wangen
bleich.*

Billige Arbeitskräfte

Besonders in der Textilindustrie, aber auch im Bergbau arbeiteten Kinder, teilweise schon ab dem 6. Lebensjahr. Für die Unternehmer waren Kinder und Jugendliche vor allem billige Arbeitskräfte. In einem Bericht über das Leben eines Fabrikkindes von 1853 heißt es:

Q1 ... Jetzt [im Winter] kommt wieder die Zeit, wo jener arme Junge früh um 4, um 5 Uhr von dem Lager sich erheben und eine Stunde weit durch nasskaltes Gestöber in seine Fabrik eilen muss. Dort mit kurzer Rast für ein karges Mahl ist er beschäftigt den ganzen, ganzen langen Tag. Er arbeitet an einer Maschine, welche, Wellen von Staub aufjagend, mit rasenden Schlägen die Baumwolle zerklopft, auflockert. ... Den ganzen langen, lieben Tag muss unser Junge in dieser mit dichtem Staub erfüllten Atmosphäre ausharren, sie einatmen, dieses bis in die Nacht hinein, bis 9–10 Uhr abends. Dann endlich heißt es „Stopp" und er eilt seine Stunde Weges nach Hause. ...

1 *Lest Q1 und stellt fest, wie lange der Junge täglich von zu Hause weg ist.*

Die Kinderarbeit wird eingeschränkt

Kritiker der Kinderarbeit verwiesen darauf, dass viele Kinder dauerhaft in ihrer Gesundheit geschädigt wurden und dass männliche Jugendliche nicht mehr für den Militärdienst tauglich waren. Gegen eine Einschränkung der Kinderarbeit wehrten sich hingegen die Fabrikanten. Nur durch die billige Arbeit der Kinder könnten sie mit ihren Waren auf dem Weltmarkt konkurrenzfähig bleiben. So dauerte es bis 1839, ehe die preußische Regierung durch ein Gesetz die Kinderarbeit einschränkte. Jetzt durften Kinder erst ab dem 10. Lebensjahr in Fabriken, Berg- und Hüttenwerken beschäftigt werden. Sie mussten außerdem eine dreijährige Schulzeit nachweisen sowie Grundkenntnisse im Lesen und Schreiben.

2 *Ein Fabrikant und ein Regierungsvertreter sprechen über Pläne zur Einschränkung der Kinderarbeit. – Was könnten die beiden gesagt haben?*

Mutter – Hausfrau – Arbeiterin

3 **Arbeiterfamilie in ihrer Berliner Wohnung.** Der Mann und das älteste Mädchen (14 Jahre) fehlen auf dieser Aufnahme. Die Großmutter ist anwesend. 1907.

3 *Sammelt Material über Kinderarbeit bei uns und und in den Entwicklungsländern und erstellt eine Wandzeitung. Kontaktadresse: Terre des Hommes, Ruppenkampstraße 11a, 49084 Osnabrück.*

Die Doppelbelastung der Frauen

Nur wenige Arbeiterfrauen konnten sich ausschließlich dem Haushalt und ihren Kindern widmen. Durch das geringe Einkommen ihrer Männer wurden sie zur Heim- oder Fabrikarbeit gezwungen.

So heißt es in einem Bericht der Gewerbeaufsicht aus dem Jahr 1899 über den Tagesablauf einer verheirateten Fabrikarbeiterin:

Q2 … Je nach der Entfernung der Wohnung von der Fabrik, nach dem Beginn der Fabrikarbeit und je nach dem Arbeitsbeginn des Mannes steht die Frau um 3 ½, 4, 4 ½ oder 5 Uhr auf. … Dann wird das Frühstück zubereitet …, das abends schon vorbereitete und angekochte Essen aufs Feuer gebracht … und in Blechtöpfe gefüllt. … Die Kinder werden dann angekleidet, zur Schule geschickt oder zur Hütefrau oder Kinderkrippe gebracht. Von da geht es zur Fabrik. … Es gibt viele Arbeiterinnen, die täglich 10 bis 12 Kilometer zu Fuß zur Fabrik zurücklegen müssen. Ist die Entfernung zur Fabrik nicht so weit, eilt sie in der Mittagspause im Schnellschritt heim, macht Feuer, setzt die in Scheiben geschnittenen Kartoffeln auf, wärmt das vorher fertig gestellte Essen auf und isst mit den Angehörigen. … Abends dasselbe, Abendessen, Schularbeiten der Kinder, Flicken und Waschen der Kleider und Wäsche. Vorbereitung des Essens für den anderen Tag. Vor 9 Uhr abends endet der Arbeitstag nie, vor 10 Uhr selten und oft erst nach 11 Uhr. …

4 *Listet die Tätigkeiten der Fabrikarbeiterin in Q2 auf und nehmt zu ihrer Belastung Stellung.*
5 *Beschreibt die Küche auf der Abbildung 3. Vergleicht mit der Ausstattung heutiger Küchen.*
6 *Überlegt, wie ein Unternehmer die geringere Bezahlung von Frauen gerechtfertigt haben könnte (siehe die Tabelle in der Randspalte). – Was würdet ihr ihm antworten?*

Gleicher Lohn für gleiche Arbeit?
Bei gleicher Arbeit erhielten die Fabrikarbeiterinnen einen geringeren Lohn als die Männer. In einer Baumwollspinnerei wurden z. B. 1888 folgende Schichtlöhne gezahlt:

gelernter Arbeiter 1,34 Mark

ungelernter Arbeiter 1,09 Mark

eine Arbeiterin 0,63 Mark

Städteboom und Wohnungselend

1 **Elendsquartiere vor den Toren Berlins.** Holzstich, um 1872.

*IN GROSS-BERLIN WOH-
NEN 600000 MENSCHEN IN
WOHNUNGEN, IN DENEN
JEDES ZIMMER MIT 5 UND
MEHR PERSONEN BESETZT
IST. 353000 VOLKSSCHUL-
KINDER SIND OHNE
SPIELPLATZ.*

*Spielen
auf der Treppenflur
und den Höfen ist
verboten*

*Spendenpostkarte
zur Minderung der
Wohnungsnot in
Berlin. Gezeichnet
von **Käthe Kollwitz**,
1912.*

Auf engstem Raum:
6 Personen in einem Zimmer

Bedrückend für viele Arbeiterfamilien waren neben der Arbeitsbelastung und der ständigen Geldnot die engen und ärmlichen Wohnungen, in denen sie leben mussten.

Werner Sombert, ein Volkswirtschaftler, schrieb 1906 über die Wohnverhältnisse des Proletariats:

> **Q1** … In den meisten deutschen Großstädten wohnt annähernd die Hälfte aller Menschen in Wohnungen, die nicht mehr als ein Zimmer umfassen. Überbevölkert nennt die Statistik eine Wohnung, wenn 6 Personen und mehr in 1 Zimmer, 11 Personen und mehr in 2 Zimmern hausen. Und selbst davon gibt es eine recht erkleckliche Anzahl. In Berlin nahezu 30000, in Breslau 7000, in Chemnitz 50000 …

Zu Hunderttausenden hatten Landarbeiter und Bauern, die nicht genügend Land besaßen, mit ihren Familien die Dörfer verlassen. Die Bevölkerung Berlins wuchs allein in der Zeit zwischen 1800 und 1850 von 153000 auf 430000 Einwohner. Schon 20 Jahre später war die Millionengrenze erreicht. In der Stadt – so hofften viele – würden sie Arbeit und Brot finden. Doch eine Arbeitsstelle garantierte noch längst keine Wohnung. Und mit dem explosionsartigen Städtewachstum konnte die Bauwirtschaft nicht Schritt halten. Angesichts der Wohnungsnot zimmerten sich kinderreiche Arbeiterfamilien am Stadtrand Berlins Hütten mit undichten Fenstern oder sie suchten in Kellern, Ställen und auf Dachböden Unterschlupf. Wer konnte, zog mit seiner Familie in eine der großen „Mietskasernen". Hierbei handelte es sich um Wohnblöcke, die von wohlhabenden Bürgern errichtet wurden, weil sie sich davon hohe Einnahmen versprachen. Diese Arbeiterwohnungen bestanden meist aus zwei Zimmern, in denen Familien von sechs bis zehn Personen lebten. In den Betten schliefen oft vier Kinder, zwei am Kopf- und zwei am Fußende.

Die Ausstattung der Wohnungen war dürftig. Der einzig beheizbare Raum war die Küche, die zugleich Wohnzimmer war. Wasserleitungen in den Wohnungen gab es noch nicht.

Städteboom und Wohnungselend

2   **Mietskasernen um 1900.** Foto.

3   **Grundriss einer Berliner Miets-**
    kaserne.

Von 1000 Wohnungen in Berlin verfügten noch 1880 nur 36 über ein Bad. Dennoch waren die Mieten unverhältnismäßig hoch. Da eine Wohnung mit Zimmer und Küche im Schnitt den Wochenlohn eines Arbeiters kostete, vermieteten viele Familie ein Bett oder einen Teil eines Bettes an einen allein stehenden jungen Mann oder eine junge Frau.

Diese Personen wurden „Schlafgänger" genannt. In einem Zimmer wurden oft drei oder vier von ihnen untergebracht. Natürlich gab es auch Stadtbewohner, die alles andere als arm waren. Diese Leute wollten nicht in der verschmutzten Innenstadt leben und so bauten sie sich schöne Häuser in den Vororten der Städte.

1 Beschreibt die Wohnungsverhältnisse mithilfe des Textes und der Abbildung 2. Vergleicht das Mobiliar mit heutigen Wohnungseinrichtungen.

2 Zeichnet einen Grundriss eurer Wohnung und vergleicht mit Abbildung 1.

3 Überlegt, welche Folgen sich aus der Wohnsituation für das Familienleben ergaben.

Familienleben und Fabrikindustrie

Über Auswirkungen der Fabrikindustrie auf das Familienleben berichtete R. Mohl 1835:

> **Q2**   … Nicht nur der Familienvater ist den ganzen Tag vom Hause entfernt, ohne sich der Erziehung und Beaufsichtigung seiner Kinder … irgend widmen zu können, sondern häufig ist auch die Mutter ihrerseits ebenso lange täglich in derselben oder einer anderen Manufaktur beschäftigt. Sobald die Kinder irgend verwendbar sind …, so werden auch sie aus dem Hause gestoßen; bis zu diesem Zeitpunkt aber sind sie ohne alle Aufsicht oder unter einer um eine Kleinigkeit gemieteten, welche schlimmer ist als gar keine. Nicht einmal zu dem gemeinschaftlichen Mahl versammelt sich die Familie immer. Die Entfernung des Fabrikgebäudes … hält davon ab. … Häufig dient die armselige und unwohnliche Hütte nur zum gemeinschaftlichen Ausschlafen. …

4 Stellt fest, worin R. Mohl (Q2) Gefahren für das Familienleben sah. Überlegt, ob es auch Vorteile gab.

Schilder an der Haustür einer Bürgervilla in Berlin, um 1900.

Wer löst die soziale Frage?

1 **Werkstatt des Rauhen Hauses, das 1823 gegründet wurde.** Darstellung von 1845.

Die Kirche greift ein

Angesichts des Elends, in dem die Arbeiter, ihre Frauen und Kinder leben mussten, stellte sich immer dringender die Frage: Was muss geschehen, um die menschenunwürdigen Lebensverhältnisse der Arbeiter zu beseitigen? Auf diese Frage, die man als „Arbeiterfrage" oder „soziale Frage*" bezeichnete, gab es im 19. Jahrhundert ganz unterschiedliche Antworten:

Schon in der ersten Hälfte des 19. Jahrhunderts setzten sich evangelische und katholische Geistliche mit diesem Problem auseinander. So gründete Heinrich Wichern (1808–1881) bereits 1833 in Hamburg das „Rauhe Haus", in das er verwaiste und obdachlose Kinder aufnahm. Als 1848 der erste „Deutsche Evangelische Kirchentag" stattfand, sagte er in einer Ansprache:

> **Q1** … Ihr Männer der Kirche, denkt auch an die Not der Menschen außerhalb der Kirchenmauern! Überall, wo die Armen vor Not keine Kraft mehr haben, die Botschaft Christi zu hören, da müsst ihr eingreifen. Alles Predigen wird nichts helfen, wenn nicht zugleich für das leibliche Wohl unserer Brüder gesorgt wird. …

Großes Aufsehen erregte auch ein Rundschreiben von Papst Leo XIII. im Jahr 1891. Er ermahnte darin nicht nur die Arbeiter zur treuen Pflichterfüllung, sondern auch die Arbeitgeber:

> **Q2** … Unehrenhaft und unmenschlich ist es, Menschen wie eine Ware nur zum eigenen Gewinn auszubeuten. … Zu den wichtigsten Pflichten der Arbeitsherren gehört es, jedem das Seine zu geben. … Dem Arbeiter den verdienten Lohn vorzuenthalten, ist ein großes Verbrechen, das um Rache zum Himmel ruft. …

Besonders erfolgreich wirkte der Gründer der katholischen Gesellvereine, Adolf Kolping (1813–1865). Es gelang ihm in wenigen Jahren, überall im Deutschen Reich „Kolpinghäuser" gründen zu lassen, in denen wandernde Handwerksgesellen Unterkunft und Verpflegung fanden.

1 *Welche Voraussetzungen müssen nach Wichern für eine wirksame Verkündigung des christlichen Glaubens gegeben sein?*

2 *Überlegt, wie Unternehmer oder Arbeiter auf den Satz in dem päpstlichen Rundschreiben „Jedem das Seine" reagierten?*

Lösungsversuche von Kirchen und Unternehmern

2 Lokmontage. August Borsig hatte dieses Gemälde zur Verschönerung seiner Villa in Berlin-Moabit in Auftrag gegeben. Gemälde von Paul Meyerheim, 1876.

3 Gartenlaube in der ehemaligen Arbeitersiedlung „Borsigwalde". Mit dem Entschluss der Firmenleitung, ihr neues Werk am Stadtrand Berlins zu errichten, war auch der Bau einer Werkssiedlung für 4800 Arbeiter und 500 Angestellte der Borsigwerke verbunden. Foto, um 1900.

Schnitt durch eines der um die Jahrhundertwende in Borsigwalde errichteten Häuser.
Trotz des Neubaus blieben die Wohnverhältnisse eng. In jeder Etage lebte eine mindestens vierköpfige Familie. Von Vorteil waren der kurze Weg zur Arbeit und der kleine Garten hinter dem Haus, der zum Anbau von Gemüse vorgesehen war.

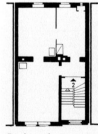

Dachgeschoss

Fürsorge der Unternehmer

Einzelne Unternehmer versuchten wenigstens in ihren Betrieben das Elend der Arbeiter zu mildern. Zu ihnen gehörte auch August Borsig, dessen Fürsorgeleistungen in der damaligen Zeit als sehr fortschrittlich galten. Borsig zahlte seinen Arbeitern höhere Löhne als viele andere, er richtete für sie eine Kranken- und Sterbekasse ein zur Versorgung Hinterbliebener und senkte allmählich die Arbeitszeit auf zwölf Stunden täglich. Diese Verbesserungen sollten, so sagte Borsig 1848, „nicht allein das Wohl der Arbeiter fördern, sondern auch das Fortbestehen der Fabrik sichern". Ähnlich wie Borsig handelte auch der Unternehmer Alfred Krupp, der für seine Beschäftigten Arbeitersiedlungen bauen ließ, Schulen gründete und Läden einrichtete, in denen die Werksangehörigen Lebensmittel günstig einkaufen konnten. Die Zeitung der „Social-Demokrat" schrieb hierzu 1865:

Q3 … Humanität einzelner Fabrikanten gegen ihre Arbeiter ist ohne Zweifel eine höchst nennenswerte Sache, aber mit der Sozialen Frage haben diese Dinge nichts zu tun. Hierfür ist es ganz gleichgültig, ob es edle Fabrikanten gibt oder nicht, denn es handelt sich nicht darum, im Kleinen, sondern im Großen andere Zustände herzustellen, und nicht darum, die Gnade oder den guten Willen einzelner Fabrikanten in Anspruch zu nehmen, sondern die Rechte – man verstehe wohl! –, die Rechte der Arbeiter zu erkämpfen. …

3 *Welche Ziele verfolgte Borsig mit seinen Maßnahmen?*
4 *Sprecht über den Eindruck, den die Darstellung von Borsig in der Abbildung 2 machen soll.*
5 *Spielt ein Gespräch zwischen Borsig oder Krupp und dem Verfasser des Zeitungsartikels.*

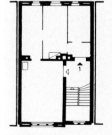

1. Obergeschoss

Streik und sozialer Protest

1 **Arbeiter beim Fabrikanten.** Öl-gemälde von Stanislaw Lenz, 1895.

Solidarität*:
Das Eintreten füreinander; Zusammengehörigkeitsgefühl.

Gewerkschaften*:
Mitte des 19. Jahrhunderts schlossen sich zuerst in England Arbeiter zu Organisationen zusammen (Trade Unions), die bessere Arbeitsbedingungen und Löhne anstrebten. Wichtigstes Druckmittel der Gewerkschaften war der Streik, d. h. die zeitweise Niederlegung der Arbeit. Als erste Gewerkschaftsverbände in Deutschland entstand die der Tabakarbeiter (1865) und der Buchdrucker (1866).

Alle Räder stehen still …

1 *Beschreibt die Abbildungen 1 und 2. Achtet auf Bekleidung und Haltung der Personen.*
2 *Vermutet, was die Arbeiter sagen könnten.*
3 *Diskutiert, welche Möglichkeiten die Arbeiter damals hatten, um ihre Forderung gegenüber dem Fabrikanten durchzusetzen.*

Die Maßnahmen von Unternehmern und Kirchen reichten nicht aus, um die Notlage der Arbeiter entscheidend zu verbessern. Deshalb kam es immer wieder zu Streiks. Mit den Arbeitsniederlegungen versuchten die Arbeiter ihre Forderungen gegenüber den Unternehmern durchzusetzen. Die Streiks richteten sich vor allem gegen zu lange Arbeitszeiten, zu starke Belastung durch die Maschinenarbeit, zu niedrige Löhne und zu strenge Befehlsgewalt durch die Fabrikherren. Die Streiks zeigten den Arbeitern, dass sie nur zusammen stark genug waren, um ihre Forderungen zu verwirklichen. Solidarität* war die Grundvoraussetzung für die Verbesserung ihrer Lebensbedingungen. Schon 1824 schlossen sich deshalb Arbeiter in England zu so genannten Gewerkschaften* zusammen um gemeinsam für bessere Arbeitsbedingungen zu kämpfen. Obwohl die Gewerkschaften

schon 1825 in Großbritannien zugelassen wurden, mussten viele Gewerkschaftsführer um ihr Leben fürchten. Noch 1834 verbannte man acht Landarbeiter aus der englischen Grafschaft Dorset wegen Gewerkschaftsgründung nach Australien.
4 *Betrachtet die Abbildung 3. Erläutert, was mit dem Text gemeint ist.*

Die Gewerkschaften

Auch in Deutschland entstanden ab 1848 Gewerkschaften, in denen die Arbeiter Erfahrungen austauschten und gemeinsame Aktionen vorbereiteten. Sie forderten vor allem:
– höhere Löhne,
– Beschränkung der täglichen Arbeitszeit auf zehn Stunden, bei Schwerarbeit auf acht Stunden,
– Schutz bei Krankheit, Unfall oder Arbeitslosigkeit.
Außerdem richteten die Gewerkschaften Streikkassen ein, aus denen Arbeiter und Familien bei längerfristigen Streiks unterstützt wurden. Derartige Zusammenschlüsse wurden in einzelnen deutschen Staaten erst ab 1861 zugelassen, in ganz Deutschland erst im Jahr 1872. Ein Arbeiter erinnerte sich an die Schwierigkeiten, die mit der Grün-

Die Proletarier organisieren sich

2 Ein Streik bricht aus. Gemälde von Robert Köhler, 1886.

Gewerkschaften und Arbeitskämpfe. Im Deutschen Reich sind 2,5 Millionen Arbeiter (mehr als ein Viertel aller Arbeiter) in den freien Gewerkschaften organisiert, fast eine Million in der Sozialdemokratie.

dung seines Gewerkschaftsvereins verbunden waren:

> **Q** ... Mein Plan, einen Fachverein für meinen Beruf zu gründen, war schneller gedacht als ausgeführt. Die Polizei witterte hinter jeder Arbeitervereinigung revolutionäre Verbindungen. Auch war es nicht so einfach, meine Formerkollegen für den Plan zu begeistern; die Furcht vor Entlassung hielt viele zurück. Im Laufe der Jahre gelang es aber, eine Anzahl tüchtiger und treuer Kollegen zu gewinnen. ... Um die Statuten unseres Vereins von der Polizei genehmigt zu erhalten, musste alles vermieden werden, was bei den Behörden Anstoß erregen konnte. Von Streik oder Lohnbewegung durfte im Statut nicht die Rede sein. Deshalb hieß es: „Der Zweck des Vereins ist die Ehre und das Interesse der Former und verwandter Berufsgenossen zu wahren." ...

5 Beschreibt die Schwierigkeiten der Arbeiter, die sich in Gewerkschaften organisierten.
6 Nennt die Ziele der Gewerkschaften damals.
7 Erkundigt euch, welche Gewerkschaften es heute gibt und wofür sie sich einsetzen.

Mann der Arbeit, aufgewacht!
Und erkenne deine Macht!
Alle Räder stehen still,
Wenn dein starker Arm es will.

3 Bildpostkarte der Gewerkschaften. Um 1910.

Zahl der Arbeitskämpfe im Deutschen Reich:

1848:
49 Arbeitskämpfe
1869:
152 Arbeitskämpfe
1871:
158 Arbeitskämpfe
1872:
352 Arbeitskämpfe
1881:
15 Arbeitskämpfe
1884:
60 Arbeitskämpfe
1890:
390 Arbeitskämpfe
1891:
226 Arbeitskämpfe

1875:
*Gründung der „So-
zialistischen Arbeiter-
partei Deutsch-
lands", die ab 1890
„Sozialdemokrati-
sche Partei Deutsch-
lands" hieß.*

Produktionsmittel*:
*Güter, mit denen pro-
duziert werden kann,
z. B. Maschinen.*

1 Postkarte zum Wahlrecht. Um 1912.

Die Entstehung der SPD

Die Gewerkschaften wollten die Arbeitsbedingungen der Arbeiterschaft verbessern, höhere
Löhne und kürzere Arbeitszeiten erreichen.
Das war Ferdinand Lassalle (1825–1864), einem Journalisten, zu wenig. Er gründete 1863
den Allgemeinen Deutschen Arbeiterverein
(ADAV). Sein Ziel war das Wahlrecht für alle
Arbeiter; diese sollten dann Abgeordnete
wählen, die ihre Interessen im Parlament vertreten würden. Die Lösung der sozialen Frage
erwartete Lassalle also vom Staat. Außerdem
forderte die Partei die Verwaltung der Fabriken durch die Arbeiter. Eine zweite Arbeiter-
partei wurde 1869 in Eisenach von dem
Drechslermeister August Bebel (1840–1913)
und dem Zeitungsredakteur Wilhelm Liebknecht gegründet. Anders als Lassalle setzte
diese Partei ihre Hoffnungen zunächst auf eine Revolution. Im Jahr 1875 schlossen sich
beide Parteien zur „Sozialistischen Arbeiter-
partei Deutschlands" zusammen, die ab 1890
„Sozialdemokratische Partei Deutschlands"
(SPD) hieß. Das Parteiprogramm der SPD enthielt unter anderem folgende Ziele:
– Allgemeines Wahlrecht für alle Staatsan-
  gehörigen vom 20. Lebensjahr an
– Direkte Gesetzgebung durch das Volk
– Verwandlung der Produktionsmittel* in
  gesellschaftliches Gemeingut
– Abschaffung aller sozialen Ungleichheit
– Verbot der Kinderarbeit und Schutzgesetze
  für das Leben und die Gesundheit der Ar-
  beiter

Die SPD wird stärkste Partei

Trotz des Verbots und der Verfolgung durch
die kaiserliche Reichsregierung unter Bis-
marck wurde die SPD schnell zur stärksten
Partei in Deutschland. Strittig blieb in der SPD
jedoch bis ins 20. Jahrhundert die Frage, wie
die im Parteiprogramm enthaltenen Ziele
erreicht werden sollten. War es möglich, eine
sozialistische Gesellschaft auf friedlichem
Weg und durch Reformen durchzusetzen,
oder konnte dies nur durch einen revolutionären Umsturz gelingen?

1 *Nehmt Stellung zu den Forderungen der
Sozialdemokratie aus der Sicht eines Unterneh-
mers.*

Reform oder Revolution?

„Ein Gespenst geht um in Europa"
Im Jahr 1848 erschien eine Schrift mit dem Titel „Manifest der kommunistischen Partei":

> **Q1** … Ein Gespenst geht um in Europa – das Gespenst des Kommunismus. … Zweck der Kommunisten ist die Eroberung der politischen Macht durch das Proletariat. … Die Kommunisten erklären es offen, dass ihre Zwecke nur erreicht werden können durch den gewaltsamen Umsturz aller bisherigen Gesellschaftsordnung. Mögen die herrschenden Klassen vor einer kommunistischen Revolution zittern. Die Proletarier haben nichts zu verlieren als ihre Ketten. Sie haben eine Welt zu gewinnen.
> Proletarier aller Länder vereinigt! …

2 Karl Marx (1818–1883). Foto.

1848:
Karl Marx und Friedrich Engels verfassen das „Manifest der kommunistischen Partei".

Verfasser des Manifestes waren Karl Marx und sein Freund Friedrich Engels. Sie zählten zu den schärfsten Kritikern der sozialen Missstände und hatten mit ihren Schriften großen Einfluss auf die politische Diskussion innerhalb der Arbeiterparteien. Die wirtschaftlichen und politischen Veränderungen ihrer Zeit erklärten sie 1848 wie folgt:

> **Q2** … Die ganze Gesellschaft spaltet sich mehr und mehr in zwei große, feindliche Lager, in zwei große, einander direkt gegenüberstehende Klassen – Bourgeoisie* und Proletariat. Am Anfang kämpfen die einzelnen Arbeiter, dann die Arbeiter einer Fabrik gegen den einzelnen Bourgeois, der sie direkt ausbeutet. … Mit der Vereinigung der Arbeiter sind der Untergang der Bourgeoisie und der Sieg des Proletariats unvermeidlich. …

Mit dem Zusammenschluss der Arbeiterschaft zu einer machtvollen revolutionären Bewegung würde sich – so Marx – das Proletariat von der Unterdrückung befreien, die politische Herrschaft an sich reißen und das Privateigentum an Produktionsmitteln abschaffen.

2 Haltet fest, worin Marx und Engels die Lösung des Klassengegensatzes zwischen Bourgeoisie und Proletariat sahen.
3 Informiert euch in einem Lexikon über das Leben von Karl Marx.

Kritik an den Lehren von Marx und Engels
Eduard Bernstein (1850–1932), führender Politiker der SPD, trat für eine Anpassung der Lehren von Marx und Engels an die veränderten Verhältnisse ein.
Im Jahr 1899 schrieb er, dass die Voraussagen von Marx und Engels nicht eingetroffen seien. Die Zahl der Besitzenden – so stellte er fest – sei nicht kleiner, sondern größer geworden. In den Industrieländern – so schrieb er außerdem – habe sich eine Entwicklung vollzogen, die so nicht voraussehbar gewesen sei:
– Es wurden Fabrikgesetze zum Schutz der Arbeiterinnen und Arbeiter erlassen.
– Die Gewerkschaften können ungehindert für die Verwirklichung ihrer Ziele kämpfen.
– Das Leben wurde allgemein eher demokratischer, d. h., auch die Arbeiter können in vielen Bereichen auf die politischen Entwicklungen Einfluss nehmen.
– Die Bourgeoisie ist mit dieser Entwicklung weitgehend einverstanden und bekämpft sie nicht.
Bernstein kam daher zu der Schlussfolgerung, dass die Notwendigkeit für einen großen Zusammenbruch der bisherigen Gesellschaftsordnung nicht mehr gegeben sei.

4 Erläutert in eigenen Worten, warum Bernstein eine gewaltsame Lösung der sozialen Frage nicht mehr für notwendig hielt.

Bourgeoisie:*
(franz. = Bürgertum), Bezeichnung für das Besitz- und Bildungsbürgertum, das im 19. Jahrhundert auch an politischen Einfluss gewann. Hierzu gehörten z. B. Unternehmer, Bankiers oder Professoren.

Frauen kämpfen um ihre Rechte

1 Bei einer Arbeiterinnenversammlung treffen sich sozialdemokratische Frauen um ihre Interessen zu diskutieren. Illustrierte Zeitung. Leipzig Holzstich von Carl Koch, 1890.

Clara Zetkin wurde 1857 in Wiederau bei Rochlitz geboren. Seit ihrer Ausbildung am Lehrerinneninstitut in Leipzig betätigte sie sich in der sozialistischen Bewegung. Sie leitete die Frauenzeitschrift „Die Gleichheit" und zählte zu den Führungsfiguren der proletarischen Frauenbewegung.

„Frau und Arbeiter haben gemein, Unterdrückte zu sein"

Mit diesem Satz begann August Bebel sein Buch „Die Frau und der Sozialismus", das im Jahr 1879 veröffentlicht wurde. Bebel forderte darin die Frauen auf, die Gleichberechtigung im Berufsleben und in der Politik „Hand in Hand mit der proletarischen Männerwelt" durchzusetzen. Arbeiterinnen und Arbeiterfrauen sollten sich deshalb der Sozialdemokratie anschließen. Tatsächlich setzte sich die SPD als einzige Partei für das Frauenwahlrecht ein. Viele Frauen folgten daher dem Aufruf Bebels, wurden aber oft auch hier zunächst enttäuscht. So schrieb die Fabrikarbeiterin Adelheid Popp (1869–1939), die der Partei 1885 beitrat:

> **Q1** … Nie hörte oder las ich von Frauen in Versammlungen und auch alle Aufforderungen meiner Partei-Zeitung waren immer nur an die Arbeiter, an die Männer gerichtet. … Auch wurde in den Versammlungen nur für Männer gesprochen. Keiner der Redner wendete sich auch an die Frauen. Es schien alles nur Männerleid und Männerelend zu sein. …

Die sozialdemokratische Frauenbewegung engagierte sich für die Interessen der Arbeiterinnen, indem sie neben dem Frauenwahlrecht auch kürzere Arbeitszeiten und gleiche Löhne für Männer und Frauen forderte. Seit Mitte der 90er-Jahre nahmen die Frauen verstärkt an Arbeitskämpfen teil. In Berlin gab es den ersten großen Arbeitskampf im Februar 1896. Etwa 20 000 Beschäftigte der Konfektionsindustrie, unter ihnen eine große Anzahl Frauen, streikten für höhere Löhne und für die Anerkennung von Lohntarifen. Der Streik griff auch auf andere Städte über – nach Cottbus, Dresden, Erfurt, Halle und Stettin. Die Arbeiter und Arbeiterinnen erreichten in Berlin eine Lohnerhöhung bis zu 30 Prozent und die proletarische Frauenbewegung erlebte durch diese Aktionen einen gewaltigen Aufschwung.

1 *Spielt ein Streitgespräch zwischen einem Arbeiter und einer Arbeiterin über die Forderung nach gleichem Lohn für Männer und Frauen.*

Dürfen Mädchen auf das Gymnasium?

Andere Ziele hatte der bürgerliche „Allgemeine Deutsche Frauenverein", der 1865 in Leipzig gegründet worden war. Seine zentralen Forderungen waren das Recht auf Arbeit und die Erweiterung der Erwerbstätigkeit für Frauen. So schrieb eine Frau, die aus einem begüterten Elternhaus kam, im Jahr 1863:

> **Q2** … Während man es für einen jungen Mann als eine Sache der Ehre ansieht, sich sein Brot zu erwerben, betrachtet man es als eine Art von Schande, die Töchter ein Gleiches tun zu lassen. Nimmt eine Kaufmannstochter, eine Professorentochter eine

Bürgerliche und proletarische Frauenbewegung

2 Auszug aus dem preußischen Vereinsgesetz von 1851. Illustrierte Zeitung, Leipzig 1890.

3 Aufruf zum 4. internationalen Frauentag. Der Berliner Polizeipräsident hielt die Schlagzeile für eine Beleidigung der Obrigkeit und verbot die Plakatierung. 1914.

Stelle als Lehrerin, als Gesellschafterin oder als Kindergärtnerin an, so wird dieses Ereignis irgendwie beschönigt. Es heißt, sie haben eine so große Vorliebe für den Verkehr mit Kindern. …

Während die Frauen aus proletarischen Familien gezwungen waren für den kargen Lebensunterhalt der Familie mitzuarbeiten, durften Frauen aus bürgerlichen Verhältnissen ohne die Zustimmung ihrer Ehemänner keinem Gewerbe nachgehen. Und bis zum Ende des 19. Jahrhunderts war es Mädchen und Frauen verboten, das Gymnasium zu besuchen oder zu studieren. Viele Männer und Frauen teilten die Meinung, die Max Planck, Direktor eines Universitätsinstituts in Berlin, um 1900 äußerte:

Q3 … Man kann doch nicht stark genug betonen, dass die Natur selbst der Frau ihren Beruf als Mutter und Hausfrau vorgeschrieben hat und Naturgesetze unter keinen Umständen ohne schwere Schädigungen umgangen werden können. …

2 *Bewertet die Argumente Plancks zur Ablehnung des Frauenstudiums (Q3).*
3 *Stellt mithilfe von Q2 die Berufe fest, in denen bürgerliche Frauen arbeiten konnten.*

Erfolge der Frauenbewegung

Die Möglichkeiten der Frauenbewegung, ihre Forderungen durchzusetzen, wurden durch die preußische Regierung stark eingeschränkt. Das Vereinsgesetz von 1850 (siehe Abb. 2) untersagte es den Frauen, sich in den Vereinen mit Politik zu beschäftigen. Doch die Frauen gründeten die von der Polizei verbotenen Vereine immer wieder neu. Allein der bürgerliche „Bund deutscher Frauenvereine" zählte um 1900 über 70 000 Mitglieder. Als das preußische Vereinsgesetz 1908 aufgehoben wurde, durften Frauen sich zwar versammeln und Mitglied in einer Partei oder Gewerkschaft werden. Das Frauenwahlrecht wurde aber erst im Jahr 1918 eingeführt.
4 *Überlegt, wie die Frauen die Vereinsgesetze (Abb. 2) umgehen konnten.*
5 *Informiert euch über die Geschichte des Internationalen Frauentages (Abb. 3).*

*Nirgendwo erreichte die Frauenbewegung ein vergleichbar großes Ausmaß wie in England. „**Suffragetten**" nannte man hier die Frauen, die in England für das Frauenwahlrecht kämpften. Einige von ihnen bewiesen große Unerschrockenheit. Sie ließen sich an Palastgittern fesseln (s. oben) oder traten in den Hungerstreik. Emily Davidson opferte der Sache der Frauen ihr Leben und warf sich vor das Pferd des Königs.*

Ein Generalstreik wird zum „Tag der Arbeit"

1 Titelblatt aus der Maifestnummer des „Süddeutschen Postillions" aus dem Jahr 1894.

2 „Auf, zum Feste all' herbei, Feiern wir den ersten Mai!" Aus: „Der wahre Jakob", 25.4.1899.

Der 1. Mai

1889 als einmaliger internationaler Kampftag für den Achtstundentag geplant, entwickelte sich der 1. Mai zum „Tag der Arbeit" und zum traditionellen Festtag der Arbeiter in aller Welt. So fanden am 1. Mai 1890 die ersten Maimanifestationen der Arbeiterbewegung in Argentinien, in den USA und in 18 europäischen Ländern statt. Allein in London demonstrierten etwa 300 000 Menschen und auch im Deutschen Reich folgten Zehntausende von Arbeitern dem Aufruf zu den Kundgebungen. Da in Preußen Festumzüge von der Polizei genehmigt werden mussten, was nur selten vorkam, verabredeten sich Arbeiter und Arbeiterinnen zu einem gemeinsamen „Ausflug ins Grüne". Ottilie Bader (1847 bis 1925), Fabrikarbeiterin, berichtet von der ersten Maifeier 1890 in Berlin:

Q … Es war am Donnerstag, den 1. Mai 1890. Man sah bereits in den frühen Vormittagsstunden sonntäglich gekleidete Gruppen von Arbeiterfamilien hinausziehen ins Freie. Wie war das nur möglich? An einem Arbeitstage wagten die Proletarierscharen nicht zu arbeiten, dem Unternehmer damit den Profit zu kürzen? Sie wagten zu feiern an einem Tage, der nicht von Staat oder Kirche als Feiertag festgelegt war? Es war [in Paris] vereinbart worden, dass in allen Ländern an die Regierungen Forderungen zum Schutz der Arbeiter gestellt und mit Nachdruck vertreten werden müssen. Die Arbeitszeit sollte verkürzt, Kinderarbeit verboten werden und anderes mehr. Dann erst würde der Arbeiter sich seiner Familie widmen können und dann endlich einmal auch Zeit finden, an seiner geistigen Fortbildung zu arbeiten. …

Bis nach dem Ersten Weltkrieg galt die Arbeitsruhe am 1. Mai meist als Streik. Später wurde das Datum als Tag der Arbeit zum Feiertag erklärt.

1 *Lest den Bericht von Ottilie Bader (Q) und diskutiert über ihre Ansicht zu diesem Feiertag.*
2 *Sprecht mit euren Eltern und Großeltern darüber, wie der 1. Mai in der DDR gefeiert wurde.*
3 *Sammelt Informationen (Plakate, Berichte, Informationsmaterial der Gewerkschaften), wie heute der 1. Mai begangen wird.*
4 *Gestaltet zum Thema „1. Mai – Tag der Arbeit" eine Wandzeitung.*

1. Mai 1890:
Erste Maimanifestationen der Arbeiterbewegung.

Zusammenfassung

Technische Neuerungen

Die Industrialisierung begann im 18. Jahrhundert in England. Technische Erfindungen wie z. B. Spinnmaschinen führten zu einem radikalen Wandel in der Textilindustrie: Wenige Menschen konnten mithilfe der neuen Maschinen jetzt schnell, preiswert und in großen Mengen Waren produzieren. Durch die Erfindung der Dampfmaschine und der Lokomotiven konnten die Waren in kurzer Zeit überallhin befördert werden. Die erste deutsche Eisenbahn fuhr 1853 von Nürnberg nach Fürth. Unter Führung Preußens hatten sich die deutschen Kleinstaaten schon ein Jahr zuvor zum deutschen Zollverein zusammengeschlossen, d. h.: es gab jetzt innerhalb des Deutschen Zollvereins keine Grenzen mehr, die den Warenverkehr behinderten.

Soziale Folgen der Industrialisierung

Mit der fortschreitenden Industrialisierung verlor die alte ständische Ordnung immer mehr an Bedeutung. An die Stelle des „Geburtsadels" trat der „Geldadel". Dazu gehörten vor allem die Unternehmer, die in ihren Fabriken oft mehrere tausend Menschen beschäftigten. Eine angesehene Stellung in der Gesellschaft besaßen auch die Angestellten, also Ingenieure, Buchhalter usw. Für die Arbeiter wurde die Bezeichnung „Proletarier" gebräuchlich. Ihre Arbeits- und Lebensbedingungen waren äußerst schlecht: Verelendung aufgrund niedriger Löhne und hoher Arbeitslosigkeit, unzumutbare Arbeitsbedingungen und menschenunwürdige Wohnverhältnisse zählten zu den ungelösten sozialen Problemen der Arbeiter.

Lösungsversuche zur sozialen Frage

Angesichts des Elends, in dem Arbeiter, ihre Frauen und Kinder leben mussten, fühlten sich die Kirchen (Wichern, Kolping u. a.) und verantwortungsbewusste Unternehmer (Borsig, Krupp u. a.) dazu aufgerufen, Verbesserungen durchzuführen. Für eine revolutionäre Lösung der sozialen Frage setzten sich dagegen Marx und Engels ein, die 1848 das „Kommunistische Manifest" veröffentlichten. Mit der Durchführung von Streiks, der Gründung von Gewerkschaften und schließlich von Arbeiterparteien durch Lassalle sowie Bebel und Liebknecht konnten die Arbeiter ihre Situation schrittweise verbessern und auch das Wahlrecht erkämpfen. Das Frauenwahlrecht wurde erst 1918 in Deutschland eingeführt.

18. Jahrhundert

England wird zum Mutterland der industriellen Revolution.

Um 1830

Beginn der Industrialisierung in Mitteleuropa und Deutschland.

1848

Marx und Engels veröffentlichen das Manifest der kommunistischen Partei.

1875

Gründung der Sozialdemokratischen Partei in Gotha.

Bronzezeit/Eisenzeit

Um 3000 v. Chr.	Erste Bronzeverarbeitung im Vorderen Orient
Um 2000 v. Chr.	Ausdehnung der Bronzetechnik bis Mitteleuropa
1500–1300 v. Chr.	Entstehung der Lausitzer Kultur
Um 1300 v. Chr.	Erste Eisenverarbeitung in Kleinasien
Um 500 v. Chr.	Jüngere Eisenzeit in ganz Deutschland

10 000 v. Chr.	Erster Getreideanbau und erste Viehzucht im Vorderen Orient
7000 v. Chr.	Erste stadtähnliche Siedlung in Jericho
4500 v. Chr.	Erste Siedlung der Bandkeramiker in Sachsen

Vor ca. 2 Mio. Jahren	Erste Menschen
Vor ca. 600 000 Jahren	Ältester Menschenfund in Deutschland
Vor ca. 300 000 Jahren	Frühmenschen in Bilzingsleben
Vor ca. 35 000 Jahren	Cro-Magnon-Mensch

In der gesamten Altsteinzeit lebten die Menschen als Jäger und Sammler.

Rom

753 v. Chr.	Gründung Roms (Sage)
500 v. Chr.	Beginn der römischen Republik
Um 250 v. Chr.	Rom ist stärkste Landmacht im Mittelmeerraum
44 v. Chr.	Alleinherrschaft Caesars
31 v. – 14 n. Chr.	Herrschaft des Kaisers Augustus
391 n. Chr.	Das Christentum wird Staatsreligion
395 n. Chr.	Teilung des Römischen Reiches
476 n. Chr.	Der letzte römische Kaiser wird von den Germanen abgesetzt

Griechenland

2600–1450 v. Chr.	Minoische Kultur auf Kreta
750–550 v. Chr.	Griechische Kolonisation
500 v. Chr.	Entstehung der Demokratie in Athen
477 v. Chr.	Gründung des Attischen Seebundes
356–336 v. Chr.	Philipp von Makedonien unterwirft Griechenland
300–30 v. Chr.	Hellenistische Staaten entstehen in Ägypten, Persien und Makedonien

Ägypten

3000 v. Chr.	Staatsgründung in Ägypten
1900 v. Chr.	Ägypten wird Großmacht
1000 v. Chr.	Ägyptens Großreich zerfällt
30 v. Chr.	Ägypten wird römische Provinz

Frankenreich

482	Chlodwig wird König der Franken
722	Bonifatius wird mit der Missionierung der Germanen beauftragt
722–804	Sachsenkriege
768	Karl der Große wird König der Franken
800	Kaiserkrönung Karls des Großen in Rom
814	Tod Karls des Großen

Ausbreitung des Islam

570	Geburt Mohammeds in Mekka
622	Mohammed flieht nach Medina
630	Mohammed erobert Mekka
632–715	Ausbreitung des Islam bis Indien und Europa
632	Tod Mohammeds
711	Araber dringen in Europa (Spanien) ein

Vom Mittelalter zur Neuzeit

Um 1450	Erfindung des Buchdrucks
1492	Kolumbus sucht den Westweg nach Indien und entdeckt Amerika
1519	Cortez erobert Mexiko. Die Europäer errichten ihre Herrschaft in den Kolonien

Deutsches Reich

919	Sachsenherzog Heinrich wird deutscher König
11. Jh.	Herausbildung des Ritterstands
1077	Heinrich IV. in Canossa
1096	1. Kreuzzug
14. Jh.	Blütezeit der Hanse

Städte in Europa

12.–15. Jh.	Städteboom in Europa
Seit 1300	Gotische Kirchen werden in ganz Europa errichtet
1300–1400	Zünfte erkämpfen sich in zahlreichen Städten ein Mitspracherecht
14. Jh.	Die Hanse beherrscht Nordeuropa

Das Zeitalter des Absolutismus

1643–1715	Ludwig XIV., König von Frankreich
1689	Glorreiche Revolution. Bill of Rights in England
1689–1725	Zar Peter I. regiert in Russland
1694–1733	August der Starke, Kurfürst von Sachsen und König von Polen
1740–1786	Friedrich II., König von Preußen
1756–1763	Siebenjähriger Krieg

Reformation und ihre Folgen

31.10.1517	Luther veröffentlicht die Wittenberger Thesen gegen den Missbrauch des Ablasses

1521	Reichstag zu Worms
1525	Bauernkrieg. Gründung des Jesuitenordens
1618–1648	Dreißigjähriger Krieg

Französische Revolution/Napoleon

1789	Versammlung der Generalstände. Sturm auf die Bastille. Erklärung der Menschenrechte
1791	1. Verfassung
1793/94	Schreckensherrschaft
1799	Napoleon übernimmt die Herrschaft
1804	Kaiserkrönung Napoleons
1807	Preußische Reformen
1813	Napoleons Feldzug nach Russland

USA

1607	Jamestown gegründet
1620	Pilgerväter landen in Amerika
1776	Unabhängigkeitserklärung der USA
1789	Verfassung der USA
1861–1865	Bürgerkrieg zwischen den Nord- und den Südstaaten der USA

Deutscher Bund

1814/15	Wiener Kongress
1815–1866	Deutscher Bund
1817	Wartburgfest
1832	Hambacher Fest
1834	Deutscher Zollverein

Revolution 1848/49

1848	Märzaufstand in Wien, Berlin, Paris. Mai: Nationalversammlung in Frankfurt am Main. Beratung der Grundrechte und der Verfassung
1849	Friedrich Wilhelm IV. von Preußen lehnt die Kaiserkrone ab. Auflösung der Nationalversammlung. Neue Aufstände werden durch das Militär niedergeschlagen

Industrialisierung

Seit 1700	Beginn der Industrialisierung in England
1769	James Watt, Dampfmaschine
1814	George Stephenson, 1. Lokomotive
1848	K. Marx und F. Engels, Kommunistisches Manifest
1861	Erste Gewerkschaften in Deutschland
1863	„Allgemeiner Deutscher Arbeiterverein" gegründet
1865	„Allgemeiner Deutscher Frauenverein" gegründet
1875	Gründung der Sozialdemokratischen Partei in Gotha

Gewusst wie ...

Eine Zeitleiste herstellen

Zeitabschnitte aus der Vergangenheit könnt ihr in einer Zeitleiste darstellen. So könnt ihr veranschaulichen, was früher, später oder auch gleichzeitig stattgefunden hat.

... und so wird's gemacht:

1. Bildmaterial sammeln und ordnen
Tragt Bilder, Fotos und Gegenstände zusammen und beschafft euch Informationen dazu. In Geschichtsbüchern, Lexika oder in alten Zeitungen könnt ihr euch informieren. Sortiert ähnliche Abbildungen aus. Macht Fotokopien von Bildern, die euch nicht gehören. Fotografiert Gegenstände, über die ihr nicht verfügen könnt. Notiert, aus welchem Jahr die Bilder oder Gegenstände stammen. Berechnet, wie viele Jahre seitdem vergangen sind.

3. Zeitleiste anlegen
Nehmt eine Tapetenbahn und zeichnet einen Zeitstrahl darauf. Überlegt, welchen Zeitraum ihr darstellen wollt. Schreibt das Jahr, das am weitesten zurückliegt, an die linke Seite des Zeitstrahls. Der Zeitpunkt, der unserer Zeit am nächsten ist, wird an die rechte Seite geschrieben. Unterteilt dann den Zeitstrahl in sinnvolle Abschnitte.

4. Zeitleiste gestalten
Legt euer Bildmaterial auf und probiert verschiedene Gestaltungsmöglichkeiten aus. Klebt die Abbildungen auf und beschriftet sie.

Textquellenarbeit

Schriftliche Überlieferungen werden Textquellen genannt, weil man aus ihnen Informationen über die Vergangenheit entnimmt, so wie man Wasser aus einer Quelle schöpft. Dabei kann es sich z. B. um Gesetzestexte, Briefe oder Inschriften handeln. Die Textquellen können auf Papier oder Stein, in Büchern oder an Gebäuden stehen. Um eine Textquelle genauer zu untersuchen können folgende Fragen hilfreich sein:

1. Fragen zum Text
- Wovon berichtet der Text? (W-Fragen - Wer? Wo? Wann? Was? Wie? Warum?)
- Wie ist der Text untergliedert? Welcher Gesichtspunkt steht im Mittelpunkt?
- Wie kann man den Inhalt kurz zusammenfassen?
- Welche Widersprüche, Übertreibungen oder Einseitigkeiten enthält der Text?

2. Fragen zum Verfasser (Autor)
- Welche Informationen besitzen wir über den Verfasser?
- Kannte der Schreiber die Ereignisse, über die er berichtet, aus eigener Anschauung?
- Welche Absichten verfolgte der Verfasser mit seinem Text?
- Versucht der Autor möglichst neutral zu sein oder ergreift er Partei für bestimmte Personen?

Umgang mit Gesetzestexten

Gesetzestexte sind nicht leicht zu verstehen. Sie müssen genau analysiert werden.

... und so wird's gemacht:

1. Art und Inhalt des Textes klären
Stellt fest, ob es sich zum Beispiel um einen Verfassungstext, ein Gesetz oder eine Verordnung handelt. Klärt unbekannte Begriffe und sucht die Schlüsselwörter. Fasst zusammen, worum es im Text geht.

2. Regelungsbereich und Regelungsabsicht klären
Untersucht, für welche Bereiche die Bestimmung gilt und was mit ihr bewirkt werden soll (z. B. Schutz, Strafe usw.).

3. Die Bestimmung auf einen Fall anwenden
Versucht festzustellen, ob die Bestimmung auf einen bestimmten Fall anzuwenden ist und was daraus für Betroffene folgt.

4. Beurteilung
Erörtert, ob die Regelung aus eurer Sicht gerecht (ungerecht), zu hart (zu milde) ist. Passt sie überhaupt auf den Einzelfall?

Mündliche Quellen

Informationen kann man nicht zu allen Fragen aus Büchern beschaffen. Man kann Zeitzeugen- oder Expertenbefragungen durchführen. Das, was die Leute dabei erzählen, wird „mündliche Quelle" genannt. Aber auch viele Materialien im Buch sind als mündliche Quellen aufgezeichnet worden.

... und so wird's gemacht:

1. Fragen stellen
Geht vor wie bei einer Zeitzeugen- oder Expertenbefragung.

2. Informationen entnehmen
Fragt nach, wenn euch etwas unklar bleibt. Formuliert nachher die Antworten auf eure Fragen kurz mit eigenen Worten.

3. Informationen vergleichen und überprüfen
Wenn man Leute zu Dingen befragt, die sie selbst erlebt haben, wollen sie sich so gut wie möglich darstellen: Manch einer ist ein Angeber, ein anderer ist allzu bescheiden. Die Wahrheit könnt ihr meist nur schwer überprüfen. Manchmal hilft es, mündliche Quellen zu vergleichen. Manchmal gibt es schriftliche Quellen oder Abbildungen, die den Erinnerungen widersprechen. Wichtig: Zeigt der befragten Person möglichst nicht, dass ihr ihre Erzählungen prüfen wollt, sondern bewertet sie erst nachher alleine.

... arbeiten mit Methode

Schaubild

Schaubilder stellen komplizierte Zusammenhänge vereinfacht dar.

... und so wird's gemacht:

1. Was ist dargestellt?
a) Inhalt feststellen (um was geht es?)
b) Symbole entschlüsseln (Bedeutung von Farben, Form der Elemente, Pfeile ...)

2. Wie ist die Darstellung aufgebaut?
c) Aufbau und Ablauf erkunden (wo ist der „Einstieg", läuft alles in eine Richtung? Gibt es Verzweigungen, soll ein Kreislauf angedeutet werden?)
d) Zusammenhänge herstellen (wo sind z. B. Ursachen, wo ergeben sich Folgen?)

3. Auswertung
e) Gesamtaussage erkennen (wie könnte man die Aussage des Schaubildes mit wenigen Worten wiedergeben?)
f) Kritisch überprüfen (was fehlt, was wird zu einfach dargestellt oder übertrieben ...?)

Statistik und Diagramme

Die bei Umfragen erhobenen Daten sollten ausgewertet und grafisch aufbereitet werden. Wenn ihr die dafür notwendigen Schritte einmal selber gemacht habt, fällt euch die Deutung und Beurteilung fremder Statistik viel leichter.

... und so wird's gemacht:

1. Fragebögen auswerten
Strichlisten zu den einzelnen Antworten anlegen, Teilergebnisse zusammenfassen, eine Tabelle mit dem Gesamtergebnis aufstellen – das sind die notwendigen Vorarbeiten für eine grafische Aufbereitung von erhobenen Daten.

2. Diagrammart wählen
Diagramme sollen übersichtlich und aussagekräftig sein. Der ausgewählte Typ muss zum Inhalt passen.

3. Diagramme anlegen
Hierfür ist es manchmal günstig, die absoluten Zahlenwerte in Prozente umzurechnen.

4. Interpretation
Hierzu werden die Grafiken „gelesen" und in Worte übersetzt.

5. Kritik
Ihr werdet schnell feststellen, dass man durch die Art der Darstellung Dinge übertreiben oder abschwächen kann. Da hilft bei fremden Statistiken nur ein kritischer Blick auf die zugrunde liegenden Zahlenwerte. Eine seriöse Statistik muss nämlich nachvollziehbar und damit überprüfbar sein.

Geschichtskarten

Im Geschichtsunterricht arbeitet ihr mit Geschichtskarten. Sie stellen ein Thema aus der Geschichte dar. Das kann eine bestimmte Situation sein. Es kann auch die Entwicklung über einen längeren Zeitraum hinweg sein. Bei der Arbeit mit Geschichtskarten helfen folgende Arbeitsschritte weiter:

1. Thema und Zeitraum bestimmen:
Antwort gibt meist der Titel der Karte. Er ist in diesem Buch über den Karten abgedruckt. Wenn der Zeitraum im Titel nicht zu erkennen ist, muss man einen Blick in die Legende werfen oder auf der Karte eingetragene Jahreszahlen sammeln.

2. Das dargestellte Gebiet bestimmen:
Sicher könnt ihr nur sein, wenn ihr euch am Kartenbild orientiert habt. In diesem Buch hilft euch oft der kleine Kartenausschnitt.

3. Farben und Zeichen erklären:
Fast jede Karte hat eine Zeichenerklärung, die so genannte Legende. Dort findet ihr die Erklärungen, die nicht in der Karte stehen.

4. Aussagen der Karte zusammenfassen:
Wenn ihr Schwierigkeiten habt, versucht ihr am besten zu der Karte eine kurze Geschichte zu erzählen. Was passierte in welcher Reihenfolge?

Bilder und Kunstwerke als Quellen

Oft genügt es schon, ein Bild genau zu betrachten und zu beschreiben, um etwas darüber zu erfahren, wie die Menschen früher gelebt, gedacht oder gefühlt haben. Manchmal benötigen wir zusätzliche Informationen, um den Sinn eines Bildes zu verstehen. Folgende Fragen können helfen, Bildern wichtige Informationen zu entnehmen.

... und so wird's gemacht:

1. Fragen zum Kunstwerk:
• Welche „Daten" des Bildes sind bekannt? (Name des Künstlers, Bildtitel, Entstehungszeit)
• Was ist dargestellt? (Personen, Dinge, Natur usw.)
• Wie ist es dargestellt? (Naturgetreu oder nicht? Farben, Helligkeit, Anordnung der Personen, Dinge usw.)
• Gibt es einen Mittelpunkt, auf den das Auge des Betrachters gelenkt wird? Sind Vorder- und Hintergrund erkennbar?
• Welchen Eindruck will der Künstler durch die Darstellung vermitteln?
• Zu welchem Zweck wurde das Bild geschaffen?

2. Fragen zum Betrachter:
• Wie wirkt das Bild als Ganzes auf mich?
• Welche Einzelheiten sprechen mich besonders an, was finde ich interessant, schön, häßlich, abstoßend usw.?
• Welche weiteren Fragen ergeben sich für mich durch das Bild?
• Wo finde ich weitere Informationen?

Gewusst wie ...

Referat

Referate sind eine der häufigsten Formen der Informationsvermittlung. Sie eignen sich vor allem, um Informationen eines Einzelnen an ein Publikum weiterzugeben.

... und so wird's gemacht:

1. Sammeln und ordnen des Materials
Sucht in der Schul- und in der Stadtbibliothek unter bestimmten Stichwörtern nach Material. Achtet auf Bilder, Karten, Tabellen und Grafiken.
Notiert auch die Fundstellen und schreibt euch die Informationen auf. In vielen Bibliotheken stehen Kopiergeräte, da könnt ihr eure Informationen gleich kopieren.

2. Gliederung der Materialien
Die gesammelten Materialien müssen geordnet werden. Dafür bietet es sich an, die Texte, Bilder, Karten und Tabellen auf einem großen Tisch auszubreiten und darüber nachzudenken, welche Materialien zusammengehören.
Legt sie nach Unterthemen zusammen.
Damit ergibt sich eine erste Ordnung. Diese ist dann so zu überarbeiten, dass eine Gliederung für den Vortrag dazu entsteht.

3. Formulierung der eigenen Texte
Die gesammelten und geordneten Materialien müssen dann durch eigene Texte verbunden werden. Achtet beim Formulieren darauf, dass die Sätze nicht zu lang, sondern klar und verständlich sind.

4. Zusammenstellen des Vortrags und Bereitstellung der Medien
Stellt dann euren Vortrag in der richtigen Gliederung zusammen, ordnet die vorgesehenen Medien in der richtigen Reihenfolge. Wenn ihr Geräte braucht, sorgt dafür, dass sie zur Verfügung stehen.

5. Üben des Vortrags
Sehr wichtig ist es, vor dem eigentlichen Vortrag das Referat laut und in freier Rede zu üben. Seht euch den fertigen Text durch und markiert euch die wichtigen Stellen. Schreibt euch dann für den freien Vortrag Stichworte auf einen Merkzettel. Am besten ist es, mehrmals für sich das Referat laut vorzutragen. Wenn ihr jemanden habt, der euch dabei zuhören kann, dann ist der Übungszweck noch größer. Laut, langsam und deutlich sprechen. Sprecht viel langsamer, als ihr gerne sprechen möchtet.

6. Präsentation
Vor dem Vortrag dafür sorgen, dass alle Materialien und Medien in der richtigen Ordnung vorhanden sind. Vergesst nicht das Thema und die Planung deutlich vorzustellen.
Tragt dann möglichst ruhig euer Referat vor. Haltet dabei immer Blickkontakt zu den Zuhörerinnen und Zuhörern und ermuntert sie auch nachzufragen, wenn etwas unklar war.
Die Planung ist so anzulegen, dass nach dem Referat noch Zeit ist für Fragen oder zu einer Diskussion.

Gesprächsführung

Eine Diskussion soll eine Frage klären, die alle Beteiligten angeht.

... und so wird's gemacht:

1. Thema klären
Oft ist es hilfreich, das Thema einer Diskussion vorher als Frage an der Tafel zu notieren.

2. Gesprächsleitung bestimmen
Nur selten kommt man bei Diskussionen ohne Personen aus, die das Gespräch leiten. Ihre Aufgaben sind immer die gleichen:

* Wortmeldungen müssen gesammelt werden,
* der Reihe nach wird das Wort erteilt.
* Zwischenrufe werden zurückgewiesen.
* Gehört ein Beitrag nicht zur Sache, können die Gesprächsleiter das Wort entziehen. In Diskussionen geht es oft sehr lebhaft her. Die Gesprächsleiter dürfen deshalb nie ihre eigene Meinung in den Mittelpunkt stellen, sondern müssen möglichst neutral bleiben.

3. Gesprächsregeln vereinbaren
Vor der Diskussion werden die Geprächsregeln geklärt: Worterteilung abwarten, wie lange darf man sprechen usw.
Ein Tipp: Ein bestimmter Gegenstand, z. B. ein Ball, kann als Zeichen der Redeerlaubnis herumgereicht werden. Nur derjenige darf sprechen, der den Ball in Händen hält. Schreibt die wichtigsten Gesprächsregeln auf ein Plakat und hängt es in eurer Klasse auf.

In Gruppen arbeiten

Immer wieder ist es günstiger, bestimmte Arbeitsgänge nicht mit der ganzen Klasse oder allein für sich durchzuführen, sondern in Gruppen zu arbeiten.

... und so wird's gemacht:

1. Gruppen bilden
Gruppen können nach ganz unterschiedlichen Gesichtspunkten gebildet werden. Manchmal kommt es darauf an, wer sich für das Gruppenthema interessiert. Manchmal muss man aber auch darauf achten, wer die vorgesehenen Arbeiten besonders gut kann. Und manchmal müssen auch ganz unterschiedliche Interessen oder Fähigkeiten zusammenkommen, um gemeinsam eine Aufgabe zu lösen.

2. Regeln verabreden und Entscheidungen treffen
Bestimmt zunächst in jeder Gruppe einen Sprecher oder eine Sprecherin. Sie sollen vielleicht später die Gruppenergebnisse der Klasse vorstellen.

3. Ergebnisse in der Klasse vorstellen
Wenn die Arbeit fertig ist, muss das Ergebnis in der Klasse vorgestellt werden, denn die anderen haben sich ja mit ganz anderen Themen beschäftigt.

4. Nachbesprechung
Wenn alle Gruppen ihre Ergebnisse vorgestellt haben, könnt ihr in der Klasse ein Gesamturteil bilden.

... arbeiten mit Methode

Karikaturen deuten

Bei einer Karikatur geht es dem Zeichner darum, seine Meinung zu einer Sache darzustellen. Um die Karikatur zu deuten, müsst ihr die Stilmittel (Übertreibung, Symbole) herausfinden.

... und so wird's gemacht:

1. Beobachtung
Karikatur genau betrachten und Eindrücke festhalten.

2. Beschreibung
Was ist dargestellt? Welche Texte gehören zum Bild?

3. Deutung
Welche Bedeutung haben die dargestellten Personen, Tiere oder Gegenstände?

4. Einordnung
Auf welche Situation beziehen sich die Aussagen der Karikatur?

5. Wertung
Welche Position bezieht der Karikaturist? Wie seht ihr das Problem?

Informationen beschaffen

Am häufigsten suchen wir uns zusätzliche Informationen in anderen Büchern. Wir finden sie in Büchereien oder Bibliotheken.

... und so wird's gemacht:

1. Schritt: Im Katalog suchen
Wenn ihr nach den gewünschten Büchern suchen wollt, müsst ihr in den „Katalog" schauen. Der **Autorenkatalog** hilft euch, wenn ihr schon wisst, welches Buch von welchem Autor ihr haben wollt. Der **Schlagwortkatalog** ist für den Anfang besser. Hier könnt ihr unter einem Stichwort nachsehen.

2. Schritt: Bücher ausleihen
Im Katalog findet ihr zu jedem Buch eine Buchstaben- und Zahlenkombination, die so genannte Signatur. Notiert die Signatur, den Namen des Autors und den Buchtitel und fragt nun die Angestellten, wie es weitergeht.

3. Schritt: Eine Dokumentation anlegen
Wenn ihr wichtige Informationen behalten wollt, müsst ihr diese Informationen auswählen und festhalten. In einem Hefter sammelt ihr Fotokopien von Bildern und Texten aus den ausgeliehenen Büchern. Wichtige Informationen aus langen Texten lassen sich besser kurz mit eigenen Worten zusammenfassen. Auf jedem Blatt solltet ihr als Überschrift das Thema festhalten, um das es geht. Am besten nummeriert ihr die Seiten durch, wenn eure Dokumentation abgeschlossen ist.

Internetrecherche

1. Klärung der Absicht
Was will ich erreichen? Ist das Netz hierfür überhaupt optimal geeignet?
- Herstellung von eigenen homepages?
- Kontaktaufnahme über e-mail oder „chat" in einem Forum?
- Informationsgewinnung?

2. Adressen bereithalten
Vorab klären, auf welchem Weg das Ziel erreicht werden soll:
- als offene Suche mithilfe einer so genannten Suchmaschine („Yahoo", „Alta vista" u. a.)?
- als Kontakt über die homepage eines Netzbetreibers („t-online", „AOL" und andere)?
- als gezielter Besuch bei einer bestimmten Adresse?
Die Adressen und Zugriffsmöglichkeiten solltet ihr in einer gesonderten Mappe nach Suchbegriffen sammeln und ordnen.

3. Netzzeit sparen
- Die eigenen Beiträge vorbereiten (e-mail fertig getippt, Bilder und Grafiken fertig gescannt abspeichern)
- Bei chats (Beteiligung an Diskussionen) die interessierenden Punkte vorher notieren und während des Gesprächs abhaken.

4. Ergebnisse sichern und kritisch sichten
- Ergebnisse komprimiert sichern (eventuell erst später offline ausdrucken)
- heruntergeladene Inhalte nicht ungeprüft gelten lassen; Infomüll und Anstößiges aussondern. Verstöße gegen Verhaltensregeln im Netz beanstanden (z. B. Lotsen oder Scouts benachrichtigen!)
- Nachdenken: War die Arbeitstechnik nützlich? Wären andere Möglichkeiten besser, interessanter, kontaktfreundlicher usw. gewesen?

Interview

1. Vorbereitung des Interviews
a) personell: Wer soll das Interview durchführen? Wer soll interviewt werden?
b) inhaltlich: Welche Fragen wollt ihr stellen?
c) räumlich: Wo soll das Interview durchgeführt werden?
d) zeitlich: Wie lange soll das Interview dauern?
e) technisch: Wie wollt ihr das Interview aufzeichnen? Wer übernimmt die technische Leitung?

2. Probedurchlauf
Ihr gewinnt an Sicherheit, wenn ihr das Interview probt. Notiert die Stellen, die sich im Probedurchlauf als schwierig erwiesen haben. Was lässt sich verbessern?

3. Durchführung des Interviews
Führt anhand eurer Checkliste dann das Interview durch: Vorstellen des Interviewpartners, Stellen der Fragen, Dank an den Interviewpartner.

4. Auswertung des Interviews
Was hat das Interview für euer Thema gebracht (neue Erkenntnisse / eine Veränderung der Sichtweise / mehr Verständnis für die Gegenposition...)?

5. Überlegungen zur Methode
a) Wie hat der Interviewer seine Aufgabe erfüllt?
b) Wie hat sich der Interviewpartner verhalten? War er allen Fragen gegenüber offen? Hat er verständlich geantwortet?

Paris, 21. 1. 1793. Die Hinrichtung des französischen Königs Ludwig XVI.

1 Während der Revolution bietet diese Alarmanlage aus dem 20. Jahrhundert keinen Schutz.

2 John Logie Baird führt das Fernsehen erstmals 1926 vor und Fernsehkameras wie diese kommen noch später.

3 Elektrische Lautsprecher gibt es noch nicht. Die Stimme des Königs wird durch die Trommeln der Soldaten übertönt.

4 Diese Thermosflasche stammt aus dem 20. Jahrhundert.

5 Die Revolutionäre hatten einfache Gewehre, das Maschinengewehr ist ein Modell aus dem 20. Jahrhundert.

6 Zeitungen finden immer mehr Verbreitung, aber diese bunte Illustrierte „Femme" stammt aus dem Frankreich des 20. Jahrhunderts.

7 Die Revolutionäre demonstrieren zwar gegen mancherlei, aber diese Plakette für Atomabrüstung und Frieden ist ihrer Zeit voraus.

8 Mehr als 50 Jahre vor der Erfindung des Verbrennungsmotors ist für diesen Benzinkanister noch keine Verwendung.

9 Zwar gibt es in Paris viele eindrucksvolle Gebäude, aber Hochhäuser aus Beton und Glas entstehen erst im 20. Jahrhundert.

10 Ein Kran wie dieser ist in der zweiten Hälfte des 20. Jahrhunderts ein vertrauter Anblick, hier aber fehl am Platz.

11 Den Minirock sieht man in den Straßen von Paris erst ab ungefähr 1960.

12 Die Parkuhr wird 1935 von dem Amerikaner C. C. Magee erfunden.

13 Lange vor der Erfindung des Tonbandgeräts hat sich dieser Rundfunkreporter um 150 Jahre in der Zeit geirrt.

14 Steelbandtrommeln werden aus Ölfässern erst hergestellt, nachdem Erdöl, weil es den Verbrennungsmotor gibt, zu einer bedeutenden Handelsware geworden ist.

15 Diese Verkehrsleitkegel („Lübecker Hütchen") aus Kunststoff sind erst im 20. Jahrhundert ein vertrauter Anblick.

16 Baseball wird in den Vereinigten Staaten erstmals 1839 gespielt, aber diese Baseballmütze ist noch jünger.

17 Diese einziehbare Hundeleine ist eine Erfindung des 20. Jahrhunderts.

18 Hamburger und „Fast Food" in solchen Styroporschachteln werden erst im 20. Jahrhundert gebräuchlich.

19 Vor der Erfindung des Telefons gibt es auch diese Gegensprechanlage noch nicht.

20 So viele Jahre vor der Erfindung des Automobils werden Verkehrszeichen noch nicht gebraucht, obwohl sie auch für Kutschen nicht schlecht gewesen wären.

Jugend- und Sachbücher

Europa im Zeitalter des Absolutismus
- Dumas, Alexandre: *Die drei Musketiere.* Arena-Verlag, Würzburg. Ein Abenteuer-Roman, der auch wichtige Erkenntnisse über das absolutistische Frankreich vermittelt.
- Hermann, Frederik: *Bojaren, Zaren und Kosaken.* Verlag Freies Geistesleben, Stuttgart. Augenzeugenberichte aus dem zaristischen Russland.
- Marchand, Pierre: *Kaiser, Könige und Zaren. Vom Sonnenkönig bis zu den ersten Siedlern in Amerika.* Bertelsmann Lexikon Verlag, Gütersloh 1992.

Absolutismus in Preußen
- Bartos-Höppner, Barbara: *Die Bonnins – Eine Familie in Preußen.* Verlag Ueberreuter, Wien. Eine Familie, deren Schicksal eng mit den preußischen Herrschern verbunden ist.
- Hamann, Brigitte: *Ein Herz und viele Kronen.* Carl Ueberreuter Verlag, Wien. Lebendige Darstellung des Lebens der Kaiserin Maria Theresia.

Neue, freie Welt – Amerika
- Crummenerl, Rainer/Klaucke, Peter: *Indianer.* Arena-Verlag, Würzburg. Wie lebten die Indianer früher? Was veränderte sich, als die Weißen kamen? Wie sieht die heutige Situation der Indianer aus? Ein umfassendes Werk, das einen fundierten Überblick gibt über die unterschiedlichen indianischen Kulturen Nordamerikas.
- Freedman, Russel: *Die großen Häuptlinge.* Verlag Carlsen, Hamburg 1997. Der verzweifelte Kampf der letzten großen indianischen Häuptlinge um das Überleben ihres Volkes.
- Hetmann, Frederik: *Indianer.* Ravensburger Buchverlag, 1990. Ein prächtig illustrierter Band, in dem die Geschichte der nordamerikanischen Indianer von den Anfängen bis zur Gegenwart erzählt wird.

Die Französische Revolution/Europa und Napoleon
- Coppens, Bernard: *Napoleon. Geschichte schauen, lesen und wissen.* Union Verlag, Stuttgart 1992. Das reich illustrierte Buch lässt eine Zeit lebendig werden, die ganz von der Größe und den Schwächen des französischen Kaisers und Generals geprägt ist.
- Everwyn, Klas Ewert: *Für fremde Kaiser und kein Vaterland.* F. Oettinger Verlag, Hamburg 1994. Anfang des 19. Jahrhunderts – die Truppen Napoleons durchziehen die Länder. Wie alle „kleinen Leute" kämpft auch der Sohn eines Tagelöhners ums Überleben.

- Schneider, Karla: *Die abenteuerliche Geschichte der Filomena Findeisen.* Verlag Beltz & Gelberg, 1996. Die Truppen Napoleons in Dresden. Eindringliche Schilderung, verbunden mit der Erzählung einer Mädchenfreundschaft.
- Wethekam, Cili: *Mamie 1780–1794.* dtv-junior, 1995. Mamie, ein Waisenkind, erlebt die Französische Revolution.
- Wethekam, Cili: *Tignasse.* dtv, München 1991. Tignasse, ein Pariser Junge aus ärmlichen Verhältnissen, erlebt den Sturm auf die Bastille.

Demokratischer Aufbruch in Deutschland
- Hermannsdörfer, Elke: *Lina Karsunke.* dtv-junior, München 1987. Lina, Tochter eines schlesischen Leinewebers, geht nach Berlin und gerät hier in die Wirren der Revolution von 1848.
- Kordon, Klaus: *1848 – die Geschichte von Jette und Frieder.* Verlag Beltz & Gelberg, 1998. In den deutschen Staaten herrscht eine explosive Stimmung – an die Stelle des Gottesgnadentums der Fürsten sollen Freiheit und Gleichheit treten.
- Schröder, Rainer M.: *Die wundersame Weltreise des Jonathan Blum.* Omnibus-Verlag-Bertelsmann, 1997. „Hinter dem Horizont die Freiheit. Mit dem berühmten Auswandererschiff Liberty nach Amerika." Dieses Plakat im Rostocker Hafen wird zum Schicksal für den jüdischen Jungen Jonathan Blum.
- Selber, Martin: *Ich bin ein kleiner König. Heinrich und die Revolution.* Rotfuchs, 1988. Heinrich, Sohn eines Hauswebers, lebt in Magdeburg. Während der Revolution wird sein Vater verhaftet, die Familie muss nach Amerika auswandern.

Die industrielle Revolution
- Grütter, Karin/Ryter, Annamarie: *Stärker als ihr denkt.* dtv, München. Basel um 1850 – Lise, eine 16-jährige Arbeiterin, erlebt das Elend während der Industrialisierung.
- Pierre, Michel: *Die Industrialisierung.* Union-Verlag, Stuttgart. Informatives Sachbuch über die technischen Entwicklungen im 19. Jahrhundert.
- Pelgrom, Els: *Umsonst geht nur die Sonne auf.* dtv, München 1992. Schon als 11-jähriges Mädchen muss Fine hart mitarbeiten. Gegen die Ungerechtigkeiten lehnt sie sich auf.

Lexikon

Absolutismus Bezeichnung für die Epoche im 17. und 18. Jahrhundert, in der Ludwig XIV. und seine Regierungsform in Europa als Vorbild galten. Der Monarch besaß die uneingeschränkte Herrschaftsgewalt. Er regierte losgelöst von den Gesetzen und forderte von allen Untertanen unbedingten Gehorsam.

Adlige Die Edlen – Angehörige einer in der Gesellschaft hervorgehobenen Gruppe, eines Standes, ausgestattet mit erblichen Vorrechten. Adliger konnte man von Geburt aus sein (Geburtsadel); Adliger konnte man aber auch werden, indem man im Dienst des Königs tätig war (Amts- oder Dienstadel).

Antike Alte Zeit. Heute meint man damit den Zeitraum der griechischen und römischen Geschichte bis etwa zum Ende des römischen Kaiserreiches.

Aufklärung Reformbewegung, die im 18. Jahrhundert in fast allen Lebensbereichen zu neuen Ideen und Denkweisen führte. In der Politik richteten sich die Aufklärer gegen die uneingeschränkte Macht des Königs. Sie traten ein für Meinungsfreiheit, für Toleranz gegenüber anderen Religionen und ein von Vernunft geprägtes Handeln.

Autokratie (griechisch = Alleinherrschaft). Uneingeschränkte Herrschaft eines Einzelnen.

Barock Der ursprünglich italienische Kunststil setzte sich gegen Ende des 17. Jahrhunderts in ganz Europa durch. Es entstanden zahlreiche barocke Schloss- und Kirchenbauten mit prunkvollen Verzierungen, die Kraft und Fülle ausdrücken sollten.

Bauernbefreiung Seit dem Ende des 18. Jahrhunderts wurden in vielen Ländern Europas nach und nach Gesetze erlassen, durch die die Bauern ihre persönliche Freiheit erhielten und ihren Grundherren keine Abgaben und Frondienste mehr leisten mussten. In Frankreich war die Bauernbefreiung ein Ergebnis der Revolution von 1789. In Preußen wurde sie Anfang des 19. Jahrhunderts erlassen.

Biedermeier Bezeichnung für den bürgerlichen Lebensstil zwischen 1815 und 1848. Enttäuscht von der Wiederherstellung der alten Ordnung, die die Bürger aus der Politik verdrängte, zogen sich die Menschen ins Privatleben zurück, um hier Erfüllung zu finden. Benannt wurde dieser Lebensstil nach einem schwäbischen Lehrer, der in Gedichten die Geborgenheit des häuslichen Glücks pries.

Bill of Rights (bill, engl.: Gesetzentwurf im englischen Parlament). Die Bill of Rights von 1689 musste der neue englische König Wilhelm III. anerkennen. Demnach war der 1689 vom Parlament bestätigte König („Glorious Revolution") an das vom Parlament geschaffene Gesetz gebunden. Das Parlament besitzt das Recht auf Gesetzgebung und Steuerbewilligung und kann allein die Aufstellung eines Heeres anordnen.

Bourgeoisie Bezeichnung für das Besitz- und Bildungsbürgertum, das im 19. Jahrhundert auch an politischem Einfluss gewann. Hierzu gehörten z. B. Unternehmer, Bankiers oder Professoren.

Code Napoléon/Code Civil (frz. = bürgerliches Gesetzbuch). Begriff für das Gesetzbuch, mit dem Napoleon – daher auch Code Napoléon genannt – Frankreich ein einheitliches bürgerliches Recht gab, das Errungenschaften der Französischen Revolution festhielt. Nach seinem Vorbild wurden politische Freiheit und Gleichheit vor dem Gesetz in vielen europäischen Staaten gesichert.

Demokratie (griechisch: demos = Volk; kratos = Herrschaft) Die alten Griechen unterschieden drei Staatsformen: die Demokratie (Herrschaft des Volkes), die Aristokratie (Herrschaft der Wenigen, d. h. des Adels) und die Monarchie (Herrschaft des Einzelnen, d. h. des Königs). Die Demokratie ist in Athen entstanden. In der Volksversammlung wurden alle politischen Entscheidungen per Mehrheitsbeschluss getroffen.

Diktatur Herrschaftsform, in der die unbegrenzte Staatsgewalt bei einem Diktator (lat.: dictator = der, der zu sagen hat) liegt. Kennzeichen einer Diktatur sind z. B. die Unterdrückung der politischen Gegner, die Aufhebung der Gewaltenteilung sowie die Einschränkung der Menschenrechte. Beispiele für Diktaturen des 17. und 18. Jahrhunderts sind England unter Cromwell und Frankreich unter Napoleon.

Dritter Stand Er bildete zur Zeit des Absolutismus die Mehrzahl der Bevölkerung: Bauern, Kleinbürger, Großbürger. Vor allem die Bauern litten unter großen Lasten: Verbrauchssteuern, Kirchenzehnt, hohe Abgaben an Grundherren und Staat.

Fabrik (lat.: fabrica = Werkstätte). Großbetrieb mit oft mehreren hundert Arbeitern und Arbeiterinnen und maschineller Fertigung von Erzeugnissen. Der Aufstieg der Fabri-

Lexikon

ken begann mit der Industrialisierung zunächst in England. Die ehemaligen Heimarbeiter mussten sich nun als Lohnarbeiter bei den Fabrikbesitzern andienen.

Generalstände Die Versammlung der Vertreter der drei Stände von ganz Frankreich seit dem Beginn des 14. Jahrhunderts. Die Generalstände hatten vor allem das Recht der Steuerbewilligung. Erst die schwere Finanzkrise des absolutistischen Staates führte Ludwig XVI. dazu, die Ständeversammlung einzuberufen. Aus der Revolution der Abgeordneten des Dritten Standes sollte sich die französische Revolution entwickeln.

Grundherr/Grundherrschaft Der Eigentümer des Bodens übte zugleich die Herrschaft über jene Bauern aus, die auf seinem Grund wohnten und ihn bearbeiteten.

Gewaltenteilung Eine in der Zeit der Aufklärung entwickelte Lehre. Ihr zufolge hat der Staat drei Hauptaufgaben: Gesetzgebung, Rechtsprechung und vollziehende Gewalt. Diese Aufgaben haben drei voneinander klar getrennte Einrichtungen wahrzunehmen: das Parlament, die Gerichte sowie die Regierung und Verwaltung. Die Gewaltenteilung ist eine Antwort auf den Absolutismus.

Höriger Ein von seinem Grundherrn abhängiger Bauer. Er erhält vom Grundherrn Land zur Bewirtschaftung und muss dafür Abgaben und Dienste leisten. Hörige waren an das ihnen übergebene Land gebunden und konnten zusammen damit verkauft oder verschenkt werden.

Industrielle Revolution Umwälzung der Arbeitswelt und der Gesellschaft durch verbreitete Anwendung von Maschinen, die menschliche und tierische Kräfte in großem Ausmaß ersetzen (z. B. Dampfmaschine, später Verbrennungs- und Elektromotor). Die industrielle Revolution begann im 18. Jahrhundert in England und breitete sich im 19. Jahrhundert auf dem Kontinent und in den USA aus. Sie änderte die Gesellschaftsstruktur tief greifend.

Jakobiner Ein politischer Klub während der Französischen Revolution, dessen Mitglieder sich erstmals in dem ehemaligen Pariser Kloster St. Jacob trafen. Nach der Abspaltung der gemäßigten Gruppe der Girondisten wurde der Name nur noch für radikale Republikaner verwandt.

Kapital Vermögen, das im Wirtschaftsprozess eingesetzt wird, damit es sich möglichst schnell und stark vermehrt. Unterschieden wird zwischen Geldkapital und Produktivkapital (Maschinen, Produktionsstätten).

Kapitalismus Wirtschaftsordnung innerhalb derer sich die Industrialisierung in Europa und Nordamerika vollzog. In dieser Ordnung befinden sich die Produktionsmittel in den Händen von Privatbesitzern, der Kapitalisten und Unternehmer. Diese treffen wirtschaftliche Entscheidungen, z. B. Investitionen in Hinblick auf den Markt und die zu erwirtschaftenden Gewinne. Den Eigentümern von Produktionsmitteln bzw. Kapital stehen die Lohnarbeiter gegenüber.

Klasse Bezeichnung für die Angehörigen einer gesellschaftlichen Gruppe mit gleichen wirtschaftlichen Verhältnissen, insbesondere in Bezug auf den Besitz von Produktionsmitteln (Fabriken, Maschinen etc.). Siehe auch: Bourgeoisie, Proletarier.

Konfession Gruppe von Christen mit einem gemeinsamen Glaubensbekenntnis.

Konstitutionelle Monarchie (lat.: constitutio = Verfassung). Regierungsform, in der die absolutistische Gewalt des Monarchen durch eine Verfassung begrenzt wird, z. B. durch die Beteiligung einer Volksvertretung an der Gesetzgebung, die Unabhängigkeit des Richterstands oder die Garantie von politischen Grundrechten.

Kurfürst Wahlfürst, von küren, wählen. Im Deutschen Reich waren bei der Königswahl wahlberechtigt die Erzbischöfe von Mainz, Köln, Trier, der Pfalzgraf bei Rhein, der Herzog von Sachsen, der Markgraf von Brandenburg und der König von Böhmen. Die Kurfürsten bestimmten entscheidend die Politik des Reiches.

Leibeigener Bauer, der in völliger Abhängigkeit von seinem Herrn lebte. Der Leibeigene durfte ohne Genehmigung des Lehnsherrn weder wegziehen noch heiraten.

Mittelalter Die Zeit zwischen Altertum und Neuzeit. Sie beginnt mit der Auflösung des Römischen Reiches (4. Jh.) und endet mit den Entdeckungen (um 1500).

Menschenrechte Unantastbare und unveräußerliche Freiheiten und Rechte jedes Menschen gegenüber den Mitmenschen und

Lexikon

dem Staat. Dazu gehören das Recht auf Leben, auf freie Entfaltung der Persönlichkeit und das Recht auf Eigentum. Nach dem Vorbild der „Virginia Bill of Rights" und der „Unabhängigkeitserklärung der Vereinigten Staaten" (1776) verkündete die französische Nationalversammlung 1789 die „Erklärung der Menschen- und Bürgerrechte".
Die Menschenrechte wurden seit dem 19. Jahrhundert in viele Verfassungen aufgenommen (z. B. in das Grundgesetz der Bundesrepublik Deutschland).

Merkantilismus Staatlich gelenkte Wirtschaftsform des Absolutismus. Durch intensiven Handel sollte möglichst viel Geld in das Land kommen, möglichst wenig Geld das Land verlassen. Die Regierung erhöhte daher die Ausfuhr von Fertigwaren und erschwerte die Einfuhr ausländischer Waren durch hohe Zölle.

Militarismus Bezeichnet den Zustand einer Gesellschaft, in der das öffenliche und private Leben durch militärische Werte und Grundsätze beherrscht und durchdrungen sind. Kennzeichnend sind z. B. das Denken in den Kategorien von Befehl und Gehorsam, die Bejahung von Kampf und Krieg als Notwendigkeit. Militarismus steht im Widerspruch zu vielen Grundsätzen demokratischer Systeme (Diskussion, Kompromiss, Freiheit).

Nation (lat.: natio = Stamm, Volk). Menschen gleicher Sprache oder gleicher Staatsangehörigkeit.

Nationalismus Übersteigerte Hochschätzung des eigenen Volkes/der eigenen Nation oft unter Geringschätzung anderer Völker. Seit dem 19. Jahrhundert führte der Nationalismus zu vielen Kriegen.

Nationalversammlung Eine verfassunggebende Versammlung von Abgeordneten, die die ganze Nation repräsentiert.

Neuzeit Die dem Mittelalter folgende Zeit. Sie beginnt etwa mit der Zeit der Entdeckungen (um 1500).

Obrigkeitsstaat Begriff für eine Staatsordnung, in der die politische Entscheidungen weitgehend von einem Herrscher oder einer kleinen Führungselite getroffen werden. Die Regierung eines Obrigkeitsstaates sieht die Bürger nicht als politisch ernstzunehmende Staatsbürger sondern als Untertanen, von denen Gehorsam erwartet werden darf. Der antidemokratische Gehalt zeigt sich auch in Parolen von der Notwendigkeit eines „starken Mannes" oder der Abwertung des Parlaments.

Parlament (lat.: parlamentum = Unterredung, Verhandlung). Seit dem Mittelalter übernahmen Ständevertretungen die Aufgaben, den Herrscher zu beraten und bei wichtigen Entscheidungen mitzubestimmen. Aus solch einer Versammlung von Beratern des Königs und einem Gerichtshof entwickelte sich das älteste Parlament: das englische. Es bestand aus zwei Häusern. Im Oberhaus saßen vor allem die Angehörigen des Hochadels, im Unterhaus die gewählten Vertreter des niederen Adels und der Städte. Die wichtigsten Aufgaben des Parlaments waren die Gesetzgebung und die Bewilligung von Steuern.

Partei Zusammenschluss von Menschen, die gleiche oder ähnliche politische Absichten haben. Ziel der Parteimitglieder ist es, die Staatsführung zu übernehmen oder zumindest zu beeinflussen.

Patrizier Wohlhabender Bürger einer Stadt mit besonderen Vorrechten bei der Stadtregierung.

Privilegien Sonderrechte, Vorrechte für einzelne Personen oder Gruppen (Adel, Geistliche o. Ä.), z. B. brauchten die Adligen vor der Französischen Revolution keine Steuern zu bezahlen.

Produktionsmittel Güter mit denen produziert werden kann (Maschinen, Fabriken). Die Sozialisten forderten die Aufhebung des Privateigentums an Produktionsmittels (s. Sozialismus).

Proletarier Bezeichnung für Arbeiter und Arbeiterinnen, die nichts bestimmen außer ihrer Arbeitskraft. Die Klasse des Proletariats sollte nach Marx die kapitalistische Eigentumsordnung beseitigen und eine klassenlose, kommunistische Gesellschaft herbeiführen.

Protestanten Seit dem Reichstag von Speyer im Jahr 1525 wurden die Anhänger Luthers auch als Protestanten bezeichnet. Unter dem Vorsitz des Kaisers wurde in Speyer beschlossen gegen die Reformation energisch vorzugehen. Dagegen „protestierten" fünf Landesherren und 14 Reichsstädte.

Reformation (lat.: reformatio = Wiederherstellung, Erneuerung eines ursprünglichen Zustandes). Die Reformation des 16. Jahrhunderts hatte zum Ziel, die ursprüngliche Reinheit des Glaubens wiederherzustellen.

Requisition Beschlagnahmung für Heereszwecke.

Reservation Siedlungsräume, die den Indianern in Nordamerika durch die Regierung zugewiesen wurden.

Lexikon

Revolution Der meist gewaltsame Umsturz einer bestehenden politischen und gesellschaftlichen Ordnung.

Romantik Von Deutschland ausgehende geistige Bewegung in der Zeit von 1790 bis 1830. Im Zentrum der romantischen Malerei, Literatur und Musik stand die Flucht aus der Wirklichkeit in eine Welt des Gefühls und der Fantasie, die Natur und die Rückbesinnung auf die Vergangenheit.

Säkularisierung Der Begriff bezeichnet die Überführung von Kirchengütern in weltlichen Besitz. Säkularisationen fanden z. B. während der Reformation, der Französischen Revolution und in Europa unter Napoleon statt.

Sansculotten Bezeichnung für Pariser Revolutionäre, die aus den Unterschichten stammten. Sie trugen lange Hosen, um sich auch in der Kleidung vom Adel zu distanzieren.

Sozialismus (lat.: socius = Bundesgenosse; gemeinsam). Der Sozialismus entwickelte sich während der Industrialisierung im 19. Jahrhundert. Die Sozialisten forderten eine gerechte Verteilung der materiellen Güter und eine Gesellschaftsordnung, die nicht vom Profitstreben des Einzelnen sondern vom Wohl des Ganzen geprägt sein sollte. Um den Gegensatz zwischen Arm und Reich aufzuheben forderten die Sozialisten das Privateigentum an den Prtoduktionsmitteln aufzuheben. Um die Ziele des Sozialismus zu erreichen entstanden zwei Richtungen: eine revolutionäre (Marx) und eine reformistische (SPD).

Stand Ein Stand umfasste im Mittelalter und in der frühen Neuzeit Menschen gleicher sozialer Herkunft. Die Geburt entschied darüber, zu welchem Stand man gehörte. So bildeten die Adligen den ersten Stand, die Geistlichen den zweiten Stand, die Bauern den dritten Stand. Mit dem Entstehen der Städte bildeten die Bürger einen neuen Stand über den Bauern.

Sklave Ein Mensch, über den sein Herr nach Belieben verfügen kann.

Soziale Frage Bezeichnung für die Notlage und die ungelösten sozialen Probleme der Arbeiterschaft im 19. Jahrhundert, die mit der Industrialisierung entstanden waren. Dazu zählten z. B. das Wohnungselend, unzumutbare Arbeitsbedingungen, die Kinderarbeit, Verelendung aufgrund niedriger Löhne und hoher Arbeitslosigkeit.

Stehendes Heer Im Mittelalter wurden Heere nur für den Krieg aufgestellt. Söldner und Landsknechte wurde nach Kriegsende wieder entlassen. Seit dem 17. Jahrhundert schufen die absolutistischen Herrscher jedoch Armeen, die auch in Friedenszeiten einsatzbereit unter Waffen standen.

Verfassung Rechtsgrundsätze über die Staatsform, den Umfang und die Grenzen der Staatsgewalt, die Aufgaben und die Rechte der Staatsorgane sowie die Rechte und Pflichten der Bürger.

Wahl, Wahlrecht Recht des Volkes, in regelmäßigen Abständen durch die Wahl von Abgeordneten an der staatlichen Herrschaftsausübung teilzunehmen und diese zu kontrollieren. Der Kampf um die Ausweitung des Wahlrechtes auf alle erwachsenen Bürge, unabhängig von Geschlecht, Rasse oder Einkommen, bestimmte das 19. Jahrhundert, da das Wahlrecht meist an eine bestimmte Steuerleistung gebunden und auf die Männer beschränkt war.

Zunft In den mittelalterlichen Städten ein Zusammenschluss von Handwerkern mit demselben Beruf. Nur Meister konnten Mitglieder einer Zunft werden; jeder Meister musste sogar seiner Zunft beitreten (Zunftzwang). Die Zünfte gaben sich eine Verfassung, regelten die Berufsausübung und die Ausbildung von Lehrlingen und Gesellen. Im Kampf mit den Patriziern erkämpften sich die Zünfte im 14. Jahrhundert die politische Mitwirkung im Stadtrat.

Register

Register

Register

Textquellenverzeichnis

Textquellen

Europa im Zeitalter des Absolutismus:
S. 8: (Q1) K. H. Peter: Briefe zur Weltgeschichte. Stuttgart 1962, S. 202 – **S. 9:** (Q2) W. Lautemann/M. Schlenke: Geschichte in Quellen (im Folgenden GiQ), Band 3. Bayerischer Schulbuchverlag, München 1970, S. 429 – **S. 10:** (Q1) Die Briefe der Liselotte von der Pfalz. München 1960, S. 32 f. – **S. 11:** (Q2) Th. Steudel: Der Fürstenstaat. Berlin 1933, S. 1 ff. – **S. 13:** (Q) Der Hof Ludwigs XIV. in Augenzeugenberichten. Düsseldorf 1969, S. 27 – **S. 15:** (Q1) Adam Smith: Untersuchungen über Natur und Ursache des Wohlstandes der Nationen. 1776; zit. nach: Hans Pfahlmann: Die industrielle Revolution. Würzburg, 1974, S. 28; (Q2) Geschichtliches Quellenheft 1/2. Frankfurt/Main 1975, S. 62 – **S. 18:** (Q1) Georg Pielitz: August der Starke. Verlag Neues Leben, Berlin, 1989, S. 318; (Q2) Hans Bentzien: Unterm roten und schwarzen Adler. Verlag Volk und Welt, Berlin, 1992, S. 127 – **S. 19:** (Q3) Georg Pielitz: August der Starke, a. a. O., S. 57 f. – **S. 22:** (M) Leo Sievers: Deutsche und Russen. Stern Verlag, Hamburg, 1980, S. 125 – **S. 24:** (M) Leo Sievers, a. a. O., S. 133 – **S. 26:** (Q1+2) GiQ. Band 3, a. a. O., S. 292 f. – **S. 31:** (Q) ebenda

Aufgeklärter Absolutismus in Preußen:
S. 38: (M1) W. Kleinknecht / H. Krieger: Handbuch für den Geschichtsunterricht. Band 1. Frankfurt/Main, 1978, S. 151 f.; (Q) Hans Bentzien: Unterm roten und schwarzen Adler, a. a. O., S. 118 – **S. 39:** (M2) ebenda, S. 121 – **S. 40:** (Q1) J. B. Bossuet: Politique tiree des propres paroles de l'Ecriture Sainte. Paris, 1709, Buch 2 bis 6; (Q2) Wolfgang Hug: Quellenlesebuch. Band 2. Diesterweg, Frankfurt/Main, 1982, S. 136 f.; (Q3) Ch. Montesquieus: De l'Esprit de Lois. Paris, 1987. Band X, 6. BS. 95 – **S. 41:** (Q4) Berlinische Monatsschrift. Dezember 1783 – **S. 42:** (Q1) W. Pleticha: Deutsche Geschichte. Band 8. Bertelsmann Verlag, 1983, S. 63; (Q2) Hans-Joachim Schoeps: Preussen – Geschichte eines Staates. Ullstein Verlag, Berlin, 1981, S. 330 – **S. 43:** (Q3) Friedrich II.: Die politischen Testamente. Berlin, 1922, S. 4 f.; (Q4) Hans-Joachim Schoeps, a. a. O., S. 333 f.; (M) Wolfgang Venohr/Friedrich

Habermann: Brennpunkte der deutschen Geschichte. 1450–1850. Athenäum Verlag, Kronberg, 1978, S. 116 u. S. 118 – **S. 44:** (Q1) Wolfgang Hug: Quellenlesebuch. Band 2., S. 111 – **S. 45:** (Q2) Ingrid Mittenzwei: Friedrich II. und Preußen. Pahl-Rugenstein Verlag, Köln, 1983, S. 133 – **S. 47:** (Q) Friedrich II., Memoiren von 1775. Hrsg. v. G. B. Volz, Band 5. Berlin, 1913, S. 56 – **S. 48:** (Q) Otto Bardong (Hrsg.): Friedrich der Große. Ausgewählte Quellen zur deutschen Geschichte der Neuzeit. Wissenschaftliche Buchgesellschaft Darmstadt, 1982, S. 185 f. – **S. 50:** (Q1) B. Taurek: Friedrich der Große und die Philosophie. 1986, S. 122 f.; entnommen aus: Praxis Geschichte. Heft 3/1993, S. 12 (M4). Westermann Verlag, Braunschweig – **S. 51:** (Q2) A. v. Arneth: Geschichte Maria Theresias. VII, Wien, 1877, S. 110

Neue, freie Welt Amerika:
S. 58: (Q1) Die amerikanische Revolution in Augenzeugenberichten. dtv, München, S. 19 f.; (Q2) Nach einem Brief der Familie Benedikt in Trier – **S. 59:** (Q3) Die amerikanische Revolution in Augenzeugenberichten, a. a. O. – **S. 60:** (Q1) Heinz J. Stammel: Die Indianer. Die Geschichte eines untergegangenen Volkes. Lexikothek Verlag, Gütersloh, 1977, S. 91 – **S. 61:** (Q2) Norman B. Wiltsey: Die Herren der Prairie. Günter Verlag, Stuttgart, 1965, S. 19 f. – **S. 65:** (Q) K. H. Peter: Briefe zur Weltgeschichte, a. a. O., S. 202 – **S. 66:** (Q) Alan Nevins: Geschichte der USA. Bremen, 1965, S. 304 – **S. 68:** (Q) GiQ, Band 5, a. a. O., S. 510 – **S. 70:** (Q1) Kleinknecht/Krieger: Materialien, a. a. O., Band V, S. 49 f. – **S. 71:** (Q2) ebenda

Die Französische Revolution:
S. 76: (Q1) Paul Hartig (Hrsg.): Die Französische Revolution. Stuttgart, o. J., S. 11 – **S. 77:** (Q2) R. Palmer: Ther Age of democratic Revolution. Princeton, 1959, S. 480; (Q3) Beaumarchais: Ein toller Tag oder Figaros Hochzeit. Hildburghausen, 1865, S. 109 – **S. 79:** (Q) Walter Markov: Revolution im Zeugenstand. Band 2. Reclam Bibliothek, Leipzig, 1985, S. 71 – **S. 81:** (Q) Buchez et Roux. Histoire parlamentaire de la Revolution francaise. Paris 1834–1838. Bd 2., S. 3; zit. nach: P. Har-

tig: Die französische Revolution. Klett Verlag, Stuttgart, 1990, S. 42 – **S. 82:** (Q1) GiQ, Band 4, a. a. O., S. 195; (Q2) ebenda, Nr. 172 – **S. 84:** (Q1) ebenda, S. 252; (Q2) Walter Markov/Albert Soboul: 1789: Die große Revolution der Franzosen. Akademie Verlag, Berlin, 1975, S. 98 – **S. 85:** (Q3) P. Hartig: Die französische Revolution, a. a. O. – **S. 86:** (Q1) Walter Markov, a. a. O., S. 528; (Q2) GiQ, Band IV, a. a. O., S. 341 f. – **S. 87:** (Q3) M. Göhring: Die Geschichte der großen Revolution. Band 2. Vom Liberalismus bis zur Diktatur. Tübingen, 1951, S. 382 – **S. 90:** (Q) Ch. A. Dauban: la Demagogie en 1793 a Paris ou Histoire jour a jour de la anee 1793. Paris, 1886, S. 105 f. ; zit. nach: Susanne Petersen: Marktweiber und Amazonen. Papyrossa, Köln, 1991, S. 184 – **S. 91:** (Q2) Susanne Petersen, a. a. O., S. 184; (Q3) Archives parlamentaire, Bd. 78, S. 50; zit. nach: Susanne Petersen, a. a. O., S. 221 – **S. 92:** (Q) Paul Noack: Olymphe de Gouges, 1748–1793. dtv, München, 1992, S. 164–168 – **S. 93:** (M) Peter Felixberger: Olymphe de Gouges: Im November 1793 guillotiniert; in: Süddeutsche Zeitung Nr. 8 vom 12. 1. 1993, S. 16 – **S. 96:** (Q1) Eckert Kleßmann: Die Französische Revolution in Augenzeugenberichten. dtv, München, S. 17; (Q2) F. M. Kircheisen: Napoleon I., Band 1. Stuttgart, 1927, S. 128

Europa und Napoleon:
S. 102: (Q) F. M. Kircheisen: Gespräche Napoleons. Stuttgart, 1912, **S. 106:** (Q2) G. Winter (Hrsg.): Die Reorganisation unter Stein und Hardenberg. Band 1, Leipzig, 1931, S. 306; (Q2) Huber: Dokumente zur deutschen Verfassungsgeschichte, Bd. 1, Stuttgart, 1978, S. 41 – **S. 108:** (Q1) W. Venohr/F. Habermann: Brennpunkte der deutschen Geschichte, a. a. O., S. 160 – **S. 109:** (Q2) ebenda – **S. 110:** (Q1) Tim Klein: Die Befreiung 1813, 1814, 1815. Ebenhausen bei München 1913, S. 96; (Q2) Eckert Kleßmann: Die Revolution in Augenzeugenberichten, dtv, München, 1973, S. 45 – **S. 115:** (Q) H. D. Dyroff: Der Wiener Kongress. dtv, München, 1966, S. 111

Textquellenverzeichnis / Bildquellenverzeichnis

Demokratischer Aufbruch in Deutschland:
S. 121: (Q) P. J. Siebenpfeiffer: Der deutsche Mai. Eröffnungsrede von 1832 (gekürzt) – **S. 124:** (Q) W. Venohr/F. Habermann: Brennpunkte der deutschen Geschichte, a. a. O., S. 222 – **S. 128:** (Q1) Die deutsche Revolution in Augenzeugenberichten. dtv, München, 1973, S. 40 – **S. 129:** (Q2) Walter Grab (Hrsg.): Die Revolution von 1848. München, 1980, S. 59 – **S. 130:** (Q1) W. Venohr, a. a. O., S. 274; (Q2) Ferdinand Siebert: Von Frankfurt nach Bonn. 100 Jahre deutsche Verfassungen. Frankfurt/Main, 1982 – **S. 131:** (Q3) W. Venohr, a. a. O., S. 292 – **S. 132:** (M) G. Billig/R. Kappler/W. Szalai (Hrsg.): Aus der Geschichte Sachsens. Ein Arbeitsbuch für die Schule. Cornelsen Verlag, Berlin, 1991, S. 38

Die industrielle Revolution:
S. 140: (Q) Friedrich Engels: Die Lage der arbeitenden Klasse in England. dtv, München, 1975, S. 33 f. – **S. 146:** (Q) M. Eyth: Im Strom unserer Zeit. Band 1. Heidelberg, 4. Auflage 1905, S. 60 – **S. 148:** (Q1) H. Pönicke: Die wirtschaftliche und soziale Entwicklung in Europa im 19. Jahrhundert. Paderborn, 1970, S. 31 – **S. 149:** (Q2) W. Venohr, a. a. O., S. 238; (M) H. H. Wille: Sternstunden der Technik. Urania Verlag, Leipzig, 1987, S. 96 – **S. 151:** (Q) Ullan Galm: August Borsig. Stapp Verlag, Berlin 1987, S. 27 – **S. 156:** (Q) Ullan Galm, a. a. O., S. 38 – **S. 158:** (Q1) Ullan Galm, a. a. O., S. 97 – **S. 159:** (Q2) Geschichte für Morgen. Hauptschule Baden-Württemberg. Band 2. Cornelsen Verlag, Berlin; (M) Ullan Galm, a. a. O., S. 140 – **S. 160:** (Q1) J. Kuczynski: Geschichte des Alltags des deutschen Volkes. Pahl-Rugenstein, Köln, 1981, S. 258 – **S. 161:** (Q2) H. Rosenbaum: Formen der Familie. Frankfurt/Main, 1982, S. 408 f. (vereinfacht) – **S. 162:** (Q1) Werner Sombart: Das Proletariat. Jena, 1906, S. 23 f. – **S. 163:** (Q2) zit. nach: H. de Buhr/ R. Regenbrecht (Hrsg.): Industrielle Revolution und Industriegesellschaft. Hirschgraben Verlag, Frankfurt/Main, 1983, S. 46 – **S. 164:** (Q1) J. Heinreich, Wichern: Gesammelte Schriften, Band 2, Hamburg, 1905, S. 108; (Q2) zit. nach: H. de Buhr/ R. Regenbrecht, a. a. O., S. 51 (vereinfacht) – **S. 165:** (Q3) J. E. Jörg: Geschichte der

sozialpolitischen Parteien in Deutschland. Freiburg, 1867, S. 213 – **S. 167:** (Q) D. Bradtke: Die industrielle Revolution in Deutschland. Stuttgart, 1985, S. 323 ff. – **S. 169:** (Q1+2) zit. nach: H. de Buhr/R. Regenbrecht, a. a. O., S. 54 (gekürzt) – **S. 170:** (Q1) Wolfgang Ruppert: Die Arbeiter. C. H. Beck, München, 1986, S. 438; (Q2) Fanny Lewald: Meine Lebensgeschichte. Band 3. Berlin, 1863; zit. nach: U. Frevert: Frauengeschichte zwischen bürgerlicher Verbesserung und neuer Weiblichkeit. Frankfurt/Main, 1986, S. 258 ff. – **S. 171:** (Q3) ebenda, S. 121 f. – **S. 172:** (Q) Wolfgang Emmerich: Proletarische Lebensläufe. Band 1. Rowohlt Verlag, Reinbek bei Hamburg, 1975, S. 311 f.

Bildquellen
S. 6/7: Archiv für Kunst und Geschichte Berlin (Wdh. S. 4)
S. 8: Archiv für Kunst und Geschichte Berlin (Wdh. S. 33)
S. 9: Archiv für Kunst und Geschichte Berlin
S. 10: Archiv für Kunst und Geschichte Berlin
S. 11: Archiv für Kunst und Geschichte Berlin
S. 12: Giraudon Paris
S. 16: Punctum Bildagentur Leipzig
S. 17: Bildarchiv Preußischer Kulturbesitz Berlin (1, 3–5), Jürgen Henkelmann, Berlin (2)
S. 18: Sächsische Landesbibliothek, Abt. Deutsche Fotothek, R. Richter
S. 19: Archiv für Kunst und Geschichte Berlin
S. 20: Archiv Filmmuseum Potsdam (Foto: Defa-Damm)
S. 22: Archiv für Kunst und Geschichte Berlin (Wdh. S. 25)
S. 23: Archiv für Kunst und Geschichte Berlin (2) (Wdh. S. 33), Bildarchiv Preußischer Kulturbesitz Berlin (3)
S. 24: Bildarchiv Preußischer Kulturbesitz Berlin (1), Jürgens Ost+Europa Photo Berlin (2)
S. 25: Archiv für Kunst und Geschichte Berlin (Wdh. S. 22)
S. 26: Victoria and Albert Museum London (1), Bildarchiv Preußischer Kulturbesitz Berlin (2)

S. 29: Archiv für Kunst und Geschichte Berlin
S. 30: Archiv für Kunst und Geschichte Berlin (1), Bildarchiv Preußischer Kulturbesitz Berlin (RS)
S. 34/35: Jürgens Ost+Europa Photo Berlin (Wdh. S. 4), Deutsches Historisches Museum Berlin (l.)
S. 36: Deutsches Historisches Museum Berlin (Wdh. S. 53)
S. 38: Archiv für Kunst und Geschichte Berlin (1)
S. 39: Bildarchiv Preußischer Kulturbesitz Berlin
S. 41: Archiv für Kunst und Geschichte Berlin (alle)
S. 45: Archiv für Kunst und Geschichte Berlin
S. 46: Archiv Gerstenberg Wietze (alle)
S. 48: Bildarchiv Preußischer Kulturbesitz Berlin
S. 51: Archiv für Kunst und Geschichte Berlin
S. 54/55: Deutsche Presseagentur Frankfurt/Main, Foto: 10.7.2002 (Wdh. S. 4)
S. 57: Archiv für Kunst und Geschichte Berlin (alle) (2: Wdh. S. 73)
S. 58: Archiv für Kunst und Geschichte Berlin
S. 59: Archiv für Kunst und Geschichte Berlin (alle)
S. 64: DIZ, Bilderdienst Süddeutscher Verlag München
S. 65: Archiv für Kunst und Geschichte Berlin (Wdh. S. 73)
S. 70: Archiv für Kunst und Geschichte Berlin
S. 71: Archiv für Kunst und Geschichte Berlin (alle)
S. 74/75: Archiv für Kunst und Geschichte Berlin (Wdh. S. 5)
S. 76: Bildarchiv Preußischer Kulturbesitz Berlin (alle)
S. 77: Bibliotheque Nationale Paris
S. 79: Giraudon Paris
S. 80: Archiv für Kunst und Geschichte Berlin (1) (Wdh. S. 99)
S. 81: Giraudon Paris (Wdh. S. 90)
S. 85: Giraudon Paris (Wdh. S. 99)
S. 86: Archiv für Kunst und Geschichte Berlin (alle)
S. 90: Giraudon Paris (Wdh. S. 81)
S. 91: Giraudon Paris
S. 92: Giraudon Paris